教育部高校思想政治工作创新发展中心（平安校园建设）
中国高等教育学会保卫学专业委员会

高校安全稳定工作案例选编

主　编◎谭　琳
副主编◎邓昌富　张阳勇

湖南大学出版社
·长沙·

图书在版编目（CIP）数据

高校安全稳定工作案例选编 / 谭琳主编. -- 长沙 ：湖南大学出版社，2025. 8. -- ISBN 978-7-5667-4112-7

Ⅰ. G647. 4

中国国家版本馆 CIP 数据核字第 2025DP3960 号

高校安全稳定工作案例选编

GAOXIAO ANQUAN WENDING GONGZUO ANLI XUANBIAN

主　　编：谭　琳
责任编辑：严小涛
印　　装：湖南湘裕印刷有限公司
开　　本：787 mm×1092 mm　1/16
印　　张：14. 25
字　　数：321 千字
版　　次：2025 年 8 月第 1 版
印　　次：2025 年 8 月第 1 次印刷
书　　号：ISBN 978-7-5667-4112-7
定　　价：50. 00 元

出 版 人：李文邦
出版发行：湖南大学出版社
社　　址：湖南 · 长沙 · 岳麓山　　　**邮　　编**：410082
电　　话：0731-88822559（营销部），88821327（编辑室），88821006（出版部）
传　　真：0731-88822264（总编室）
网　　址：http://press. hnu. edu. cn
电子邮箱：yanxiaotao@ hnu. cn

目 次

治安防范篇

接近中心度建模跨区域解救人质的经验与启示 / 郑圭斌 …………………………… 002
高校突发案件的应急处置经验与启示 / 童 训 刘汉柏 段 海 ……………… 006
契合复杂适应系统的高校安全风险管控与应急治理双机制的实践研究 / 熊剑琴 谭 琳 邓昌富 ……………………………………………………………………… 010
技防助力校园侦破治安案件的经验与启示 / 刘树勇 王宝枝 颜 骁 ……… 018
高校寝室文化对学生心理及安全问题的影响与启示 / 刘建荣 胡 婧 黄 晖 ……………………………………………………………………………………… 022
校园群体性闹访事件的处置经验与启示 / 龚 凡 …………………………… 027
大型学生运动会安保工作的经验与启示 / 王大河 ………………………… 030
高校校庆活动安保工作的经验与启示 / 王晓云 尹国华 崔晓奎 贾晓维 … 034
第十五届高校“挑战杯”安保工作的经验与启示 / 沈龙骧 …………………… 037

应急处置篇

干预机制在应急事件中的处置影响案例分析 / 付梦荻 …………………………… 042
“精准赋能，多方联动”应急处突模式的启示 / 戴 军 ………………………… 046
浅析高校舆情应对策略分析 / 孙成岗 谭志安 周海燕 …………………… 049
突发事件视阈下风险治理溯源应对分析 / 骆景川 赖必来 洪建东 张 磊 ……………………………………………………………………………………… 053
探析高校涉外事件应急联动机制的重要性 / 张文忠 ……………………… 057
构筑“感知事态、合理预防”的校园应急处置新体系 / 商允双 蒋仲青 张宝平 ……………………………………………………………………………………… 061

从高校安全突发事件中看解决学生实际需求的思考 / 赵远远 ………………… 064
推动“精准治理”人性化服务　应对高校突发事件的探索 / 徐　东　周子皓
　葛　凯 ……………………………………………………………………………… 067
刍议突发事件处置的“9 个 3”的探索模式 / 王书禄　向　东 ……………… 070
高校突发学生失联事件的应急响应机制构建 / 林建华　罗军平 …………… 074
精准研判与协调联动机制适应性关系研究 / 王天炼 ………………………… 079
山体滑坡事件处置分析 / 陈春水　武正玺　侯旭凯　朱学文 ……………… 083
外籍网格员参与疫情防控案例分析 / 张文忠 ………………………………… 087
新冠疫情危机的应急处置及其分析 / 郭志远　黄　锋　艾　东 …………… 090
学生突发疾病应急处置案例及其分析 / 于　敏 ……………………………… 096
大学生应急救护培训体系建设案例分析 / 成永军　刘军根　董建新 ……… 099
注册学生安全志愿者参与迎新工作案例分析
　——以武汉科技大学 2020 年为例 / 许立桥　张雨菲 …………………… 102

安全生产篇

有备无患
　——谈谈某校园宿舍突发火灾的启示 / 王　凯　斯方龙 ………………… 108
紧盯细小隐患　筑牢安全底线
　——对高校消防事故的反思 / 董太华 ……………………………………… 111
积极探索建设高校实验室安全防控系统
　——以气体泄漏报警事件为例 / 张阳勇　王　慧 ………………………… 116
统筹联动源头治理防范化解电气消防安全风险 / 侯　毅　王庆华 ……… 119
教科书式的电动车火灾救援实战的思考 / 吕丽华　何声福 ……………… 122
高校应急处置综合演练的组织与实施 / 周进军 …………………………… 125
健全学校危化品全生命周期管理工作机制
　——妥善处置历史积累实验危险废弃物 / 台启权　刘桂云　刘　航 …… 133
面对险情　有条不紊
　——关于学生宿舍强电井火情处置与回顾 / 尹秋艳　乔少华 ………… 137
提升安全隐患排查能力　实现实验室管理制度化
　——某高校实验室失火案例及其启示 / 张俊伟 ………………………… 143

交通安全篇

构建智慧校园安防体系的案例分析 / 蒙 斌 王耀武 李鸿涛 许嘉悦 …… 148
应急处置校园交通突发事件的经验与启示 / 李修荣 …… 153
车辆出入校园的分流分类管理成效 / 刘 雷 沈 玮 马坤鹏 于长伟 …… 157
提升校园交通安全治理能力的经验 / 葛 凯 徐 东 童政权 …… 161
妥善快速处置学校交通安全责任事故 / 张 伟 …… 165
防范与化解校内外交通安全风险事例 / 林建华 罗军平 …… 168

网络诈骗篇

高校防电诈宣传教育的多模式体系构建与评价 / 钟玉芳 詹伟峰 …… 174
浅析构建“三走三多”思路 帮助大学生慎防传销的经验分享 / 王 竹 …… 178
防范电信诈骗 我们一直在努力 / 冯广辉 陈 赟 …… 184
从安全教育角度分析校园金融管理秩序的长治久安的思考 / 朱 兵 周 庆 刘王德馨 …… 188
知行合一 提升大学生网络安全意识的启示 / 周 吉 …… 192

意识形态篇

浅析高校安全教育长效机制对网络舆情处置的影响 / 王金彤 杨 岩 付梦狄 …… 196
对某起校园微博舆情成功处置的启示与思考 / 王 朝 …… 200
和谐校园视阈下高校网络舆情事件的处置与思考 / 杨国强 …… 205
增强高校突发性事件的安全教育的几点体会 / 李雅琪 …… 208
慎言慎行 莫做网络“键盘侠” / 梅 娇 …… 211
一起非法宣传品投递案件的成功处置与启示 / 王 坚 …… 215
网络时代少数民族大学生价值引领模式的探究 / 丁柯尹 简 敏 …… 218

治安防范篇

接近中心度建模跨区域解救人质的经验与启示

郑圭斌

接近中心度建模通过分析犯罪组织成员的热度指标来判断其在组织中的作用及该组织经常活动的场所，对处理非法拘禁事件有很好的功效。我校通过接近中心度建模于2017年底处理过一起在校生被跨区域扣留为人质并索要赎金的恶性事件，对高校处理相关事件具有一定的借鉴意义。

一、案例简介

2017年12月13日晚上8点20分，校武装保卫部(处)接到报案电话，获悉某学院2015级在校生张某声称在境外被扣留为人质，犯罪嫌疑人向案主家属索要10万人民币的恶性事件。我部报警后即通过多种渠道调查该事件，相关信息如下：

案主张某，男，1992年出生，甘肃省天水市甘谷县人，现为信息与计算科学学院2015级在校生。该生于2013年9月入学，因欠学分过多留级，留级后因为无法接受留级的事实以及网络贷事件提出休学申请，2017年3月返校复学。

张某于2017年12月11日13时许离校，查寝人员当天晚上查房时发现该生未归。因为张某是留级生，课程与其他学生差异很大，其空余时间多在外面兼职，时有早出晚归的现象。获悉张某未归信息后，其辅导员拨打张某电话但无人接听，辅导员嘱咐该宿舍同学密切关注，有情况随时联系。12月12日仍然没能联系上张某，辅导员马上联系其家长，告知张某失联事宜。2017年12月13日傍晚5点多，辅导员接到张某父亲电话，称其接到张某手机拨打来的电话，通话人自称是缅甸赌场，说张某因为赌博欠债10万元，要求家属拿钱赎人。通话期间，案主父亲听到张某在旁边用方言要求父亲拿10万元去解救他。

二、处置过程

调查获悉，张某于2017年12月11日下午到达厦门，次日上午8：00从厦门高崎国际机场搭乘某航班飞机抵达昆明巫家坝国际机场，抵达昆明后张某与其父亲有过短暂通话记录。警方技术侦察信息显示，张某可能位于云南省保山市同缅甸交界处一带。

12 月 14 日上午 9 点 20 分，我校接到张某姐姐电话，称与案主本人电话取得联系，案主称自己是被下药后被骗到缅甸赌博，本人对这些行为毫不知情。中午 12 点左右再次接到张某姐姐电话，称其与张某微信视频通话后看到案主跪在地上挨打的视频画面(事后据张某称，他之所以被拍下挨打的视频是因为其姐姐在电话里态度恶劣，说了让对方直接用刀捅死他之类激怒对方的话)。当天下午 5 点，赌场再次联系张某家属，称若再不及时足额支付赎金，便卸掉张某手臂，对张某进行人身伤害。

我校当即向保山市公安局和云南省公安厅发函，请求当地警方帮助，并组建工作小组于 12 月 15 日深夜抵达昆明，展开营救工作。2017 年 12 月 16 日起先后向云南省公安厅、昆明市公安局、昆明市刑侦支队寻求帮助，刑侦支队通过技术手段，确定张某目前可能在云南省瑞丽市附近，工作组前往云南省瑞丽市，在当地报警。2017 年 12 月 17 日上午工作组抵达瑞丽市，在与当地警方紧密合作的同时，工作组分批次走访，查找线索，建模分析与实地调研相结合寻求共性，获取大量有用信息后通过多渠道向警方汇报。2017 年 12 月 19 日凌晨零点三十分，张某获救。

三、经验与启示

本事件本着以生为本的原则，人身安全为第一要务，故其焦点在于找寻案主被困地点。因作案地点声称在境外，涉及多种因素，警方无法实地考证，处置起来难度很大。在获悉这个情况后，我校通过接近中心度建模，分析案主可能被困地点。建模计算式及模型分析如下：

通过警方刑侦手段，获得案主张某所参与的 QQ 群和微信群，介入其中获取相关信息。通过分析成员在群传播中的影响程度和网络密度(即互动程度)，抽取影响力大、传播距离短的样本，抽取满足条件的样本来计算中心度。中心度 L 的计算式如下：

$$L=\frac{1}{\frac{1}{2}N(N-1)}\sum_{i,j\in G,i\neq j}d_{ij}$$

式中，N 为群成员数，d_{ij} 为 2 个成员间最短路径的边数。通过测算，本案例的中心度为 1.45，满足条件的成员共计 22 人，建模图谱如下：

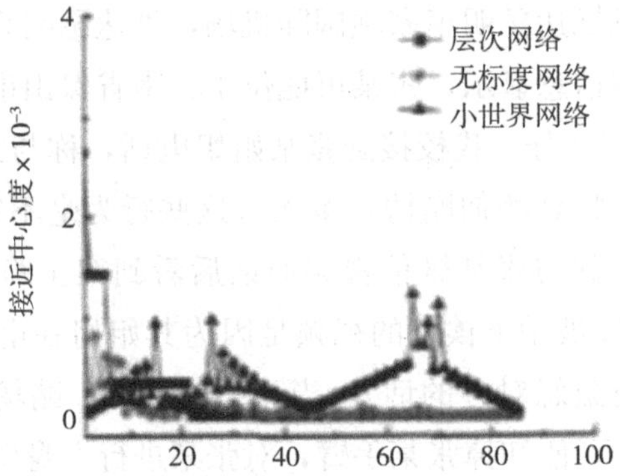

建模图 1

因人数较多，还需通过网络密度测算查找精准人员，计算式如下：

$$\rho = \frac{2L}{N(N-1)}$$

式中，L 为网络中 N 成员的实际连接数。通过测算，$\rho=0.8$，满足条件的有 3 人，建模图谱如右：通过建模分析，我们获取本犯罪团伙疑似核心成员，再次寻求福建省刑侦部门的帮助，并将警方反馈的数据提交给当地警方，为本次成功解救人质起到重要作用。

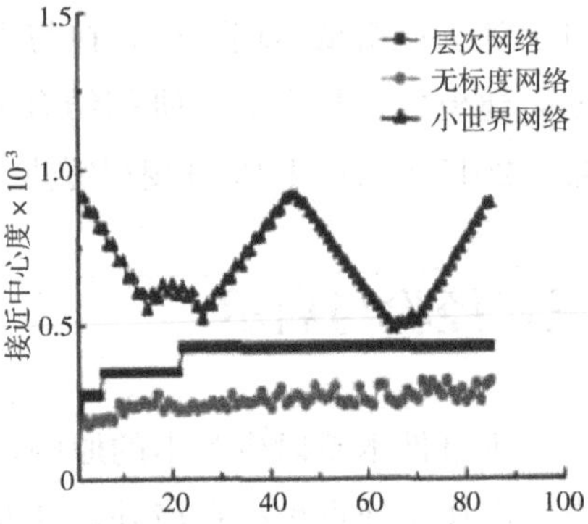

建模图 2

四、存在的问题与困难

境外非法拘禁是严重威胁高校师生安全的恶性事件，但“境外”的属性意味着解救人质涉及内、外部多种因素影响，社会影响恶劣且操作难度很大。

（一）案主的贪念极可能是个恶性循环

事后走访了解到，张某在校期间有参与网络贷、博彩等行为，欠下债务，萌发出“挣快钱”的想法，搜寻并加入相应主题的微信群、QQ 群，与传销案件相似，群里所传播的信息非常具有蛊惑性。张某经过一段时间的“考察”，信以为真，所以在又一个挣快钱的“新项目”开张之际，张某未经论证便决定参与，于 2017 年 12 月 11 日上午在上完课之后，按“热心”群友的“攻略”，又在对方提供免费机票等各种条件诱惑下取道厦门直抵昆明，在与相关“工作人员”对接之后，再次在贪念的驱使下一步步陷入困境。案主返校后，虽经深入介入引导和帮扶，但仍在选择退学后再次陷入困境。

(二)案主所处成长情境或可再次促发因素

在社会心理学中，情境指影响事物发生或对机体行为产生影响的环境条件，其必然内含在一定时间内的相对或结合的境况。学生成长情境是其成长过程必不可少的一部分，对学生的情绪、情感、意志、信念等评价子目标有重要影响。将本事件与各类传销案对比发现，在成长情境方面有惊人的相似之处。如张某与其家属交流很少，偶尔与其父亲打电话除要生活费之外很少有别的话题。张某刚到昆明时内心有过短暂的挣扎，故和其父亲通过电话，但又不知从何谈起，便和父亲说没钱吃饭要求给他50元钱，其父亲未能从本次通话中发现异常，支付给张某100元后草草了事，没能及时劝阻案主。再如在学校介入计划营救张某时，案主姐姐非常不配合，在与拘禁方(赌场)通话时有过激言语，使得张某被殴打，给营救造成不利影响；在营救小组积极协助派出所营救张某时，其父亲表示“最多只能再留一天”，并在张某没有被成功营救时先行离开。

(三)边境特殊地理位置或可成滋生犯罪行为的沃土

瑞丽市距离中缅边境线的直线距离只有400米，界河河道较窄，犯罪分子能轻易穿越。这个独特的地理情况辅之复杂的社会关系，是滋生跨境犯罪活动的天然沃土。在营救过程中，经走访获悉，曾经一度淡出人们视野的“缅甸赌场绑架”自2016年开始在云南瑞丽的对岸死灰复燃，自发建立的“赎人”互助微信群参群人数达470余人。

(四)跨区域执法具有很大难度

基于管辖权、执法权的相关约束，营救工作组在福建与云南之间几经奔波，更何况本案涉及缅甸。

(五)犯罪分子具有较强的反侦查能力，犯罪方式日趋智能化、现代化

在本事件中，营救小组通过多渠道多次动用刑侦手段对案主的手机进行定位、跟踪，事后分析刑侦反馈数据，发现案主手机实时位置总在移动当中，且与建模分析获取的接近中心度样本有出入，后经案主证实，其被困后，除非要求他通话要钱，其余时间手机都在张某控制之外。不排除犯罪分子通过反侦查方式，给警方制造伪现场的可能。

高校突发案件的应急处置经验与启示

童　训　刘汉柏　段　海

一、案例简介

2014年11月29日15时25分许，江苏扬州仪征市市民赵女士接到一个陌生电话，电话刚接通便传来女儿的求救声“妈妈救救我”，随即电话里传来陌生男人声音，要求赵女士转账10万元到指定账户，不准报警，否则就撕票。赵女士一听女儿“遭绑架”，立马慌了神，连忙拨打女儿电话，但女儿手机已关机无法接通，夫妻两人就拿着银行存折和部分现金赶到女儿所在的学校——扬州大学，找遍教室宿舍也不见女儿踪影，两人焦急万分，准备向对方汇钱赎人，且不愿报警。

二、处置过程

当日16时30分许，扬州大学保卫处淮海路校区保卫科值班同志接到宿管员报警后，立即赶到现场，及时了解情况，初步推断出赵女士可能是遭遇了电话诈骗，就一边阻止其汇款行为，一边向处领导汇报并拨打110报警，并联系辖区派出所——扬州市公安局广陵分局汶河派出所寻求帮助。

校保卫处处长、分管副处长等领导立刻赶到现场指导处置工作，安排人员调取校园相关视频监控、查看该生宿舍，并向学院师生了解该生当天行踪等信息，随后陪同该生父母赶往汶河派出所报案。

在汶河派出所，学生家长详述了案情，涉事女生王某某是我校医学院药学1401班新生，平时学习、生活作息很有规律，手机从不关机，与家人也经常保持联系。汶河派出所所长分析案情后，向分局领导作了汇报，迅速抽调精干力量开展侦查。

校区保卫科及时调阅了事发当天的校园监控录像，根据同学提供的当日案发前该生行为时间节点，查找出王某某同学失踪前的活动路线轨迹：当天14时16分，宿舍区监控画面出现其独自走出院门身影；14时18分，校区西大门监控出现其步行身影；14时

20分，校区北大门监控出现其沿市区甘泉路向东步行身影，随后消失在人群中。办案民警根据监控视频线索，分析出该女生应该藏身校园附近。时间一分一秒地过去，时间已接近18时，天色渐黑，同学和家长仍无法与该女生取得任何联系。此时诈骗嫌疑人仍然电话频繁联系学生家长，播放学生呼喊求救并勒索钱财，气焰十分嚣张。民警一边指导家长稳住对方进行冷静周旋，诱使对方让女生手机开机，一边采取手机信号定位技术、旅馆业住宿系统排查等技侦手段，成功锁定女生位置——扬州市广陵区汶河南路48号宜必思酒店二楼某房间内。办案人员获得信息后，火速组织力量，制定了充分预案，分乘两辆汽车，由广陵公安分局副局长现场指挥，全副武装赶往目标地点。18时30分许，到达现场后，为防止嫌疑人逃跑，办案民警安排警力守住出入口及大厅，其余人员靠近房间门口。警力布置完毕后，副局长一声令下，民警破门冲进房内，只发现王某某同学一人用固定电话与“绑匪”通话，其手机摆在桌上的处于关机状态，对民警的突然出现感到十分惊讶。

案件从学校保卫人员接警到协助警方成功解救，学校保卫处通过迅速启动突发事件应急处置机制、有效开展警校联动协作，为案件查处赢得了时间，仅用两个小时便迅速破案。当晚扬州阴雨连绵，学生父母在派出所见到民警将其女儿解救带回时，三人抱头痛哭，连声道谢。解救过程虽是虚惊一场，但办案民警在抓捕过程中展现出的雷厉作风和严谨周详的解救行动值得敬佩。

经查，王某某因网购泄露了个人身份信息，被犯罪嫌疑人以“涉嫌邮寄违禁物品、洗钱”等名义对其实施敲诈，冒充警方对其调查，运用电话远距离对其人身进行控制，制造了一起虚拟绑架勒索诈骗案件，该生因毫无经验，从而上当受骗。该生当日上午已将银行卡上仅有的5 000元全部转款至对方账户，犯罪嫌疑人收款后仍然继续遥控威胁该同学，掌握其家庭信息，让她到学校附近找个宾馆开个房间，并反锁房门，关掉手机，严禁与外界联系，通过宾馆房间内的固定电话进行通话，王某某按照对方指令步骤一一操作，犯罪嫌疑人在电话里要挟她按指定词语复述，如“妈妈救救我”等求救呼喊。该同学开始有些怀疑，不愿意说这些话语，但对方在电话里不断威胁，王某某害怕至极，于是一句句模拟复述，一步步走进了骗子设下的层层圈套。嫌疑人获取电话录音后，多次拨打王某某母亲电话播放录音，称已绑架其女儿，勒索10万元现金。其母接电话后拨打女儿电话不通，赶到学校寻人不遇，致使上当受骗，欲汇款给对方，但在警校高效合作的成功处置下，阻止了受骗行为的继续发生，避免了家庭更大的损失。

在2015年4月全省高教学会保卫学研究会常务理事工作会议上，扬州大学保卫处处长交流了此次案件的成功处置经验，与会人员一致表示认同。在后来的工作实践中，三江学院等兄弟高校按照此案处置机制成功破获了类似案件。

三、分析与启示

针对这起虚拟绑架勒索诈骗案件，不法分子事先通过电话与身心已被其控制学生的父母取得联系，接着谎称绑架了其女儿，以此来要挟对方转账或汇款，从而达到敲诈勒索的目的。除此之外，他们还给家长发送孩子受辱照片、视频、录音以及孩子隐私信息等，家长往往信以为真，误以为孩子真的遭遇绑架。因此接到类似电话要求转账或汇款时，在未能分辨真假的情况下，首先要稳定自己慌乱的情绪，亲自进行核实，争取在第一时间与子女取得联系，如果短时间内无法联系到子女，可尝试联系其所在学校、公司或好友等，同时还要拨打110向警方寻求帮助，以防落入骗子设下的圈套。

当前大学生被骗主要因素：

一是个人信息安全意识不强。未足够重视自身隐私等原因，个人敏感信息在无意识中泄露，个人信息防范意识不强，平时需要切实加强对自身个人信息的保护。

二是拥有个人敏感信息的机构信息安全管理理念滞后。互联网、商家、金融机构等拥有个人敏感信息的单位内部安全管理薄弱，管理措施不力，互联网安全漏洞、木马病毒、勒索软件等通过入侵的方式盗用、复制、传播个人敏感信息，也会导致个人敏感信息遭窃取。

三是有的大学生法治观念淡薄。大学生尤其是刚入学的新生，疏于安全知识的学习掌握，思想单纯，社会经验少，缺乏辨别能力，容易轻信他人，甚至被不法分子利用和控制。

校保卫处认真总结这起虚拟绑架勒索诈骗案件成功破获的经验做法，明确了下步工作重点，为校保卫部门做好工作提供了以下几点启示。

(一)安全教育要有效前置

学校保卫处应建立“互联网+大学生安全教育平台”，将安全知识教育时间前移、落实到每个学生特别是新生。合理利用校园网站、微信、QQ等信息化平台，在新生报到前推送有针对性的安全防范微课程、印发新生入学手册和典型案例安全提醒；入学报到现场推送手机信息、协调公安干警设点咨询和在学生宿舍入口张贴警示提醒等形式，让每位新生在入学前就接受安全知识教育，并通过9月新生入学集中安全教育加以巩固，让广大新生增强自我防范意识，营造浓厚的校园安全文化氛围。

(二)应急预案要完备管用

学校保卫处应加强安全稳定形势研判、情报搜集和相关法律法规的整合，逐年修订突发事件应急处置预案，完善好事前预防、事发时应急响应、事中应急处置、事后恢复备案等一系列处置流程，做到有制度可依，有预案可行，有方法可用，确保有效防范、有力处置。

（三）警校联动要扎实高效

学校保卫处应大力完善监控、门禁、人脸识别系统等技防设施和校园警务室建设，将防范工作前移；定期召开警校工作交流会，实现信息共享，互通情况，有效进行信息研判，准确把握工作方向；警校双方做好无缝对接，形成长效联动机制，发挥好教育部门的引导育人功能和公安部门的治安管理功能，形成防控合力，切实提高学校应对突发案件的处置能力。

契合复杂适应系统的高校安全风险管控与应急治理双机制的实践研究

熊剑琴　谭　琳　邓昌富

一、案例简介

2022年6月我省进入持续时间长、降雨强度大的主汛期。强降雨、台风及其残余环流导致河湖涨势明显，沅水、资水、湘水干支流10站次一度超警戒线、2站次一度超保，多点雨强超过或接近历史极值。此轮强降雨导致一大批工农业基础设施受损严重，诱发多起山体滑坡及倒房事件。受强降雨的持续影响，湘、资、沅、澧干流及洞庭湖水位迅速上涨，土壤含水饱和，河库底水抬高，发生严重暴雨洪涝灾害的风险极高。湖南省教育厅针对大、中、小学发布汛期预警通知。

二、处置过程

湖南大学南校区地处湘江之滨，坐落在岳麓山下，为应对汛情，学校领导高度重视，由校办牵头，会同保卫处、后勤保障部、学生工作部、研究生工作部，积极研究部署。

（一）前期预警，检查、应对、防范、准备，步步为营

汛期临近，学校各监控点、各楼栋、各实验室值守人员排查隐患；坚持“生命至上、安全第一、预防为主、各司其职”的十六字原则，把保障师生生命安全作为学校防灾减灾救灾工作的出发点、落脚点，牢牢守住安全底线，切实做好学校防汛预警各项准备工作。

（二）关注汛情，风险、隐患、排查、治理，循序渐进

由于校区与风景区接轨，尤其是岳麓山边，因此防止校区交通要道积水点内涝、防止校区护坡、围墙垮塌风险、防止地势低洼区暴雨淹没浸泡、雷暴天气高压设备维护等

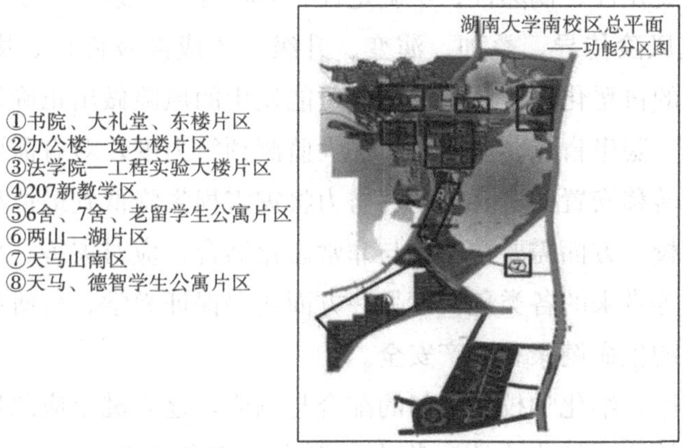

图 1　湖大南校区总平面图

隐患，均是排查工作的重点。同时，学校各部门及时关注气象、水利、应急管理等部门发布的“雨情”“水情”“险情”灾害预警信息，强化应对暴雨、台风、雷暴等极端气候突发自然灾害能力的评估研判。保卫处第一时间在“湖大安全在线”平台向全校师生持续发布“暴雨交通安全提醒”以及“防汛防灾安全”信息。

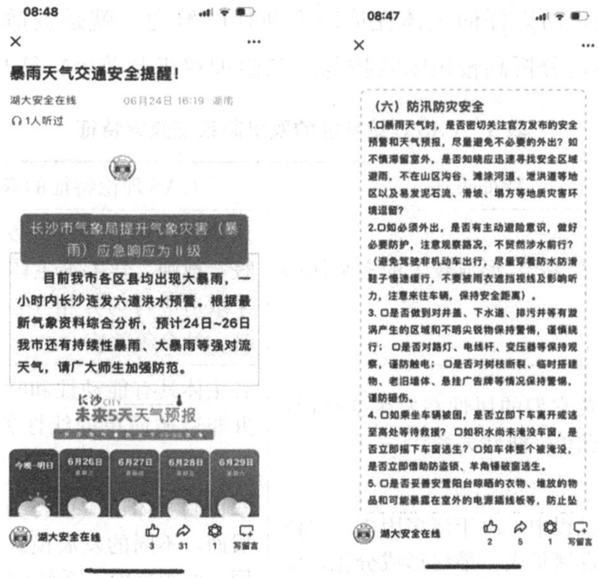

图 2　湖大安全在线平台防汛预警推文

(三)应急联动，风险管控、应急治理，不懈精进

高校风险大致可分为四类：第一类是地震、台风、洪涝、泥石流、冰冻等自然灾害风险；第二类是建筑施工、易燃易爆物品、危险实验用品、放射性物质等危险物质储藏和使用等事故灾害风险；第三类是传播速度快、感染范围广、防控难度大，威胁到师生生命健康安全的公共卫生风险；第四类是公共场所人员密集地的社会安全风险等。由此

可见，风险存在着突发性、偶然性、不确定性、多样性、复杂性、紧迫性等特点。风险治理不当，可引发风险传导、叠加、演变、升级，造成涉及面广、影响力大的负面效果，导致危机事件的再恶化。因此，及时对可能发生的风险做出正确研判，并细化应急预案，对危险区域、隐患盲点、薄弱环节加大监测预警力度；对有需要人、物转移帮助的情况，提前做好转移安置的避险救助，努力将灾害损失降低到最低程度。在复杂多变的风险环境中，高校一方面需要常态化与非常态化结合，应对灾害、事故、公共卫生事件和社会安全事件等带来的各类危机，另一方面还要保证教学、科研和人才培养的正常秩序以及在校师生的生命健康和财产安全。

从联动协同角度：细化学校部门间的配合与响应，建立健全应急快速决策机制，强化内部凝聚力，统筹调配校内人力、物力、财力等应急资源，例如防汛设施、防汛器材、通信设备、值班车辆等的调度、管理、维护、检修，保证各类设备、物资、人员处于良好的备战状态；同时与校园周边社区、医疗、执法及其他部门加强合作协同，理性应对风险危机。

从复杂适应系统(complex adaptive systems，简称 CAS)角度，CAS 也称复杂性科学(complexity science)。在 CAS 中，任何特定适应性主体所处环境的主要部分，都由其他适应性主体组成，所以任何主体在适应上所作的努力，就是去适应其他适应性主体。我们从复杂适应性视角分析高校风险管控与应急治理双机制兼容特征与可行性实践路径。

表 1　CAS 理论特征的双机制系统兼容特征

CAS 特征	特征表述	CAS 理论特征的双机制兼容性分析
聚集	个体通过“黏合”形成较大的多个体的聚集体	风险管控和应急治理发展过程中，政府、高校、教师、学生等主体不断聚集，主体各自采取适应行为并相互作用，产生一系列的经济、社会等效应
非线性	个体以及它们的属性在发生变化时，并非遵循单一线性关系	各主体具有能动性和学习性，且它们的联系并非遵循简单的线性关系，而是不确定的、非线性关系
多样性	在适应过程中，由于诸多因素，主体间差别发展扩大，最终形成分化，促使系统呈现多样化特征	双机制主体适应性行为的结果表现为：宏观层面，不同的发展模式；其发展阶段各不相同；微观层面，系统的组织结构、要素大小也呈现多样化特征
标识	促进主体选择性相互作用，为适应性主体间识别竞争还是合作提供基础	标识是主体相互作用的基础。例如：风险分级为标识；治理应对分阶也是“标识”
内部模型	当接收新的信息要素时，主体选择相应行为模式响应，该响应能力是主体通过经验总结出来的，并转化为处理问题的模型	双机制系统发展过程中的主体具有一定的反应能力，以增强自身在系统中的自适应能力，这种内部模型不断优化，保留有效部分，更好满足自身诉求，为主体服务

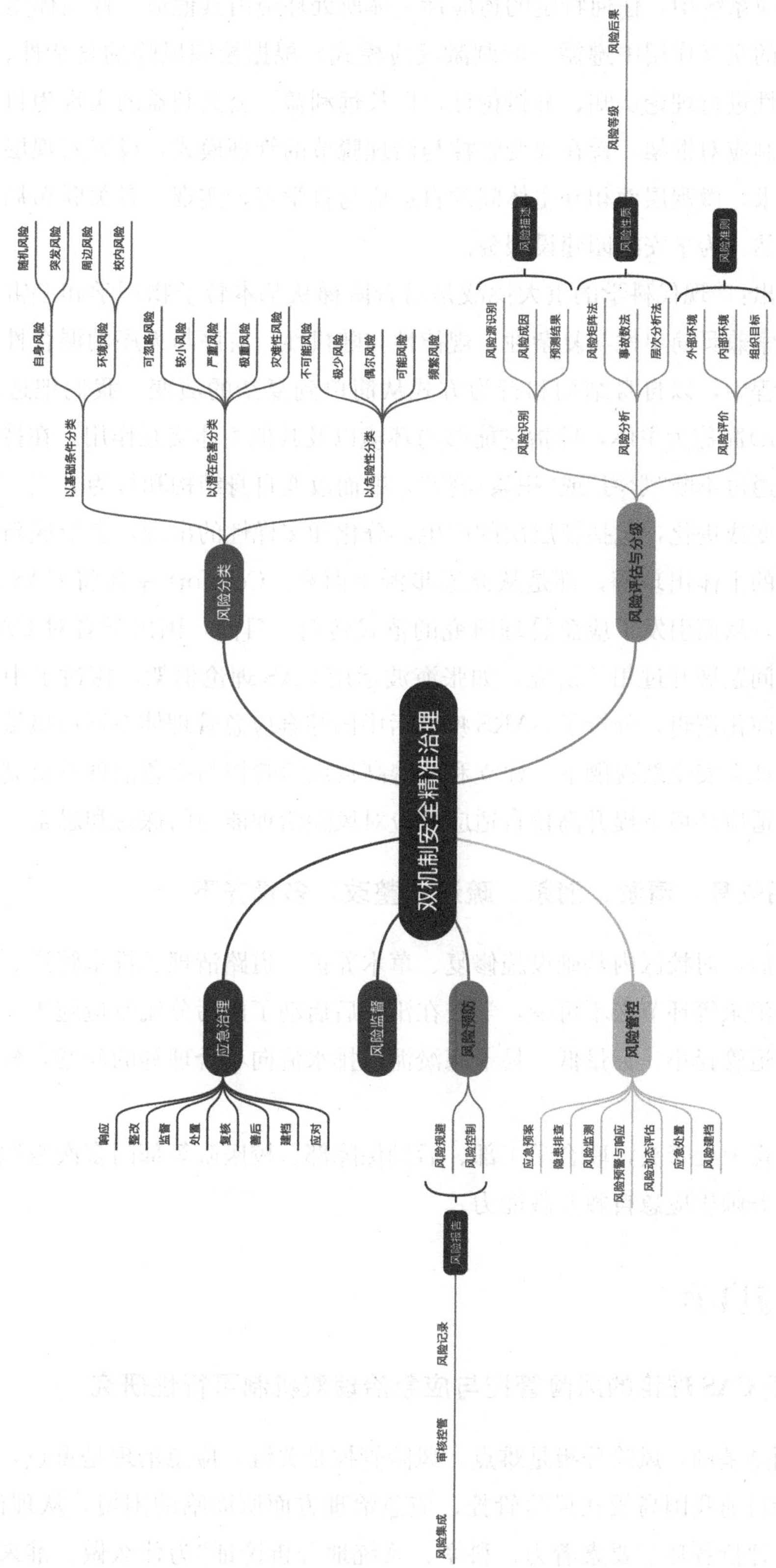

图3 CAS理论的风险管控与应急治理双机制框架图

在复杂适应系统中，任何特定的适应性主体所处环境由其他适应性主体组成，系统主体在与环境的交互作用中遵循一般刺激反应模式。根据校园风险的复杂性、多元性、动态性、关联性进行理论认知、分析论证，以长远利益、公共利益的实现为目标，寻找耦合点。双机制应对框架，旨在改变管控与治理脱节的管理模式，设置宏观层面的差异性个性发展要求，微观层面相互主体间的自适应与自学习，实现二者关联布局、有机结合，防患于未然，为平安校园建设服务。

盖尔曼提出："现代科学的重大挑战是沿着阶梯从基本粒子物理学和宇宙学到复杂系统领域，探索兼具简单性与复杂性、规律性与随机性、有序与无序的混合性事件。"即在适应环境过程中，以自身结构和行为方式从简单到复杂的演变。我们把适应性主体(adaptive agent)简称为主体，即指它能够与环境以及其他主体交互作用。在持续演进的交互过程中，通过不断"学习"或"积累经验"，继而改变自身结构和行为方式。通过整个宏观系统的演变或进化，包括新层次的产生，分化和多样性的出现，会形成新的、聚合而成的、更大的主体出现等，都是从此逐步派生而来。Comfort 率先将 CAS 理论引入应急管理研究，从而引发了应急管理研究的范式转向。目前，国内学者对 CAS 理论的中国应急管理问题展开过相关研究，如张海波运用 CAS 理论框架，探讨了中国应急管理系统的适应演化逻辑，分析了 SARS 疫情后中国综合应急管理体系适应极端灾害发展的演化历程。社会安全新视阈下，建立和完善高校风险管控与应急治理双机制的实践研究，是对复杂适应环境下提升高校自适应性应对风险治理能力的探讨和思索。

(四)汛后恢复，清淤、消杀、疏通、整改，多管齐下

雨过天晴后，对校区内基础设施修复、草木养护、道路清理、排水管道、下水道疏通、校区防疫消杀等环节必不可少，学校在汛期后启动了雨污分流改造施工，解决了原有老旧合流管道管径小、标量低，易卡塞淤泥、排水流向不合理等的问题，校区强排能力明显改善。

同时，由保卫处牵头，联合学工部、后勤保障部、校医院等部门多次组织在校师生综合演练，提升师生应急自救互救能力。

三、分析与启示

(一)基于 CAS 理论的风险管控与应急治理双机制可行性研究

风险识别是基础，风险分级是难点，风险管控是关键，应急治理是重点，从复杂适应性角度分析目前我国高校在风险管控、应急治理方面所面临的困境，从理论、实践、方法、路径、评价各环节要素着力，科学、系统地分析论证"为什么做、谁来做、做什

么、怎么做”，通过理论结合实践的可行性论证应对举措，从风险演化规律中抓住处置防御的关键环节，提出契合CAS系统的双机制实践路径，实现风险减控、精准治理的目的。以马克思理论作为依据，将错综复杂且相互依赖的各类安全关系加以统筹协调，针对复杂适应环境下的高校安全风险管控与应急治理现状，对标国际先进治理经验，结合我国国情、社情、校情，开辟符合中国特色的风险管控与应急治理双机制实践路径，为高校安全应急管理的智慧化、多元化建设提供强有力的支撑保障。

（二）国外校园应急管控治理研究参考借鉴

日本校园应急治理注重多方协同的安保系统建设，即学校、家庭、社区、医院、警署多方联动，由于日本地处环太平洋火山地震带，自然灾害频发，因此，日本的大、中、小学不定期组织学生进行灾害自救操演，敦促其熟练掌握逃生技巧，还颁布实施《校园安全法》，针对校园危机风险事件，加快防范处置突发事件对策的研究步伐。而美国各学区和学校的突发事件应急管理方案基本上都是在联邦紧急事务管理局和联邦教育部的指导下制定的，在校园突发风险危机应急管理方面采取四阶段的管理方案，即突发风险的缓解与预防—针对突发风险做出准备—对突发风险的反应—突发风险后的恢复，以上四步环环相扣，组成了突发风险危机应急管理体系。当应急响应超出可控范围，则由地方向州政府求援，一旦灾害的应对超出响应预期，可逐级最终向上报告，请求联邦应急管理局增援。美国教育部和司法部每年将校园调查案例数据及时向社会公示，以便于校园风险研究的广大学者获取管控和规避校园安全危机的最佳途径与方法。

（三）基于CAS理论的风险管控与应急治理双机制实践困境

1. 内外环境多边性矛盾

习总书记将新时代重大风险聚焦为“政治、经济、科技、社会”等领域的反映。当外部环境发生变化时，高校应急治理压力与日俱增；社会工业化进程中，衍生出发展性风险危机：教育事业不断变革及整体规划带来校园安全风险，逐年扩招致使服务供需矛盾，教学、科研深入开展造成实验、设备、场地等隐患，社会思潮多元化对大学生人生观、价值观的冲击等等。

2. 视阈局限性凸显

高校在风险感知能力、治理动机、后果认知以及共建共治能力上存在着个体差异，对风险相关主体治理意愿存在差异，这也制约了高校风险治理过程决策、资源配置环节等；而物质、信息、资金等要素也直接影响到高校治理系统效能。

3. 应对能力束缚制约

风险管控、应急治理相关技术平台的建构与应用，直接影响着风险治理数据信息的共享效果，制约不同主体间的协同优化与合作水平。

4. **固有模式阻碍创新**

高校在安全治理平台设计与建设方面实证研究相对薄弱，不利于引导各主体相互选择、快速反应及弹性调适。职能部门与院系系统相互独立，不利于主体自发性反应意识的培育；安全风险治理主体缺乏反馈路径分析的主动意识、实践指导，可能导致治理系统反应灵敏度欠佳。

四、解决思路

从风险分级着眼，从协同优化着手，提出相关整改应对措施：

一是加强高校内外环境的自适应性：营造平安校园的环境基底，提升校区安全治理的自适应性，构建校园内绿色网格区域服务空间，合理设置风险监控与预警机制相结合的广覆盖体系，提升应急治理能力的微观支撑。优化隐患排查系统，增强校区安全治理自适应能力。

二是谋划布局与统筹调配：①从单循环模式转向为多方参与的多元共治模式，即政府主导顶层设计，其他治理主体，基于协同目标，共享治理资源，并通过创新布局合理利用资源快速研判，促进自组织、自学习、自成长、自适应的能动过程；②从被动应对风险演化为主动吸收抵御，加强系统中功能“标识”凸显，突出聚集度大的主体，促进其被其他主体择优链接；③从校区的开放管控过渡到精准治理，进一步完善校园闭环控制路径，引导治理针对差异化诉求、治理意愿、回应能力的细节反馈，强化不同风险情境，灵活地采取增强、刺激、减少或抑制策略，调适高校风险管控与应急治理双机制系统的自适应主体行为。

三是构建智慧化风险分级预警机制和常态化治理韧性评估机制：制定控制和规避风险的预防措施，分析识别潜在危机，确认风险管控级别，形成风险报告，风险管理评审集成风险，确认剩余风险的存在性，提出有效预防。分析研判风险性质、风险类别、风险等级(如以风险潜在危害程度可分为可忽略风险、较小风险、严重风险、极重风险、灾难性风险；以危险可能性可分为：典型风险、可能风险、偶尔风险、极少风险、不可能风险等)，防范事故的再发生，寻找风险源，排查隐患，研判风险等级，采取安全风险精准治理措施，实现韧性评估客观数据精准治理。

四是打造校园安全精准治理的协同优化建设：针对风险分级，考虑不同阶段、不同环境的差异性，采用定性定量相结合的手段对风险进行评估，提出管控风险不能过度，采取对应的“五步走”分阶治理模式：即防御治理一可忽略风险(不可能风险)，巩固治理一较小风险(极少风险)，专项治理一严重风险(偶尔风险)，综合治理一极重风险(可能风险)，重治协同一灾难性风险(典型风险)。深挖隐患问题背后的治理问题，优化管理架构，从根源上防疏堵漏，提出“全周期、全过程、全方位、全手段”路径，并采取“五步走”分阶治理模式应对校园风险治理压力。

直面诸多不确定的新危机、新情境、新矛盾，将风险管控与应急治理，贯穿平安校园建设的“全周期、全过程、全方位、全手段”，是国内高校面对复杂联动风险和社会发展需求的重大考验和积极探索。

技防助力校园侦破治安案件的经验与启示

刘树勇　王宝枝　颜　骁

一、案例简介

2019 年 8 月，在经过系列考察论证后，临沂大学保卫处引进宇视科技 AIoT 昆仑智慧平台，科学统一管理校内公共区域监控设备，在学校校门口和校内主要路口安装人脸识别摄像机，并结合多年的校内安保工作经验，在临沂市公安局兰山分局大学派出所的帮助下建立了“黑名单”人脸数据库。

事件 1：学生报案丢车，2019 年 8 月 23 日，一名 2018 级学生郭某昌到学校“110”值班室报案称其在某教学楼前丢失新买不久的雅迪电动车一辆，因自己着急去上课，在停车时没有上锁。

事件 2：人脸识别报警，2019 年 9 月 26 日，正在执勤的保安大队长张队长收到监控室值班队员对讲机呼叫，学校西南门的人脸识别摄像机识别出一名可疑男子并报警。

二、处置过程

（一）事件 1：学生报案丢车

学生丢车，接警处置：“110”值班室接警后，一方面安抚丢车学生情绪，一方面与丢车学生会同监控室队员一起查看丢车区域监控录像，经学生指认发现，一名女子携一名女童在其电动车周围反复转了几圈后，将孩子抱上车，启动电动车经学校东一门离校。监控室队员利用昆仑智慧平台锁定该名女子特征查询其当日在校内活动轨迹，发现该名女子携一名女童步行由学校东一门进校，进校后在几栋教学楼电动车停车区域徘徊，随后骑走学生指认电动车。

“昆仑”赋能，信息研判：监控队员将初步掌握情况汇报给保安大队张队长，张队长安排监控队员利用昆仑智慧平台查看该名女子 30 天内在校内活动情况，结果发现，该名女子多次带孩子步行由学校东一门进校，进校后在教学楼或宿舍楼电动车或自行车区域徘徊后，骑电动车或者自行车带着孩子由东一门离校。

警校会商，协同联动：张队长立即将掌握情况与大学派出所民警沟通，民警查看监控录像后，调取校外辖区内监控录像，发现该名女子住在学校附近的A社区。民警在调查中发现该名女子住处院内停放十多辆电动车和自行车，而且多为新车和品牌车。

真相大白，后续处置：经民警调查，该名女子系学校附近B社区人，嫁到学校附近A社区，其父曾在校内某物业公司工作，该女子带孩子来校游玩时发现，很多学生在停放电动车或自行车时不上锁，而且很多都是新的品牌车，有一定的市场价值，便产生“顺手牵羊”的想法，在初次实施盗窃后发现很容易得手，更变本加厉，多次实施盗窃。

（二）事件2：人脸识别报警

科技助力，人脸识别预警：张队长交代监控值班队员一方面利用昆仑平台追踪目标人物行动轨迹，并随时通过对讲机汇报，一方面将目标男子图片发到各岗队员手机上，告知各岗队员密切关注目标男子动向，发现可疑行为，立即上报，呼叫校园110队员赶往目标男子所在区域。此时，监控室值班队员查询到该目标男子“黑名单”数据是由大学派出所提供，因其在附近山东医专、财校等多所高校有多次盗窃电动车和自行车的前科，并将此情况汇报给张队长。

快速响应，警校联动处置：此时，监控值班队员发现目标男子在音乐学院附近停留徘徊，随即汇报给张队长。张队长研判目标所在区域离学校北二号门较近，较易逃离学校，并结合一段时间以来，该区域经常有师生报案电动车丢失，决定上前盘问，便驾驶校园摩托警车向目标男子靠近。目标男子发现后，立即跑到路边的草地上，道路边有路沿石，摩托车开不上去，张队长便问道：“老师，您是到前面的湖里钓鱼吗？学校规定，校内的湖里一律不允许钓鱼。”目标男子听到声音后，猛然一惊，随即反应过来说：“我找人。”张队长便问：“老师，你到哪个学院找人？”不曾料到，目标男子听后撒腿就跑，沿着湖边的草地，跑向音乐学院楼后面，张队长和赶到的110队员们将车停在路边，追了上去，目标男子一路狂奔，全然不顾途中两只鞋子跑丢，跑了一公里多，躲进了音乐学院后面茂盛的竹林里。张队长见状，命令队员们，分散开将竹林包围，并立即联系派出所民警。同时，向目标男子喊话：“哥们，你跑什么，有什么事情出来说，从你一进校门到你在校园的一举一动，我们通过监控看得很清楚，还没做违法的事情，现在我们已经报警了，我们学校的校门和各个门岗都警戒了，你还是出来吧……”最终，在民警赶到时，目标男子自己走出竹林，并向民警供认自己以前在周围学校多次盗窃并被抓获的事实，此次进入临沂大学，就是想再次寻找机会作案，但刚进校没多久，保安就过来问话，由于心虚，就想逃跑。后续该名男子交由民警做进一步处理。

监控值班队员在民警的帮助下，获取了两个事件中嫌疑人比较清晰的正面脸部照片，添加到人脸数据库“黑名单”中，完善详细档案，说明添加到“黑名单”的时间和原因。保安大队对两起事件的起因、处置过程做进一步梳理，总结经验教训，进一步完善相关突发事件处置预案。

三、经验与启示

（一）事件分析

上述两个事件是科技赋能分析研判案情信息，并得到迅速妥善处置的比较典型案例，除了警校联动、常态协作，保安队员群策群力外，“昆仑”智慧平台和人脸识别系统在对嫌疑人识别和嫌疑人行动轨迹的分析方面功不可没。派出所民警在对两个案件的分析总结中也提到学校的平台和人脸识别系统刚刚建立就战果斐然，不仅对“黑名单”中不法分子做到了有效预警，而且在民警办案中提供了极大的帮助，有效提升了大学派出所的破案率，同时对学校周围的不法分子起到了极大的震慑，有效推进了平安校园建设工作。

根据两个事件中的嫌疑人供述，之所以会选择在学校作案，是因为观察到大部分学生的自我防范意识比较薄弱，很多学生没有停车落锁的习惯，或者因为着急上课或者其他原因赶时间导致停车时来不及或者忘记上锁。

目前很多高校都有以下特点：①占地面积广、楼宇多、绿植茂盛；②随着高校社会化程度逐步加深，进校施工、保洁等服务人员众多；③疫情前很多高校都是开放式的，即使是对校外人车辆进校收取部分停车管理费用，但无法有效管控。这都给校园安保增加了难度。事件1中，女嫌疑人带着孩子进校，作案时利用孩子将电动车或者自行车骑出学校，这就给安保人员带来很大的迷惑性，如果不是通过人脸识别系统进行追溯对比甄别，队员很难怀疑到这对母女曾多次在学校盗窃车辆。

（二）经验与启示

第一，要不断强化技防建设，搭建完善智慧安防可视化平台，实现全方位、全天候可视化防控，进而实现从对各类事件的被动防御到主动预警和预防。在谋划建设时要统筹考虑短期应对和中长期发展，既要在全校安防战略上布好局，也要在局部安防关键处落好子。

第二，要加强对学生的安全教育，构建系统化安全教育体系，营造良好的安全教育环境。从新生入学、日常、重大节点、学期、毕业等入手，把安全教育贯穿到学生从入学到毕业的安全管理体系建设中。使安全教育走进课堂，订立安全教育学分制，将因需、因事的安全教育模式转化成常态化安全教育模式。通过开设多类型安全教育课程使学生逐步掌握安全知识，提高安全和自我防范意识。

第三，要加强对校园安全事件的梳理研究，把握矛盾运动规律，制定并不断完善应对各类突发事件处置工作预案，更加积极有效应对不稳定不确定因素，加强校园安保队员业务培训，建立一支业务素质高的应急处突队伍，增强学校安防斗争本领。

第四，要继续夯实“警校联动”机制，警情联防联动、定期会商，积极与交警、消防、城管和驻地国保支队等单位加强沟通、交流，多部门形成合力共筑平安校园。

高校寝室文化对学生心理及安全问题的影响与启示

刘建荣　胡　婧　黄　晖

寝室是大学生活最基本的单元之一，寝室人际交往是同学们在共同学习生活中形成较紧密、亲密的以精神关系为主要内容，以语言、思想、知识、情感为主要媒介的交往方式，是大学生在大学生活中最基础最重要的人际关系。和谐友爱的人际关系可以让学生的大学生活更加顺利愉快，相反，不良的寝室关系，如敌对、排斥、冷漠等会使人感到压抑、焦虑、烦恼，阻碍学生潜能的发挥，并有可能产生心理障碍，影响正常的学习生活，严重时可能引发心理问题甚至导致犯罪。此外，寝室矛盾引发的校园安全事件愈来愈多，关系到学校的长治久安以及学生快乐成长与健康生活，学校须进一步重视寝室矛盾问题，制定系统的应急管理方案等，营造向上向善的校园氛围。

一、案例简介

小×，大一新生，性格开朗，平时表现积极，在班级和学生会均担任学生干部，还热于参加各项活动。开学初期，与室友关系尚好，后因生活习惯等问题产生一些矛盾，有过轻微程度的口角。小×因参加较多学校活动，早出晚归，而其他三个室友生活习惯较统一，逐渐形成小团体冷落小×。在某次学生活动中，小×作为宣传部成员进行拍照，但因相机问题照片效果不佳，自责心理很重，在社交媒体发布动态表达情绪。室友H觉得小×太过矫情，不但不予以安慰还在社交媒体间接讽刺小×。小×当天晚上上课期间一直情绪低落，回寝后与室友H发生口角，情绪激动，随后直接拿水果刀割腕自残。

本案例系由寝室矛盾引发的心理及安全问题。

二、处置过程

1. 个性缺陷成为引发宿舍矛盾的主要原因

零零后大学生是一个特殊的群体，我们大多在“6＋1”的家庭结构(父母、祖父母、外祖父母)中长大，物质生活水平高，受关注程度高，滋生了一些性格缺陷。从以前拥有个人独立空间的生活环境进入到集体生活环境，因个性缺陷而带来人际关系紧张，导致宿舍矛盾激化，甚至宿舍战争爆发。小×从小与父辈家庭关系较疏远，亲人之间不善于沟通和表达，导致小×从小认为父亲不爱自己，同时中学期间曾因为好朋友出头遭全班同学孤立和冷暴力，高中班上有同学自杀和自残，本人也曾有过轻微自残行为，性格存在一定缺陷，容易受刺激作出偏激行为。

2. 缺少沟通能力成为引发宿舍矛盾的直接原因

大学生们的自我意识很强烈，不喜欢别人干预甚至进入自己的生活圈，对别人的关注保持高度的敏感，内心空虚而又外表坚硬。网络、手机等资讯媒体的高度发展又在一定程度上满足了大学生们互相倾诉的需要。这样打破了人与人在心理和情感上的已有平衡，使人容易产生孤独感或冷漠感，这样宿舍矛盾就容易产生，而且又无力解决。小×平时与寝室同学沟通方式简单，常常强势要求室友如何做，方式简单粗暴。事后，室友又采取冷战方式应对，没有得到及时有效沟通，彼此无法很好理解对方。

3. 习惯冲突是宿舍冲突的又一大原因

大学和军队一样，成员的异质性很强，来自不同文化背景的人必须在一起生活，就容易产生文化冲突。文化背景造成了人们在价值观、生活方式上的差异。由于大学整合了全国的学生，不同地区的不同人，自然有不同的习惯。小×有午睡习惯同时早上起得也早，和其他室友习惯不同，同时小×性格较强势，身为寝室长，常常强制要求其他室友。这些不同的习惯都会导致矛盾，而出现了矛盾之后，没有得到有效沟通，而是通过冷暴力的方式应对，矛盾日积月累，最终导致以自残的形式爆发。

4. 内心渴望获得他人肯定和关注

根据需要层次理论对案例进行分析。根据马斯洛需要层次理论，人人都有社交需求、尊重需求，人人都希望被别人尊重和欣赏。年轻人迫切渴望得到他人的包容、认可，但年轻人容易以自我为中心，只考虑自身需要的满足，忽略别人的需要。小×寝室其他室友抱团，常常忽略小×的感受，让她缺乏安全感，于是她希望通过自残这种极端的方式博取他人的关心和关注，同时也以此威慑其他室友。

5. 适应不佳，情绪敏感

根据适应理论，新环境下人们容易产生适应不良情况。对于新生来说，大学以前，同学们都生活在自己熟悉的环境之中，人际关系相对稳定和简单。新生入校后，由于各方面差异，在人际交往中存在适应不良的情况。案例中的小×第一次远离家乡、远离父母，异乡生活环境的不同以及与家人的分离对于小×适应新环境有一定的难度，同时宿舍四位同学分别来自全国各地不同地区、家庭成长背景也大不相同，共同在新环境中相处容易产生各种矛盾，小×个性较强，性子较急，在宿舍中出现适应危机。

三、分析与启示

1. **处理伤情，稳定现场**

及时送学生去医院，同时把情况报告学工工作部领导、校保卫处、校医院。在去医院的路上安抚其情绪，保障其人身安全，防止发生二次伤害。同时安排其他学生干部安抚室友和周围寝室同学的情绪，并了解现场具体情况。

2. **了解情况，批评教育**

等小×情绪较稳定、伤势稳定后，了解事情情况，耐心倾听诉求，并教育其珍惜生命同时合理疏导她的情绪并且分享人际沟通技巧。同时及时与其室友谈话，了解本次事件起因经过的细节，以及平时寝室相处情况，并教育他们如何处理寝室关系，教导学生换位思考，彼此理解，多加沟通，相互包容。

3. **通报实情，安抚家长**

第一时间联系小×家长，说明事情缘由，安抚家长情绪，通知家长第一时间到校会谈，通报具体情况，让家长认识到事件的严重性与家庭教育的重要性，与辅导员、班主任一道做好学生的思想教育工作。除此之外，了解学生本人成长经历以及过往病史情况，共同分析事件原因与处理措施。

4. **心理检查，情绪疏导**

先由学校心理健康老师在第一时间对学生进行心理疏导，初步评判学生心理状态。因学生发生自残行为属于非正常行为，且可能危及个人和其他同学生命安全，建议家长带小×赴专业三甲医院精神科进行全面检查，由专业医生进行心理疏导及专业治疗。

5. **寝室调整，后期跟踪**

由于小×寝室矛盾较尖锐，经调和依然存在较大生活习惯和性格差异等，因此对小×的宿舍进行调整。同时，安排学生党员和学生干部以及寝室同学随时关注小×和其室友的动态，多予以关心与帮助，出现异常情况及时反馈给辅导员和班主任。班主任、辅导员经常性下寝，多与小×交流沟通，给予更多人文关怀。

6. **班会教育，防患未然**

在班级召开以“珍爱生命”以及“寝室安全”为主题的教育班会，从该事件中发现学生自我安全意识淡薄、寝室人际关系障碍等问题，告诫学生生命第一、安全第一，引导学生与他人相处时学会沟通、换位思考等。同时，教导学生如何处理突发事件，相关责任人也须及时掌握并上报安全信息。

四、解决途径

(1)合理应对寝室矛盾问题：“攻心”为上，预防次之，调寝为下。

“攻心”为上。首先，引导大学生正确对待寝室矛盾，培养和谐温馨的寝室氛围。在新生入学时积极引导学生注重培养和谐的寝室氛围和寝室集体的意识。其次，引导大学生培养和提高包容宽容的能力，以朋辈互助的方式分享寝室人际交往的技巧与注意事项。再者，建设良好的寝室文化，不定期开展寝室团建活动，加强寝室凝聚力。同时，增强班级凝聚力，积极开展班级集体活动，促进同学交往、加强相互理解，营造融洽的班级氛围，培养良好的道德修养和综合素质。最后，班主任或辅导员须多给予学生人文关怀，不定期下寝与学生交流近况，掌握学生动态，让学生对老师也产生亲切感、信任感，便于安全信息的及时掌控以及危机的及时干预。

预防次之。制定系统化寝室公约，督促每个学生在“制度”范围中行事。其实寝室公约的制定不在于最终的结果大家是否按章办事，而是制定的过程中让自己能够清楚自己的哪些言行举动会影响到其他人。班主任可定期召开寝室长大会，一则掌握各寝室动态，二则为各寝室提供交流平台，完善寝室公约，严格遵照执行。此外，学校班级等要制定惩处制度，对于由寝室矛盾引发的违规违纪事件，对相关学生严处不怠，以示警醒。同时，还要建立奖励激励机制，设立“文明班级”“文明寝室”“文明大学生”等荣誉称号，以“典型塑造”“正面奖励”的方式激励学生积极营造良好寝室氛围。

调寝为下。在处理寝室矛盾问题时，应首先引领学生正视寝室问题来源，分析寝室相处之间存在的问题，并依此教育学生针对相应问题做出问题整改，缓和寝室关系为先，同时让学生意识到自身存在的问题以避免今后再次出现。教育学生在处理相关问题时应如何应对。若学生矛盾较深，且涉及安全问题，一时难以调解，才考虑寝室调整。若一出现寝室矛盾就调整寝室，一是逃避问题，无法解决根本性问题，学生在今后寝室相处过程中可能再次出现类似情况；二是使班级人际关系持续僵化，不利于班级凝聚力的加强。

(2)积极加强心理健康教育：正视自我，持续关注，家校合力开展健全的心理健康教育，促进高校学生群体的心理卫生，如定期开展一对一谈心谈话、邀请心理健康教育专业人士进行讲座培训等。针对学生的情感、人际、学业、家庭问题等，进行相应的教育和疏导。

建立完整的学生心理档案，全面掌握问题学生的心理状态。新生开学初期，进行心理普查和筛选，及时掌握学生的心理健康状况，了解学生抑郁、焦虑、自杀等倾向，并进行重点跟踪、及时疏导和帮助，防止恶性事件发生。

完善心理问题处理机制，系统管控学生突发事件。进一步规范异常心理报告机制、学生心理问题应急处理机制，确保第一时间应对好自残、自杀等突发事件。引导学生干部、学生党员学会应对处理此类事件，第一时间汇报情况并稳定现场。

加强家校互通有无，构建三位一体安全保障体系。与家长建立长期、紧密的联系，特别是与问题学生家长进行沟通，家校合力促学生成长，建议家长多关心、理解孩子，多与孩子交流，禁止使用粗暴的教育方法。

(3)持续做好安全稳定工作：信息摸排，制度监控，迅速处理，强化危机教育，提高防范意识。危机教育在高校安全防范中尤为重要，可在危机发生前及时、快速掌控危机信息、控制事态恶化，如自杀、斗殴、校园霸凌等。例如，在寝室环境中，若有学生有自杀倾向，在生活中一些细节方面会出现自杀倾向，如情绪持续低迷、行为突然异常等，室友若关注到并及时上报相关情况，教师再采取心理辅导等措施将避免悲剧发生。

全面信息摸排，精准干预防控。在安全保障工作中，准确及时的信息可避免很多安全事件发生，因此如何进行信息排查和上报是关键。在此，可通过明暗线结合汇报安全信息，一是通过各班安全信息员定期上报安全信息来掌握整体情况；二是通过班干部、党员等掌握学生动态。针对信息进行合理研判，最快速度对敏感事件作出处理与干预。

建立安全机制，制定应急预案。针对常见的安全事件，针对性地建立系统的安全应急机制，细化处理流程，并将相关内容通过教育培训传达给教师、学生，使其从容恰当地处理安全危机事件。另外，可编制安全应急手册，进行相关内容宣传。

安全无小事，生命大于天。在高校学生管理过程中，寝室矛盾所引发的安全和心理问题无处不在，防患于未然，全面妥善处理，教育引导到位，方能为学生的健康成长保驾护航。

校园群体性闹访事件的处置经验与启示

龚　凡

一、案例简介

2015 年 11 月 24 日晚九时许，学校保卫处值班室接到东门保安电话，称教育培训中心门口台阶上(地点位于校外)躺着一名年轻男子，疑似坠楼，保卫处值班干部立即拨打 120、110 电话并赶赴现场，警方和急救车先后赶到，经医护人员现场确认，该男子已死亡。经 110 警方和学校配合调查，死亡男子系学校教育培训中心国际预科班学生，浙江省温州市人。

二、处置过程

事件发生后，学校立即启动突发事件应急处置预案，成立以副校长为组长的应急处置小组，迅速开展工作。死亡学生所在部门通知其家属前来上海，保卫处配合警方进行调查走访。据班主任反映，该学生近期一直以不适应读书环境为由要求退学，并已与家长多次沟通。警方调取学生相关通讯记录也显示学生坠楼前最后的通话记录是和母亲的通话，且长达半个小时。同班同学兼室友也反映其性格内向，沉默寡言，有自卑情绪，经常晚归。

第二天，校领导接待了学生家属并表达慰问，处置小组与家属就善后事宜进行了沟通。家属方首先对学生坠楼原因质疑，要求出示学生自己坠楼的证据，避而不谈学生自身存在的问题，警方依据调查走访的情况作了通报并晓之以理，排除意外。

家属方在情绪难以控制情况下，从当地和上海召集了七十余名亲友及老乡前来学校围攻行政大楼，其中二十几人占据谈判的会议室。从其阵势上看，经过了精心策划：占据会议室的基本以搞政法工作的人员为主，掌握政策，只动嘴不动手；围攻行政大楼以老弱妇女为主，致使学校保安难以有进一步的作为；且在谈判中对方相互之间用温州方言交流，难以得知他们的对策和想法。

上述情况的出现，超出了以往针对无理取闹甚至打砸等过激行为的预期处置方法范围。处置小组和警方以及市教委领导多次会商，保持足够耐心，寻找最佳解决时机。由于对方一些公务员和干部都从外地过来，时间对他们是宝贵的，彼急我不急。三四天过去了，谈判依然僵持，没有进展，对方开始显出急躁情绪。会议室安装有录音监控设备，保卫处请校内温州籍老师前来听取对方在会议室内私下交流的内容，以掌握动态，有的放矢。

到第五天时，对方家属在会议室开始阻拦校方谈判人员上厕所并摔椅子时，学校保安人员迅即介入，双方产生肢体冲突，学校立即报警，警方派出特警力量到达现场控制，同时要求查明现场人员身份。在此情况下，对方谈判人员大多表示要回去，不再参与此事，并要求上海警方不要通报当地。警方表示，如要继续谈判，可在警方主持下，双方各派出三名人员进行谈判，阻隔了外围来帮忙的大多数群众，自此扫清了谈判混乱的障碍。接下来的谈判中，学校本着人道主义态度适当予以补偿了 30 万元，圆满解决该事件，平息事态。

三、分析与启示

从处置该事件中得到的启示：

1. 按照预案，做好常规工作

首先警方的前期调查、走访等尽量细致、完善，目前手机通信、微信已成为记录的重要载体，因此一旦事发，这些往往是很重要的线索和证据；其次校方接待安抚要到位，尽量做到仁至义尽，同时分工明确又要密切配合，尤其出场谈判人员要保持足够耐心，情绪保持稳定。

2. 根据不同情况需要不同对策

由于此次事件一开始并未达到警方依据有关法律采取相应措施状态的程度，况且没有针对类似事件家属上访人数的限定，如采取阻拦极易演变成对抗产生其他矛盾。在陷入僵局时一定要保持冷静头脑，充分理解警方在执行公务时的政策把握，不要相互责怪。要发挥“逆向思维”，看准对方薄弱之处和心态变化，适时主动创造条件，采取合理的手段向对方施压，促使其盲目出击，从而乱中出错，暴露问题，让事态“升级”，置对方于被动的困境，扫清沟通谈判的障碍。

3. 有理有节，妥善解决

尽管前期出现了僵持，但最后校方还是以极大的诚意安抚了家属，事件圆满平息，后续没有再出现次生事件。由于目前网络信息的传播迅速，对外的每一步应对，一定要考虑到是否会引发舆论风波，置自身不利，增加解决的难度。

四、存在问题与困难

从很多高校处理类似突发事件来看，无论家属方还是学校都投入了很大的精力和财力，对学校的稳定带来一定的风险。从中可以注意到，解决此类事件的双方就是校方和家属方，客观上容易造成双方发生争执和冲突，目前还没有一个完善的第三方调解机制，这也是目前学校面临的困惑之处。

其次，由于需要合法合规处置，对学校主要承担维稳的保卫部门提出了更高的要求，任何超常规的措施都要求适时适当，火候的把握也需要长期的经验积累，稍有不慎便会弄巧成拙。

目前政府正在重新修订高校的内保条例，尤其对涉及校园稳定的适用规定可能会有所补充，让我们以新时代中国特色社会主义建设理论为指导，依法治校，确保高校的稳定和可持续发展！

大型学生运动会安保工作的经验与启示

王大河

一、案例简介

（一）活动背景

2017 年 9 月 4 日至 16 日，第十三届全国学生运动会（以下简称“学运会”）在杭州举行，这是首次将全国大学生、中学生运动会合并后举办的全国性学生运动会，运动会圆满举行，得到上级部门和领导的高度认可。

浙江大学城市学院（以下简称“浙大城院”）为全国第十三届学生运动会中学生足球项目赛点之一。这是 1999 年建院以来浙大城院承办的规格最大、级别最高的大型活动。本次活动共有来自全国各地运动员 200 人，领队、教练 44 人，技术官员、裁判员 45 人，志愿者 149 人。共举行比赛 14 场次。

浙大城院位于杭州市拱墅区上塘街道，校园面积 1 000 余亩，由湖州街分为南北校区，学校共有 6 个进出通道，在校生 13 269 名，教职员工 1 009 名，后勤员工 500 名，校卫队保安 42 名。主场地赛点为南校区田径场，占地约 2 万平方米，看台座位约2 000 座。运动员住宿地为距田径场 200 米左右的明德楼。

（二）前期准备

根据省筹委会安保部和市公安局统一指挥，各单项比赛竞赛委员会（以下简称“竞委会”）负责制定学运会具体安保方案，拱墅公安分局与学院配合竞委会开展前期调研，分别就学院周边环境、交通状况进行分析；对校内情况，主要包括进出校园通道、校内其他活动、重点部位、人员、校园交通、比赛场馆等方面进行摸底梳理。

根据调研摸底情况以及科学分析，初步制定学运会安保方案。方案按照“由外而内、分区分级、梯次趋紧”的原则，划定外围、校园、场馆、住宿四个区域，落实管控措施。

1. **外围管控**

按照“以面保点、以外保内”的原则，由拱墅区公安分局落实警力，加强赛点外围的治安防控工作。

2. **校园管理**

按照“底数清楚，进出从严、管理从严”的原则，由学校进行安全管理，公安机关加强检查指导督促，确保措施落到实处。学院主要从进出校园管理、重点部位管控、交通管制、消防管理四方面制定管理制度，落实安保方案。

3. **场馆管控**

按照“封闭控制、场地搜爆、进出安检、确保安全”的原则，落实24小时安全管理工作。场地管控是整个学运会安保方案的重中之重，安保方案必须周密细致，分别从场馆周界控制、场地搜爆、进出安检、赛场管控、交通保障、案件处置、消防管理七个方面全面落实安保工作。

4. **住宿管理**

按照“校内住宿、集中区域、独幢专用、门卫值守”的原则，进行24小时值守。参会人员住宿区人员密集，是运动员休息场地，必须确保运动员休息时不被外界打扰，因此从进出宿舍区管理以及访客管理两方面进行有效管理。

(三)方案实施

根据安保方案的区域划分，明确各区域职责和安保要求，进一步完善和细化各区域重要点位分工，确保安保方案的落实。

1. **模拟演练**

学运会正式开始前10天，安保方案进入模拟演练阶段，四大区域分别模拟实际比赛情况进行演练，通过模拟和演练，对各区域是否职责明确，各级命令能否有效传达，各重要点位能否有效联动，遇突发情况能否有效应对等方面进行检查，及时发现问题，采取有效措施完善方案。

2. **正式实施**

(1)发展成熟。9月4日至7日，学运会开幕并逐步进入常规，也是安保方案由制定到具体落实的发展成熟阶段，这一阶段的关键是检查督促落实预案，及时发现问题，确保安保要求落地落实。

(2)常规运转。9月7日至比赛结束，逐步进入常规运转阶段，这一阶段主要依靠监督检查，确保之前形成的安保压力能够有效保持，保证方案落实不出差错，各区域人防、物防、技防能够运转正常，从而使得安保方案自始至终有效贯穿。

9月15日，学运会圆满落幕。学院出色地完成学运会任务，得到上级领导的充分肯定。

二、安保工作情况

本案例中，安保工作贯穿学运会始终，竞委会牢抓安全保卫这一主线，将活动各个环节有效地串联起来，安全稳定的环境确保了学运会的完美呈现。综合分析，本次学运会安保工作的成功主要得益于以下几个方面。

（一）上级重视，组织保障

作为浙江省迄今为止举办的最大规模体育运动赛事，省市领导都十分重视，要求务必确保学运会安全顺利举办。为此省筹委会安保部和市公安局统一指挥，逐级逐层建立领导小组，搭建工作架构，成立单项竞赛委员会，为安保工作提供坚实有力的组织保障。

（二）分析研判，制订方案

安保方案是学运会安保工作的核心，学院地处杭州市区，环境复杂，牵涉较多，要制定行之有效的安保方案，必须进行详细周密的调查和分析以及大量的研究和判断。“兵马未动，粮草先行”，必须事先提供足够的“粮草”——科学合理的安保方案才能保障学运会这场“战役”取得胜利。

（三）职责明确，纪律严明

确定安保方案之后，有效的落实和实施成为学运会安保工作顺利开展的前提，各区域明确的职责分工和严明的纪律是确保方案落实落地的根本保障。根据方案要求，明确各级各层的职责以及各区域的分工，并最终落实到每个人，并加以严明的制度和纪律保障各区域及个人有效履职。

（四）模拟演练，查漏补缺

对于如此高规格、规模的学运会活动，学院并没有经验，模拟演练是弥补经验不足的最有效办法。提前十天的模拟和演练发现很多预想不到的不足，使得安保方案更加完善。

（五）加强监管，及时应对

学运会持续 13 天，安保工作每天 24 小时不停歇，强度高、压力大，但容不得有丝毫的放松和疏忽。因此，需加强监管和检查力度，保障安保工作持续有效地进行。对发现的问题应当及时给予妥善解决，防止安保方案成为一纸空文。

三、经验与启示

目前，各高校校园内开展的大型活动日益丰富，种类繁多，涉及面广，影响较大，虽然像学运会这样级别高、社会关注度高的活动不多，但任何大型活动安全意识之弦要始终紧绷，安保工作容不得任何闪失。结合高校大型活动实际，借鉴本案例经验，笔者认为可以从以下几方面来有效开展高校大型活动的安保工作。

（一）思想高度重视，牢固树立安全意识

大型活动组织形式多样，人文讲座、文艺体育、学术交流等内容十分丰富，主办方在举办活动的时候往往把精力集中在活动本身的价值，而忽略了活动的安全性，这对任何一个人员密集的大型活动都是极大的安全隐患。因而，主办方必须从思想上高度重视活动的安全，策划活动的同时要树立牢固的安全意识。

（二）明确责任主体，构建安全责任体系

根据“谁主办，谁负责”的原则，活动主办方应承担安全责任，确定安全责任人，明确各项安全措施，确定岗位职责和分工，构建完善的安全责任体系，确保责任追究有据可依。

（三）安全风险评估，制定安全保卫方案

对活动进行周密严谨的安全风险评估，确保活动场地和内容符合国家安全标准以及消防安全规范。根据校园实际和活动需要，从活动治安、消防管理、交通秩序等方面制定完善的安保方案，尤其应将突发事件的处置纳入安保方案，消除安全隐患。对于重大或者首次举办的大型活动还应当进行预案的模拟演练，确保方案行之有效。

（四）安保职能部门应加强指导、监督和检查

一般来讲，高校大型活动需提前向高校安保职能部门报备，职能部门需对活动安保方案的制订进行指导和建议，确保方案有效。同时，应加强对活动开展过程中安保工作的监督和检查，及时发现问题，并督促整改。

高校校庆活动安保工作的经验与启示

王晓云　尹国华　崔晓奎　贾晓维

一、案例简介

2019 年 10 月 12 日，重庆大学迎来建校 90 周年华诞，当天圆满举办建校 90 周年纪念大会、纪念晚会、校长论坛、国际文化节、社团嘉年华等大型活动 5 场，国家领导人、地方领导、国内外知名专家学者、杰出校友等 500 余名重要嘉宾受邀出席，参加活动师生群众达 3 万余人次。

此次校庆面临的安保压力巨大，主要体现在两方面：一是维稳压力大。时逢新中国成立 70 周年，国际形势复杂多变，校内公房整治、危房改造、对外培训办学等历史遗留问题极易引发集访、群访等群体性事件，诸多不稳定因素交织。二是校园交通管理压力大。近年来机动车保有量呈翻倍式增长，与校园车位不足、道路狭窄等现状形成鲜明对比，人与车、车与车、车与车位之间矛盾凸显，如何保证校庆期间交通的有序疏导，保证车辆“进得来、停得下、出得去”，成为做好校庆安保工作面临的一大严峻考验。重庆大学保卫处作为校庆安保工作的牵头部门，在校党委、行政的领导和公安机关的指导下，在各部处、各警种和地方相关部门的大力支持、全力配合下，始终坚持“双庆期间绝对安全绝对稳定”总目标，调动一切力量，采取一切手段，全力以赴、攻坚克难，有效确保了校庆活动的安全顺利举行。校庆期间无影响稳定的事件发生，无一起安全事故发生，为“防风险保平安迎大庆”工作做出了应有贡献。

二、处置过程

1. 抓组织领导

学校成立“重庆大学 90 周年校庆安全稳定工作领导小组”，由分管安全工作校领导任组长，保卫处、党办、校办、社区办主要负责人任副组长，下设 7 个工作小组。保卫处成立“重庆大学 90 周年校庆安全保卫工作领导小组”，由处长任组长，下设 8 个安保小组，进一步细化安保工作职责，从而搭建起强有力的组织保障指挥系统。

2. **抓方案部署**

保卫处牵头召开各类工作会20余次，广泛征集政府、公安、街道、学校等相关单位意见，制定完善《重庆大学九十周年校庆安全保卫工作方案》，内容涵盖校庆安全风险评估，应急处理预案，交通组织，纪念大会、纪念晚会、国际文化节、校长论坛安保方案，网络安全保障方案，抗战大礼堂消防安全保障等，从组织领导、现场指挥、突发事件处置、力量调配、岗位设置、执勤纪律、装备配置等方面细化工作举措。

3. **抓隐患整治**

打好主动仗、下好先手棋，全面梳理学校在各个领域可能存在的风险隐患，开展脆弱性评估，提出防控举措。保卫处从2019年暑期起，持续开展治安、消防、交通、市政、重点区域、重点人员等全方位安全排查。9月25日至10月15日期间开展“防风险保安全护稳定迎双庆”严防死守关键阶段专项整治，对重点人头入户走访，开展临时筛查及校园门面商户安全检查，协调属地公安部门、街道、校内相关单位及学院对摸排的重点关注对象逐一落实管控措施。

4. **抓交通保畅**

道路通畅是校庆各项活动顺利进行的关键保障。保卫处提前一年筹划迎校庆交通治理方案，通过规划单行道、改造通车门、补划停车位等措施，进一步改善校园交通“硬环境”，为校庆交通保畅奠定基础。此后，提前一个月统筹开展校园交通治理，集中整治主干道占道停车、违规停车问题，督促教职工养成良好的停车行为习惯，保证主干道畅通、整洁、规范。结合校庆当日实际，制定交通组织方案，设计交通管制措施及参会车辆通行线路，开辟11处临时停车区域，为嘉宾及教职工车辆停放及通行做好提前规划，并通过多渠道广泛开展交通管控政策宣传引导和解释，动员师生积极配合、绿色出行，取得良好效果。校庆日未出现一起交通拥堵、无一起交通事故。

5. **抓技防保障**

加强校庆网络安全保障，开展全校网络安全巡查，校庆日安排专人在活动现场及学校网络机房值守，安排专业网络安全服务公司驻校进行网络安全保障。校庆前在重要场所新增人脸识别摄像机6台，校庆纪念大会、晚会现场投入安检门4台，搭建临时应急指挥中心并增设监控探头，实时监控会场内外动态，为校庆应急处置提供强有力的技术保障。

6. **抓资源整合**

保卫处加强与属地公安协调联动，商请警力指导与支援安保工作，促进完善安保措施。活动当天，交警、治安、特警、消防等相关警种在交通保畅、现场保卫、消防保障等方面给予大力支持。此外，保卫处还聘请外援保安、学生志愿者参与现场安保，调动各方力量，为校庆活动筑起了一道安全的人防壁垒。

三、经验与启示

重庆大学90周年校庆活动规模大、嘉宾多、层次高，面对重重困难，学校扎实开展校庆系列活动安全风险评估，科学规划校庆交通组织，深入开展安全隐患排查整改，完善各类安保工作方案，落深、落细、落实各项安保措施，圆满完成了各项安保任务，有以下几点启示：

一是注重实效。运用科学方法，结合学校实际，通过实地走访、专家咨询、现场模拟等方法，不断论证、调校、完善工作方案和处置预案，形成强有力的组织领导机构和切实可行的安保工作方案，保证各项安保措施的准确有效实施。

二是部署周密。校庆前组织对全校各类隐患、矛盾、纠纷进行周密评估、排查、整改、调解、处置，保证校庆期间未发生一起潜在隐患引发的安全事件、事故。现场安保力量部署恰当，根据不同任务和安保需要，细分了各个安保小组，通过踩点、预演等方法将岗位、任务与责任落实到位。

三是响应迅速。通过强化人防、物防、技防及通信手段，组建一支快速高效的应急处置队伍，实现了突发事件的快速响应。如在纪念晚会人流量爆棚，极易发生挤压、踩踏等安全事故的情况下，保卫处果断采取措施，关闭会场入口通道，及时调动应急力量维护秩序，保障晚会的顺利进行；在国际文化节和社团嘉年华活动安保过程中，由于活动自由出入，场内人员很快达到最大容量，保卫处果断采取限员分流措施，确保活动安全有序进行。

四是保障到位。善于抓住并解决主要矛盾，通过开展交通专项整治、制定科学有效交通组织方案、多平台广泛宣传动员、灵活高效交通引导等，“多管齐下”，解决了校庆日当天交通保畅这一重要问题，确保了校庆各类车辆“进得来、停得下、出得去”。此外，在重点确保校庆系列活动安全的同时，还注意安排力量，组织专人做好校园日常巡逻巡查和值班备勤，保证活动不断、秩序不乱，保障校园平安稳定。

五是初心担当。大型活动安保对保卫部门来说是一场严肃的政治考验和严格的工作检验。在整个校庆“保卫战”中，全体参勤同志坚守一线、连续作战，始终保持思想精神在状态，值班值守在岗位，应急处置在现场，热情服务在细节，充分展现了高校保卫人敢打硬仗、能打胜仗的优良传统和良好工作作风。这种“不忘初心，牢记‘卫校卫民’使命”的奉献担当精神是确保大型活动安全顺利举行和校园长治久安的有效法宝。

重庆大学90周年校庆系列活动整体来说平安圆满，但校庆晚会因某些原因，实际观众人数超过预计，临时决策提前限制人流入场，引发一定范围的冲突矛盾。为此，我们建议大型室外活动要注意严控制票制证环节，提高票(证)防伪技术，如采取二维码等电子验票(证)方式，以有效管控入场秩序、防止观众“井喷”现象。此外，在预案完善、现场指挥等方面也需要不断探索、总结，以持续提升安保工作的能力和水平。

第十五届高校“挑战杯”安保工作的经验与启示

沈龙骥

一、案例简介

2017年11月14日至11月19日，第十五届“挑战杯”全国大学生课外学术科技作品竞赛(以下简称“挑战杯”)在某高校举办，314所高校中的755件作品进入终审决赛，万余人参与比赛。赛事还吸引了来自英国、美国、哈萨克斯坦、日本、白俄罗斯等国家的高校师生参与其中。此次竞赛活动规格高，人员多，成分复杂，安全压力大。比赛期间又恰逢学校菊花展开展在即，两项活动影响叠加，安保压力倍增。

二、处置过程

为确保“挑战杯”圆满举办，某高校保卫处按照上级领导要求和指示，精心筹划，周密部署，主动作为，全力以赴，联同地方警力共出动人员1 860余人次，警车、消防车、应急机动车30余台次，确保了“挑战杯”活动安全、精彩、有序，既展现了高校安全守卫者的良好形象，也展示了高校一流的安保水平，受到了各级领导和参赛师生的赞誉与肯定。

一是健全组织。某高校2016年7月就成立了以学校党委副书记、副校长某某为组长的“挑战杯”筹备工作组，下设包括安全保障组在内的9个工作组。安全保障组由保卫处牵头负责，校团委、后勤集团、校医院等单位派人参加，保卫处处长某某任组长，统一筹划安保工作。下面有政审小组、治安小组、交通小组、消防小组、机动小组，负责各条线安全工作和末端落实。

二是加大宣传。2017年10月起，学校保卫处结合“挑战杯”安保工作系列方(预)案开展了微信公众号推送信息、电子屏滚动宣传、悬挂横幅、电话巡访、实地走访等多种形式安全宣传，提前发布竞赛活动期间安全管理相关通知，积极营造“群策群力、安全办会，当好‘东道主’”的安全氛围。治安小组充分调动治保主任、巡逻班、便衣队等的积极性主动性，发挥他们“千里眼”“顺风耳”的作用，收集反馈各类信息；开展“安全问题随手拍”活动，发动群众，群防群治，以校园的整体安全稳定保障“挑战杯”竞赛活动的顺利举行。

三是密切协同。“挑战杯”安保领导小组在市公安局的指导与支持下，与公安、城管、食药监等职能部门先后6次召开校地联席会；联合当地区委、区府办在学校总监控室成立“挑战杯”联合指挥处，对竞赛活动的安保工作进行实时监控、指挥和协调；保卫处加强与学校团委、后勤、校医院等相关部门和院系的对接，牢固树立“一盘棋”意识，建立联席会议制度，形成了左右互动、上下联动、密切配合的良好工作氛围，确保了安保领导小组对安保工作的全局掌控。

四是靠前指挥。活动期间，安保工作领导小组深入一线，靠前指挥，落实“三结合”。人防、物防、技防相结合：充分发挥监控室指挥调度作用，联合指挥处对“挑战杯”安保工作进行实时地监控、指挥和协调；各点位执勤人员均配备无线对讲机，建立了顺畅的通信联络；在现场增设高清摄像头、灭火器材，在主通道出入口、人群易密集区配置电子探测门、隔离安全栏，强化安全装置。守点与控面相结合：根据活动场馆设置和活动特点，安保工作领导小组对现场和辖区进行了点面划分，对活动主场所钱伟长图书馆、1号体育场、体育馆和重点时段开幕式与闭幕式期间的安全，落实“网格化”管理，从出入口把控，巡逻防控、赛场管控等方面做实做细做精准每一个“小网格”，发挥其风险防控的“大作用”。方案计划与灵活调整相结合：针对赛事活动，安保工作领导小组每一天都在不断总结，完善优化方案，不断提高安保和服务的质量。

五是强化纪律。按照“加强纪律、完成任务、树立形象、提升能力”的要求，全体安保工作人员的思想和行动统一到安保工作领导小组的决策部署上，有条不紊地按照方(预)案开展各项安保工作。工作中，安保人员文明执勤，及时疏导、耐心说明，得到了绝大多数群众的支持与配合，自觉树立了纪律严明、专业敬业的安保工作形象，营造了和谐的竞赛外部氛围，实现了安全、精彩、难忘的赛事整体工作目标。

三、经验与启示

第十五届“挑战杯”大型安保任务圆满完成，是保卫工作关于高校担负重大赛事安保成功经典案例的代表。事后，我们进行了认真的总结、分析，启示如下：

一是领导重视、组织健全是完成好大型活动安保任务的保障。大型活动安保工作的成功与否，事关学校形象和校园安全稳定大局，是对学校安全部门履行工作职责能力的重要考验。学校领导高度重视，保卫处认真履职，安全保障组统一筹划安全保卫工作，细化工作任务，层层分解、落实责任，逐一明确每天工作任务，对每一项工作任务进行量化和细化，对每一个细小的环节都进行了充分的考虑和安排，做到每项活动有安排、每项任务有落实。各科队长提前对各项活动现场、路线、驻地等进行现场勘察、安全检查，各小组按照要求安排工作，为做好各项活动的安全保卫工作奠定了坚实基础。

二是科学指挥、精心组织是完成好大型活动安保任务的关键。安全保障组成员始终坚持宏观决策，把握大局，靠前指挥，切实做到决策到位、领导到位、指挥到位。为保证第十五届“挑战杯”活动安全顺利，果断向校领导建议推迟菊花展开展，减少了任务风险，确保了安保力量集中。根据安保人数不足这一问题，提出购买社会服务的方式，聘请资质过硬的市保安公司人员协助做好安保工作。针对人员专业水平和力量不强的现状，主动与公安、城管、食药监等部门对接，加强对治安、消防、食品安全、特种设备安全等关键环节实施分类指导，强化协调功能，确保了整个安保工作配合默契、指挥有力、畅通高效，实现了既定目标。

三是方案完善、部署严密是完成好大型活动安保任务的前提。方案的好坏直接决定了安保工作的成败。大型活动安全保卫工作要提前开展治安预测分析工作，根据活动的重要性、热点性和规模、内容等具体情况，对活动中可能发生的各类问题进行充分估计和判断，确定不同等级，制定一套结构严谨、科学实用的安全保卫工作方案。为拟制好方案，安保保障组深入调研，协调各职能部门，组成联合调研组，深入实地调查、勘察。在此基础上，根据每天活动性质、规模和要求，制定不同的安全保卫工作方案。对活动中可能发生的各类问题进行充分估计和判断，按照定人、定岗、定责的“三定”要求，先后8次实地察看赛场情况，5次修订安保方案，实行“谁主管、谁负责”，逐一明确工作任务，并对每一项工作任务进行量化和细化，对每一个细小的环节都进行了充分的考虑和安排，按照细之又细、慎之又慎、不厌其烦的工作要求，经反复论证最终制定了《第十五届“挑战杯”安全保卫工作方案》《第十五届“挑战杯”开(闭)幕式安全保卫工作方案》《反恐怖工作预案》《消防工作方案》，为“挑战杯”安保工作圆满完成奠定了坚实基础。

四是锻炼了队伍、促进了校园安全工作。大型活动、大项任务是考验干部、培养干部的良好契机。

“挑战杯”安保任务使每名保卫干部对大型活动安保的规定细节有了深入的了解，对工作标准有了更高要求和认识。中央空调的压力容器属于特种设备，在安监部门的指导下，学校开展了全校排查并花大力气进行改造和登记、检验，使其符合安全要求。借助安保任务的高要求，对于各电梯内的标识规范及紧急呼叫电话的值守，全校进行普查并统一规范，消除了安全隐患。活动前后，团中央、市政府、市公安局、市教委等各级领导和职能部门多次亲临指导、实地检查，促使学校更好地经受住了任务考验，从而历练了队伍，促进了校园安全工作。

应急处置篇

干预机制在应急事件中的处置影响案例分析

付梦荻

一、案例简介

（一）危机学生背景

李某，男性，汉族，90后，籍贯吉林，独子，理工类专业。家庭状况：父亲，爱好赌博，有吸毒史，患多种疾病，生活几乎无法自理；母亲，家中跳楼自杀，李某目睹整个过程，精神打击很大，心理也发生变化，李某也认识到自己的问题，大二期间曾主动到校心理咨询中心咨询，寻求老师的帮助。在这种家庭背景下，性格、心理、思维、行为等在综合因素作用下形成多面人，校心理咨询老师给出结论：人格障碍患者。

（二）情感经历

李某具有北方人的体魄，身材高大，初与其接触，隐瞒性格缺陷时，易吸引女生，大一期间，同学之间对家庭、个人性格没有深入了解，容易凭外貌获得异性好感，大二期间，与同班南方籍一女生建立恋爱关系，在交往过程中，李某性格缺点暴露无遗，占有欲强烈，家庭的阴影无法抹去，时刻带到恋爱中来，大三的10月份，感情危机爆发，女友提出分手，李某也检讨自己，也接受女友建议，对自己的问题进行了心理咨询，但对女友仍存有幻想，认为分手只是恋爱过程中的一个插曲，有信心挽回感情，但后来他的心态发生了变化，容不得女友与他人接触，包括女生，李某坚定认为那些人都是在说他坏话，拆散他们，是不希望他俩好，因此，对女友的一举一动特别敏感，无形中压力越来越大，直到爆发。

（三）事件经过

2014年1月1日晚7时左右，李某得知女友与室友同学外出吃饭，李某胡思乱想，向心理咨询中心老师打去电话，表露厌世的情绪，并流露出到校正门口拦截前女友，杀害前女友及女友闺蜜的可怕想法。心理咨询老师掌握情况后，立即报告辅导员，辅导员得知情况后，安排班里两名学生干部，不动声色到学校正门口寻找，同时向学校保卫处报告，并第一时间将情况告知该女生，提醒注意防范，两名班干部5分钟内赶到校正门口，发现李某似乎在等人，两名同学以不期而遇方式，邀请李某去校外打桌球，李某在盛情邀请下不好意思拒绝，便与同学到校外桌球室打球。两名同学用微信将该消息报告辅导员，辅导员随即赶到桌球室，辅导员在台球室见到李某，大家心知肚明，简单寒暄，寻找机会触摸他的外套，右边口袋里有一把水果刀，打完台球后，辅导员陪同回到寝室，看到李某将一把绿色外壳水果刀放在其桌子上。

辅导员把李某约出寝室谈话，通过交流，发现他反应淡定、冷静，向辅导员坦白了不想看到前女友，自杀怕疼，下不去手，想把前女友杀死，再将其前女友的2名闺蜜杀死，这样就可以被法律判死刑的极端想法。经过2小时的开导，李某情绪稳定。随后辅导员安排2名他信任的同寝同学对他进行高度关注，恰遇元旦，安排各种活动比如打羽毛球，乒乓球等，让李某充实起来，辅导员本想立即收缴其水果刀，但恐李某太过敏感，适得其反，因此叮嘱2名同学暗中收起李的水果刀和寝室里一切锋利的器具。同时，辅导员在该女生及其同学安全回到宿舍后及时调换宿舍，并提醒其他同学注意防范，采取应对措施。

二、处置过程

（一）学院及辅导员层面处置

事件发生后，学院分管学生工作的副书记、学工办主任、辅导员于当晚第一时间制定了应急预案。安排本班同学24小时陪护李某的左右，如有特殊情况，及时汇报；叮嘱其前女友及另两名关系好的女生不要与李有正面接触，更不要刺激他；发现刀具，立即想办法收缴；与最后一门任课老师沟通，同意三名女生提前回家；及时将所有事态的进展情况上传下达，注意保密。学院各个层面根据预案，布置到位，达到了将矛盾控制在萌芽状态的效果。

（二）学校保卫部门处置

学校保卫部门是各类校园突发事件处置的直接参与者和指导者。这一事件过程初期，保卫处获知信息后，第一时间布置力量在学校门口布控，同时积极指导学院和辅导员根据情况的不断变化开展工作，并及时将案件进展情况报告地方公安机关，寻求支持和指导。

（三）校心理咨询中心干预

从本次突发事件来看，李某对心理咨询老师还是有一定依赖性，这也反映出心理咨询的作用，李某之前把想法透露给了老师，这里有两种理解，一是引起老师关注，迅速采取措施，进行干预；二是李某对自己的行为作一个交代，从当时情况分析，李某开始仅表示厌世自杀，是在心理老师引导过程中逐步表露出自己的真实想法，并把实施方法、步骤、时间全盘托出，心理老师分析认为实施行动的可能性较大，因此，在第一时间报告，为采取预防措施赢得了宝贵时间。为预防和及时控制事态扩大，学工、保卫、学院相关部门人员研究，及时对李某进行心理干预，为防止李某因行动未遂而迁怒于老师，校保卫处工作人员在心理咨询现场布控。通过心理干预，及时分析了李某问题所在，为后期制订工作方案提供第一手信息资料。

（四）家庭干预

由于李某家庭的特殊情况，无法通过父母感化教育，李某刻意隐瞒家庭通信信息，心理咨询老师也无法获得他的信任，李某拒绝回答家庭联系方式，学院根据学籍信息联系到当地居委会，再联系当地公安派出所和其姑姑，通过家庭其他人员进行教育干预，特别是寒假在家期间进行全方位亲情教育。

（五）辅导员及后期的跟踪干预

任何突发危机表象看只是一时危机，其实危机过后才是考验能否化解成功，本案亮点是辅导员一年多时间内亲情般关爱，李某家庭情况特殊，父子关系紧张，也没有教育能力，姑姑等亲属也无法从多方面关心，何况对学校情况根本不可能全面了解，所以这里有必要重点介绍一下辅导员，未婚，研究生毕业，女性，工作时间刚一年，接管该班，性格活泼，善于表达思想、情感，与学生交流无障碍，这些优势在之后工作中充分展示出来。首先，辅导员给予李某家庭般的温暖，通过信息、微信、谈话，无时无刻不关心，既起到一个辅导员的作用、又让学生体会到了一个姐姐，甚至母亲般的温暖。寒假回家，辅导员特意购买一些零食给李某火车上吃，大年三十借拜年之际，关心李某家庭情况，不失时机进行危机化解。开学后，李某第一堂课心结没有打开，不想见到前女友，担心控制不住情绪再次做出傻事，辅导员及时了解情况后，主动陪李某到教室，并坚持上完两节课，让李某跨过心理这道坎。其次，辅导员引导同学们给予他更多关心，发现问题，化解问题，辅导员一个人不可能 24 小时跟踪，朝夕相处的同学是辅导员最好的帮手，从整个事件过程看，班干部作用功不可没，特别是后来同学们没有歧视他，而是给予更多兄弟般的关爱。再次，关键一点，在大四第一学期，辅导员成功将李某推荐到理想的工作单位，辅导员鼓励到新单位努力工作，彻底化解李某心中的积怨，激起他对未来生活的憧憬。

（六）当地公安机关的干预

因事关重大，保卫处第一时间得知情况后，立即向辖区派出所和公安分局进行汇报，寻求公安机关的指导和力量支持，属地派出所向主要领导进行汇报，公安机关启动应急预案，处突民警随时待命，关键是之后一年多时间里，每个关键点，公安民警都会给出指导性意见，一直到李某顺利毕业，其实，整个事件过程，公安机关并没有正面接触，但我们看到的是一种人民警察的敬业精神。

三、危机过后的启示

（一）学生安全工作的重点是防范

预防与处理是学校学生安全事故相辅相成、不可缺少的两方面，2016 年元月 1 日实施的《江西省学校学生人身伤害事故预防与处理条例》第二章列举了校园各种安全事故的预防措施，把预防放在重要地位，本案就是条例实施后成功预防的典型案例。

（二）内紧外松的工作方法使学生没有压力

具体问题具体分析，要求预防工作必须讲究方法，大张旗鼓对学生依法传讯，接受公安机关讯问，接受训诫，施以高压，或许能使学生恶念暂时收住，但弊端是学生觉得脸面尽失，原本无人知道的事，现置于大庭广众之下，可能引发更严重的后果。在该案例中，采取内紧外松的工作方法，从案发到学生毕业，该生都不知道学校保卫部门、公安机关一直在跟踪事情的发展，并指导辅导员如何工作，这也是本案成功之处。

（三）性格分析、心理研判、风险评估为防范打下坚实基础

该生在成长过程中的扭曲性格，特别是父亲吸毒，从小缺少父爱，与其相依为命的母亲跳楼自杀，他亲眼目睹这一幕，他将对家庭、父亲的仇恨带到学习、生活、恋爱中来，一有不顺，暴力倾向行为短时间就会表现出来，这正是他的性格可怕之处。其次，他的成长过程对以后心理健全产生重大影响，导致其成为人格障碍患者，厌世自杀、报复杀人是典型症状。再次，对该生进行了综合风险评估，认为对其进行必要的心理干预，给予家庭般的关怀，完全可以预防恶性后果的发生。这些来自辅导员、心理咨询中心老师的研判、分析评估为准确制定针对该生安全防范措施奠定了基础。

（四）公安机关的指导为前期矛盾化解提供实践理论

高校保卫处，特别是本科院校保卫部门人员工作能力、理论水平近些年有了长足进步，但由于日常接触面较少以及保卫部门的法律权限定位等问题，无法对部分问题的处理提供法律支持。公安机关的介入，在预防过程中每个关键点给予必要的指导意见，更关键的是一旦事件失控，公安机关提供警力和法律援助，远比保卫部门有威慑力。高校是青年学生集中的地方，情感问题是永恒的话题，情感危机是高校恶性案件发生的重要方面。总之，源头预防，萌芽控防，各方联动，是预防校园各类突发性恶性案件的有效方法。

“精准赋能，多方联动”应急处突模式的启示

戴　军

2020年6月21日晚11：02，自动化工程学院学生顾某某在重庆市菜园坝长江大桥翻越栏杆坠江。事件发生后，该学生家属情绪激动，认为孩子有此轻生行为校方应负主要责任，家属组团来校滋扰，采取撒泼、冲撞、堵门等过激行为闹事，并向校方提出巨额赔偿的无理要求，校方不予支持。从事件发生到学生家属闹事、谈判、离蓉的整个过程，学校与辖区派出所紧密合作，始终采取合理、合规、合法、积极的措施应对，坚决防止闹事家属进入学校，同时从人道主义出发，动之以情，晓之以理，经过多次协商，对事件最终处理意见达成一致，成功处置了本次校闹事件。

一、案例简介

因为全国暴发的新冠疫情致使学校延迟开学。5月22日，顾某某同学个人申请，导师同意其返回学校，返校后身体情况良好，无其他异常情况。6月21日晚11：00，学院晚点名发现顾同学不在寝室，班委、辅导员、导师打电话均未接听。查看监控录像及刷卡记录发现，6月21日15：51，顾某某从学校西门刷卡离校，在未履行请假手续的情况下彻夜未归(学校自5月11日起，实行了学生当日有事外出请假并刷卡出校，若当日未归必须向辅导员请假的制度)。

1. 积极找寻，为挽回生命而努力

学院启动应急响应机制，迅速报告保卫处及部门研工部，同时联系学生家长，安抚家长情绪，并通宵摸排学校周边的宾馆和网吧，未寻找到任何有价值的线索，并且始终无法联系到学生。6月22日早上，了解到顾某某购买了6月21日成都东一沙坪坝(G8557)动车票，抵达重庆时间为19：23。6月22日上午，该生导师拨通其电话，对方为一陌生男子，表示该手机由菜园坝公路管理处巡逻人员在菜园坝长江大桥上捡到，与手机一起的还有一个黑色的包，钱包内有现金500余元，未发现失主本人。

学校立即向成都市高新西区派出所报案。6月22日上午，由学校保卫处、研究生院、自动化学院组成的一行5人，与派出所警官一起前往重庆，配合家长及当地派出所

处理相关事宜。在重庆派出所，学校方与家属方共同看了重庆警方调来的监控录像，通过视频比对，疑似顾某某在 21 日晚上 20：52 第一次出现在了菜园坝长江大桥上，并在桥面往返走动，并于 21 日晚 11：02 翻越栏杆坠江。

2. 及时掌握学生信息，为善后做准备

该学生导师积极向学校、派出所提供该学生的日常情况。该学生性格偏内向，在教研室人际关系良好，但是没有特别亲密的朋友。4 月份左右，导师了解到学生不想再继续读书的意愿，经过与学生的沟通与疏导，学生承诺愿意认真考虑；半个月后，学生表示愿意返回学校，继续读书。

5 月份返校后，老师与学生谈心交流 2 个小时，在与学生的谈话中了解到，学生对自己的认同感不高，认为自己哪儿都不好，觉得其他人都比自己优秀，认为教研室的项目也做得一般，也没有谈恋爱；其次，觉得自己的父母不认可自己，喜欢妹妹多一些。情绪比较低落，在经过一番鼓励后，学生表现得较以前还要好一些，人也开朗了一些。在返校期间，学生除请过一次假外，每天都按时到教研室，并无异常。

6 月 21 日晚导师与家长沟通，问询家里情况，了解到家长认为学生在家脾气很大，经常发火，父母表示他比较幼稚。

6 月 29 日下午 2：00 左右(事件发生后的第 8 天)，学生家属一行人(2 辆车，拒绝告知学校具体人数)来到学校，情绪激动，以处理学生善后事宜为由意图进入学校。

二、处置过程

1. 快速反应，及时部署

学校考虑疫情防控的实际情况和后续学生家属陆续进校后的不可控因素，不同意家属全体入校，家属情绪异常激动，双方无法达成共识，现场气氛紧张，家属在校门口(出于维护学校师生生命安全的考虑，学校有意将家属引导至行人相对较少的西二门)出现辱骂，撒泼，哭闹，甚至与学校安保人员肢体接触行为。学校立即部署各校门防暴力冲撞安保力量，对该校门施行临时交通管制，并报告派出所。派出所积极出动警力支援，及时制止家属人员的过激行为。学校出于人道主义关怀，同意学生家属的两名代表，在派出所警官的陪同下，进入该学生宿舍整理遗物。家属代表拿走了该学生的笔记本电脑两台和手机一部，解密顾某某同学的手机和笔记本电脑，并没有发现任何遗留文件。

2. 掌握主动，校外商谈

该学生家属在学校大门不愿离去，意图采取过激行为引起公众注意，煽动闹事。学校一方面在校园论坛发布事件的真相，告知学生实情，另一方面主动与家长商谈，希望家长冷静解决，不要采取过激的违法举动，并由学院出面在校外的一个商务酒店租用会议室共同商谈善后事宜，该学生家属同意校外商谈。商谈过程中，派出所警官全程陪同，防止家属有异常举动。

3. **警校合作，打击校闹**

该学生家属向校方提出巨额赔偿的无理要求，校方不予支持。商谈进入了僵持阶段，在持续商谈的第五天，7 月 3 日早上 10 点左右，该学生家属再次来到学校南门，将自驾车辆横跨停放在学校的校门前堵门，并采取倒在大门前哭闹的撒泼举动。派出所迅速出动警力支援，积极劝解家属离开，学生家属不但没有离开，还对现场的执勤队员和警官大打出手，派出所出动反恐防爆，带走了现场肇事者，并拟以违反《治安管理处罚法》予以拘留。

4. **人道关怀，成功商谈**

学校考虑到学生家属的悲痛心情，积极与派出所沟通交流，希望免除该学生家属的拘留处罚。派出所领导亲自与主要家属谈心谈话，告知事件的利弊关系，学生家属也感受到了学校的真诚态度，7 月 4 日，双方再次商谈，对善后事宜达成一致意见，并签订了处理协议，学生家属于 7 月 5 日上午离蓉。

三、分析与启示

1. **以人为本，及时找寻**

学校本着生命至上的原则，在发现顾某某同学失联的第一时间，启动相关应急预案，学校职能部门、学院和派出所积极寻找线索，找寻该同学，并主动与该学生父母联系，及时告知事件进展。

2. **校内建立警务室，处突及时**

在处理善后事宜时，家属的过激行为，给学校的教学科研秩序造成了严重滋扰。派出所于 2018 年在学校设立了警务室，并派警官长期现场值守，在突发事件发生的第一时间采取积极措施，避免事件升级。

3. **多方联动，全程参与**

学校建立了长效的学生失联应急机制，学校分管领导直接指挥，快速启动应急响应机制，学校职能部门、保卫处、派出所积极配合联动，全程参与找寻学生，调查事件，应急处置。

4. **指挥得力，校外商谈**

在发现有校闹事件的苗头时，学校应急处置领导指挥得力，积极调配安保力量，把安全隐患隔离在校园外，果断决定校外商谈善后事宜，确保校内师生的生命安全和校园的安全稳定。

浅析高校舆情应对策略分析

孙成岗　谭志安　周海燕

高校学生非正常死亡事件由于其所具有的突发性、年轻性、文化性和失独性等特点，常常容易成为社会关心与媒体聚焦的热点。如何妥善高效地处置高校学生非正常死亡事件不仅关乎维护高校正常的教学、科研和生活秩序，确保高校校园政治稳定与环境和谐，而且也是对高校安全工作职能部门和一线处置人员能力以及整体素质的极大挑战。笔者对近10年来我校学生非正常死亡事件处置工作中形成的一些较为成熟的经验做法进行了系统梳理与归纳。

一、案例简介

大学生非正常死亡事件概况：2008年至2017年间，我校保卫处先后处置学生非正常死亡案例12起，主要概况如下：

序号	时间	案例概况
1	2008-04-21	方某，在校外被三轮车撞倒，家人放弃救治身亡
2	2008-06-11	胡某，在校外公共水系落水溺亡
3	2009-05-29	梅某，因心理问题，在校内跳楼身亡
4	2010-07-10	刘某1，暂缓毕业期间，在家跳楼身亡
5	2011-12-28	郭某，考试后在教室猝死
6	2012-12-25	魏某，在合肥因旅馆失火身亡
7	2014-04-23	毛某，因兼职家教，在校外被害身亡
8	2015-05-11	万某，因抑郁症发作，跳江溺亡
9	2015-06-26	张某，酒后在校外水系溺亡
10	2016-03-09	陈某，在校外某校高空坠楼身亡
11	2016-05-16	刘某2，在宿舍休息时猝死

续表

序号	时间	案例概况
12	2017-05-06	刘某 3，在镜湖旁意外落水身亡

上述这些学生非正常死亡事件，3 起发生在校内，9 起发生在校外，大多数为意外身亡或自杀身亡，学校没有责任或责任轻微。上述所有学生的家长和亲属均来学校，向学校讨要说法，有些比较理性，但更多的情况是家属或亲朋好友情绪激动，甚至出现过激行为。

二、处置过程

在处理这些事件过程中，我们按照应急预案，迅速理清案情，分清责任，在坚持原则的基础上，做到周到服务、灵活处置，让学生家长和亲属接受的同时，也维护了学校利益和社会形象。我校学生非正常死亡事件处置工作呈现三个方面特点，一是处置过程周期短。一般在 3—7 天之间，最短过程为 2 天，最长时间为 8 天；二是社会负面影响小。上述每个事件都得到了较为妥善处理，没有形成社会舆论热点；三是人道慰问额度低。补偿幅度一般在 2—5 万元(人民币)之间。下面，摘一例来介绍处置过程。

2016 年 5 月 16 日上午，刘某某因身体不适，没有去上体育课，而在宿舍中休息，中午 12：30 左右，同寝室同学吃过午饭回来准备喊刘某某吃中饭时，发现刘某某已无任何反应，于是立即拨打 120，紧急送往市中医院抢救，同时向学院和保卫处汇报此事。经市中医院急救中心一番抢救后宣告该生死亡。

保卫处接此信息后，立即向学校领导、相关职能部门进行了通报，学校按照突发事件应急预案要求，成立事件处置专项工作组，同时立即告知学生家长简要情况。

学校经过迅速而详细的调查了解到，该生在事发前几天，曾在校外培训班上课时突然晕倒，因而与其在铜陵的姐姐约好准备去医院看病。而出事当天上午，还委托同学向老师请假。不幸的是，没等到去医院检查便病逝了。

由于该生系外省籍学生，回族人，其来校善后的亲属中有当地回族知名人士。为了慎重、妥善处理这起涉及少数民族问题的突发事件，我校又向芜湖市宗教局进行了通报，请其派员协办，并邀请了清真寺的阿訇协助处置。

专项工作组向学生家长详细说明了学校调查到的该事件发生的过程以及事件发生后学校所做的工作，并请公安部门向家长和亲属通报了医院的诊断结果。

最初，该生家长对事件处置过程提出了不少质疑，但学校针对亲属关于事件真相的质疑坚持“不捂”原则，客观公正，一一作答；针对媒体猎奇，学校坚持“不怕”原则，主动发声，及时公布真相。在亲属对事件真相无懈可击之后，就向学校提出了超高的经济补偿要求。于是专项工作组与该生家长经过反复细致的沟通，并在双方属地宗教知名人士的协助下，明确了该生死亡原因确系身患疾病所致，并非学校责任，最终于5月17日晚上九点多达成共识。因涉及穆斯林传统，该生遗体并未就地火化，而由家长带回家乡按照穆斯林习俗安葬，而学校则从人道主义出发，退回了学生全部学杂费，并将按芜湖一般丧葬所需费用标准计算的丧葬费、往返路费以及少量补偿作为慰问金形式安抚了学生家长。此次事件的圆满处置过程前后仅两天时间。

三、分析与启示

面对突如其来的大学生非正常死亡事件，学校相关部门以及医院在第一时间尽可能采取各种医疗手段救治当事人。确定当事人死亡后，学校应当及时启动相关的突发事件应急预案。通过对我校多年来大学生非正常死亡事件处置过程的认真梳理，有以下启示：

（一）高校学生非正常死亡信息报送要"快""新""全"

1. 事件初期信息报送重点在于"快"

学校在第一时间把事件概况向逝者家长通报，减少或消除家长不必要的误解或猜测，并防止被媒体炒作而快速形成负面舆论。

2. 处置过程信息报送在于"新"

在整个事件处置周期中，应当及时向学校领导及主管部门报送处置过程中出现的"新"问题、"新"情况、"新"进展，以便有针对性地动态掌控处置流程、适时调整应对策略。

3. 事件处置结束信息报送内容在于"全"

既包括此次事件发生原因、处置过程以及处置结果，更要包括事件处置过程中存在的瑕疵、事件发生过程中暴露出的学校实际存在的管理漏洞以及相应的责任追究情况等，以收"前事不忘，后事之师"之功效。

（二）高校学生非正常死亡事件处置机制要"精干""高效"

1. 人员配备要"精干"

精干的专项工作组应是人人都有具体岗位、人人都能很好地履行工作职责，并能与其他岗位人员相互支持协作。

2. 工作运行要"高效"

学校应把校园安全危机管理纳入学校制度化管理范畴，健全常态化工作运行机制，以我校的"2+X"模式为例，即学校授权、以学生处和保卫处为主、事发学院（部门）配合的全权负责处理。学生处侧重于善后谈判阶段的国家政策把握、学生思想稳定以及与学校领导的信息汇报沟通，保卫处侧重于事发初期协助公安机关查清事件发生原因、向家属还原事件真相、和学生处一起与逝者家属协商后事处理以及全过程保障校园安全与稳定。

（三）高校学生非正常死亡事件舆情应对要“不悟”“不怕”

1. 公布事件概况“不捂”

高校一旦发生学生非正常死亡事件切忌“捂”，学校应在该类事件发生初期，弄清基本概况之后，立即主动发声，一方面通过各种形式向全校师生（特别是学生）说明事件基本情况，稳定学生思想情绪；另一方面通过适当形式对社会发布事件的相关消息，让“谣言止于公开”。

2. 应对各类媒体“不怕”

学校应在坚持“不捂”基础上，沉着冷静，积极组织较为专业的舆情应对班子，在不违反保密原则的前提下，根据公安机关调查取证进度，持续慎重地公布事件相关进展的真实情况，以正视听；主动引导舆论，通过发布学校《律师声明》保留对造谣中伤者追究司法责任权利，也可以邀请学校主要领导或分管领导亲力亲为，直面媒体答疑；主动邀请媒体介入，及时还原真相，甚至可以邀请公安等第三方参与，更具客观公正性。

（四）处置高校学生非正常死亡事件谈判策略要“分清责任”“讲究策略”

1. 分清责任是“前提”

专项工作组人员要在尊重理解逝者家长或监护人痛苦感受以及由此产生各种说法的同时，通过摆事实、讲道理、举案例、引法规等形式耐心商谈，也可以建议逝者家属或监护人通过司法途径，运用诉讼方式确定事件各方责任以及责任大小。

2. 谈判过程讲“策略”

专项工作组的同志必须掌握的谈判策略应是：一要非常熟练掌握国家、地方政府以及学校相关的法律和政策；二要有足够的耐心，不要期望一次谈判就能达成共识；三要做到合情合理合法，尽量满足逝者家长或监护人合情合理诉求，对不能满足的要求给予耐心解释和充分说明；四要做好谈判现场的保障性工作，防止谈判现场局势因为情绪激烈对抗而失控，或由此衍生人身伤害事件发生；五要“一人一所”，倘若逝者不止一人，必须“一人一所”，防止相互干扰，给商谈工作增加不必要的压力和难度。

突发事件视阈下风险治理溯源应对分析

骆景川　赖必来　洪建东　张　磊

一、案例简介

（一）基本经过

2015 年 6 月 21 日下午，我校华文学院晋江籍菲律宾华侨学生蔡某从刺桐苑 2 号楼六楼坠下，经 120 急救中心医生现场确认死亡。警方经现场勘验和走访调查，排除他杀。事发后校方立即启动应急预案，通知家属，积极做好善后工作。

家属到校后，与校方多轮沟通，对校方的说法及处置有异议，并且错误地认为，“大闹大赔、小闹小赔、不闹不赔”。6 月 28 日 8 时许，家属从祖籍晋江组织 65 人乘坐大巴及数辆私家轿车到厦门校区“讨说法”，并在毕业典礼现场设灵堂、拉横幅、撒纸钱、喊口号，严重干扰学校正常的工作、生活秩序，更将影响下午即将举行的毕业典礼，引起校内外师生及家长的强烈不满。

面对此紧急情况，校方立即报警，警方快速出警，对蔡某家属进行教育劝导，但家属不服从警方规劝，继续聚集干扰学校的正常教学秩序。6 月 28 日 12 时 30 分，警方果断采取行动，将 65 名违法人员控制并带回公安机关进行审查。13 时 30 分，学校校园秩序恢复正常。下午，毕业典礼如期举行。

（二）死因及事件特殊性

蔡某系菲律宾华侨学生，平时表现良好，无心理问题，只是因为家庭原因等多重因素，没能完成毕业论文按时毕业，以致心理受挫，走上极端。该案例不同于一般的学生非正常死亡事件，其一，该生是境外生，来自菲律宾，身份特殊；其二，该生是华侨，祖籍地晋江；其三，事发时正处于毕业季；其四，事发地点处于女生宿舍。我校作为一所侨校，因侨而生，有为侨服务的政治使命和责任。一旦处置不好，势必影响学校在海外的招生及声誉，严重伤害海外华侨华人情感。

二、处置过程

事件发生以后，家属到校，经走访坠亡现场，向同学了解相关情况，并听取了警方调查结果及校方相关工作的通报后，主要提出以下“两点”质疑：

(1)为什么未等家属到校，未经家属同意，就将遗体送往殡仪馆？

(2)蔡某长时间在楼道徘徊，多次上下翻越栏杆，监控也有记录，为何当时没有人劝阻？

校方主要举措：

(1)保卫处第一时间对案发现场进行警戒保护，并报急救中心和110，通知学校相关部门负责人第一时间赶到现场，经警方现场勘验和走访调查，排除他杀。

(2)核实清楚华侨学生身份，学院电话联系该生厦门家属，简要通报事件，告知尽快来校。

(3)警方依法依规及时把遗体送殡仪馆，避免了给周围学生造成更大的心理影响，以及造成学校的被动。

(4)校领导、校长办公室、学生处、后勤与资产管理处、保卫处、宣传部及华文学院等成立处置事件领导小组，启动应急预案。学校及时召开紧急会议，统筹协调学校有关部门工作。学校领导接待家属，表示校方的重视，对死者的哀悼和对家属的慰问，并做好死者亲属的交通、餐饮等安排，建立起双方一定的信任，为争取妥善解决打下基础。

(5)按照“事实快报、原因慎报”的原则在官微发布《华侨大学坠楼学生亲属扰乱校园正常秩序警方依法处置》一文，以@厦门警方在线发布内容进行原文转载报道，做好正确舆论引导和舆情监控。

(6)向国侨办文化司、中共福建省委教育工委、省公安厅、中共厦门市委值班室、中共厦门市委教育工委和厦门市外侨办等报告。

(7)学校授权学生处、华文学院代表学校进行协商，考虑到侨生蔡某的父亲罹患重症，家庭困难的特殊情况，学校尽最大的人道主义关怀，拟适当提高人道主义经济帮助，为调解留有余地。

(8)学院为其同宿舍的其余三名同学进行调宿，对其同宿舍学生和班级其他学生、菲律宾国籍部分学生，开展心理健康、思想教育和安全教育工作。

(9)通过公安、外事部门、华人华侨团体、当地街道、村委会、我校校友积极介入，做通死者亲属思想工作，希望家属接受事实、理性应对，依法依规解决。

(10)依法处置。近一周时间，学校已尽最大努力，仍未能与家属达成共识。毕业典礼当天，家属几十人聚集校区，事件升级，无奈之下校方选择报警。警方果断采取措施，依法定性为聚众扰乱单位秩序案，拘留了到校闹事相关家属，使校园恢复了正常秩序。

之后，蔡某家属回到理性轨道，同意接受学校协议，事件得以妥善解决。以此种方式处理学生非正常死亡事件，集美区高校尚属首例，事后反响很好，对我校日后处理扰乱校园秩序的事件很有益处。

三、分析与启示

本案例既有其他学生非正常死亡和校闹相似事件的共性特点，也有因其涉外涉侨特殊身份而须考虑在内的其他特征。通过此次事件处置，有如下启示：

(1)处置此类问题必须依托政府，多方联动。此事件能圆满处置，公安、外事部门、华人华侨团体、当地街道、村委会、我校校友等都发挥了重要作用。

(2)制定并执行好工作预案。要强调统一领导，各司其职，执行好既定预案。面对多人到校闹事突发事件，相关部门疲于应对，可能会打乱原先计划，各方说法不一，使家属对校方产生不信任和质疑，让家属抓住空子，对事件处理极为不利。

(3)要加强对网络舆情的监控和引导。在信息发布上，校方以事实为重，主动公布信息，保持信息的公开透明。同时注重信息发布的时效，要争取在社会媒体报道之前发布，以免媒体炒作，以讹传讹，误导视听。在舆情引导上，借助政府、公安部门和社会媒体的力量，对突发事件报道形成统一口径；二是加强对舆情监控和预警，根据事件的发展态势和走向，正面引导舆论。

(4)要建立大数据平台，实现侨生精细化管理。当前，相关大数据信息建设滞后，安全台账工作更新不及时，导致信息滞后，风险预防作用削弱。应完善境外生家校联系的机制，开通拨打境外长话功能，推动境外生家访工作，及时掌握学生家庭情况，包括家庭经济状况、家庭结构、家族病史等；同时针对重点人群，辅导员谈话记录应该做好书面或录音记录留底，完善学生安全隐患工作台账，全面排查影响安全稳定的因素，将安全稳定工作前移，实现从维稳向创稳的转变。

(5)用足“情、理、法”综合措施。非正常死亡现象发生后，在警方完成现场勘查定性后，要及早处理遗体，是防止事态扩大的关键环节。善后处理工作，要“尽情、用理、说法”。如果家长无理取闹，提出不切实际的无理要求，采取“校闹”的形式，由警方依据《治安管理处罚法》等相关法律法规予以处置，这是解决“校闹”的关键。

(6)要加强对技防设施尤其是视频监控系统的建设。对校园重要区域、路段要建设校园监控，不仅在校园安全管理中提供重要的预防作用，还在重大事件的事后调查中，提供重要证据。

四、存在的问题困难

当前，因学生心理问题引发的校园非正常死亡时有发生，借由非正常死亡引发扰乱校园秩序的“校闹”事件，已成为影响高校安全稳定的一大顽疾。处理“校闹”已超出学校能力范围，不是学校单方面能解决的。

高校公安机构改制以后，我省新组建的高校公安机构改变了原来的机构改革实施方案设定模式，学校安全保卫工作没有得到加强。建议加快推进《校园安全法》立法进程，给予高校安全保卫部门一定的治安处罚权。

探析高校涉外事件应急联动机制的重要性

张文忠

一、案例简介

2014 年 4 月 18 日凌晨 2：00 左右，在江苏镇江市江苏大学学府路二号门外发生一起交通事故，110 及 120 接到行人报警后即赶到事发地点，经 120 急救人员确认现场一名伤者已无生命体征，在离死者 30 米外发现有一辆“三无”摩托车，并已严重损坏，镇江市公安局交警支队事故大队民警从死者身上发现相关身份证明，为江苏大学留学生，初步查明死者名叫阿塞夫，男，南非人，1994 年 4 月出生，为我校海外教育学院本科生。随后事故处理大队民警与殡仪馆联系，将尸体运至镇江市殡仪馆。后经全面调查确认：这是一起因其醉驾“三无”摩托车引起的交通事故，驾驶人当场死亡并负事故的全部责任。

二、处置过程

（一）18 日上午 7：00 突发事件处置工作小组第一次会议

事故发生后，学校领导高度重视，主要领导对事件的处置作出了指示：“涉外无小事，应立即报告相关部门，依法妥善处置。”按照学校突发事件应急预案，迅速成立以分管安全工作的副校长为组长、党办、学工处、保卫处、国际交流合作处、海外学院等相关部门和学院参与的突发事件处置工作小组，18 日上午 7：00 召开了第一次会议，专题讨论该事件的处置，并提出如下处理意见：

（1）保卫处一名干部带海外学院老师和一名留学生同学到镇江市公安局交巡警支队事故大队查看现场照片，并到殡仪馆确认死者身份。

（2）确认后，立即电话报领事馆，省外办，省教育厅办公室、国际处、安稳处，市公安局内保支队，保险公司等；中午 12：00 前，党办、国际处、保卫处负责书面报告有关单位，海外学院通知学生家属。

(3)保卫处负责协调公安机关尽快做好事故的调查工作，严格依法办事，并作详细记录，因该留学生是伊斯兰教信徒(穆斯林)，工作过程中要尊重民族宗教习俗。

(4)国际交流处保持与省外办和驻沪领事馆的沟通，及时反馈外事方面的信息要求等。

(5)海外学院注意掌握其他留学生，特别是穆斯林学生的思想动态，宣传部负责事件舆情管控，适时应对，掌握舆情主动权。

第一次会议后，小组成员按照会议安排迅速而有条不紊地开展工作。中午 12：00 海外学院老师与留学生家属联系上，简要通报了事件基本情况，家属在电话中提出唯一请求：按照伊斯兰教教规遗体必须尽快就近在中国就地土葬(最好在 24 小时内，最迟三天)，委托阿塞夫同宿舍的同学史克(毛里求斯人，也是位穆斯林)代表家属全权处理此事，南非驻沪总领事馆来电，要求尽快土葬。

(二)18 日 14：40 突发事件处置工作小组第二次会议

工作小组得悉消息后立即通知召开第二次会议，专题讨论该问题并提出如下处理意见：

(1)工作小组增加宣传部、统战部为成员，共同做好死亡学生的善后处理工作。

(2)由统战部负责联系市宗教局和伊斯兰教协会，由国际处负责联系省、市外办及市民政局协调下葬事宜。

(3)保卫处负责协调公安机关立即完成相关证据收集，确保当晚将遗体从殡仪馆转运到市区大西路清真寺，工作过程中要确保万无一失，保证明天上午能顺利安葬。

(4)国际交流处尽快了解相关外事规定和其他高校处理类似事件的做法。

(5)海外学院负责联系留学生家长出具书面委托书，被委托人全程参与遗体的处理，在不违反宗教习俗的前提下全程同步录像。

第二次会议后，相关人员立即分头行动开展工作，18 日 18：30 在镇江市大西路清真寺伊斯兰教协会了解穆斯林葬礼的相关习俗，伊斯兰教的葬礼仪式与其他宗教不同。一位教徒归真(逝世)后，通常被迅速送往清真寺。稍后，阿訇便以清水将遗体洗涤干净，用白布将其自顶至踵包裹妥当，然后举行赞礼，完成后，即进行土葬，仪式简单肃穆。

(三)19 日上午 9：00 清真寺举行葬礼

清真寺仪式结束后直接将遗体运送至回民公墓，上午 11：00 按照仪规下葬，至此该突发事件处置完成。15 天后该留学生的父亲专程从南非来到江苏大学，了解到相关情况后，对事件的处理表示满意，对学校相关人员表示诚恳感谢！

三、分析与启示

随着来华留学生规模不断扩大，高校留学生安全管理工作的重要性日益凸显，因其具有明显的涉外性，为了有效预防、及时控制和妥善处理留学生中的突发事件，我们应建立健全留学生突发事件应急机制，按照“预防为主、及时通报、快速反应、依法处理”等原则，认真做好突发事件的事前预防、事中处置、善后处理工作，切实保障广大留学生的合法权益，最大程度地预防和减少突发事件所造成的财产损失与人身伤害。坚持预防为主，采取切实有效的管理措施防患于未然，将涉外突发事件发生的可能性降到最小，日常管理是基础，掌握信息是关键，应急预案是保证，联动机制是保障。

（一）日常管理是基础

留学生日常管理的重点是参照国际惯例实行规范化管理。管理规范化首先要结合本校特点制定一套国际化、合理、完备的留学生管理规章制度，做到有章可循，才能保证留学生安全管理工作顺利进行。在该事件发生前，学校保卫处曾多次协调辖区公安机关联合海外学院对留学生的“三无”摩托车进行集中整治，校园内情况明显好转，但该留学生将车停在校外的租住房附近，逃避处理终酿成死亡事故。

（二）掌握信息是关键

情况明信息准是一切工作的先导。学校要通过多种方式建立起留学生安全管理信息系统，全面及时掌握他们的学习生活状态，形成留学生全过程的动态管控体系，不仅能预防各类安全事故的发生，而且一旦发生问题能及时发现立刻处置。该事故发生后学校迅速成立应急事件处置小组，根据掌握的现有信息，相关部门立即开展调查、走访、联络工作；接着各类信息又源源不断汇集到处置小组手中，特别是死者为穆斯林，按照伊斯兰教教规遗体必须尽快就近在中国就地土葬，由于得到信息及时为后续处理赢得了时间和主动。

（三）应急预案是保证

现实生活中危机预警固然重要，但因麻痹大意或不可抗拒的因素，许多突发事件不可避免。因此，要应对危机制定相关留学生突发事件应急预案就显得特别重要。美国危机处理专家菲克形象地将危机应变计划比喻为“手电筒”。人们在突然遇到停电的情况下，首先想到的是找手电筒，然后才能在它的指引下走到保险丝处查明停电的原因，最后修复通电。预案就好比手电筒，可帮助管理层有条不紊地处理危机。

（四）联动机制是保障

留学生管理是一项系统工程，需要多方面、多部门的通力合作。除了和校内的教务部门、保卫部门、后勤部门等形成联动机制与任课老师间建立良好的沟通体系外，良好的社会支持体系也非常重要。例如应加强与公安系统、医院、卫生检疫部门的联系和配合，建立健全社会支持体系，不仅可以提高突发事件的处理效率和质量，更有助于维护校园乃至社会的和谐稳定。该涉外交通事件处置过程中涉及的部门多，在短时间内健全的部门联动机制提供了重要保障。以公安为例，涉及外事、交警、内保、法医、派出所等众多部门，如要对死者进行酒驾检测，必须要从遗体心脏部位抽取血样，按伊斯兰教习俗，没有特殊情况，不许可破坏亡人遗体。后经多方请示慎重研究决定还是留样待检，以防家属提出疑义。

来华留学生安全管理工作因其具有明显的涉外性，突发危机事件时，若应急响应不及时、处置不当，造成严重后果，极易酿成涉外事件，而使工作陷于被动。加强对高校来华留学生的法制教育和安全管理，积极预防和妥善处置各种涉外突发安全事件，是高校安全管理工作面临的新问题，对维护高校安全稳定以及国家政治稳定具有重要意义。

构筑“感知事态、合理预防”的校园应急处置新体系

商允双　蒋仲青　张宝平

一、案例简介

2018年6月1日上午10时40分许，中国海洋大学某学院研究生史某被发现躺在宿舍地面，经120现场急救确认该生已无生命体征。事情发生后，学校立即成立突发事件应急工作组，积极配合公安机关调查处理事件，配合家属做好善后工作以及相关教师、同学的心理疏导工作，真情沟通，协同联动，依法依规，积极稳妥处置该突发事件。

二、处置过程

（一）通知家长，调查原因

学校坚持以学生生命安全为本，请急救医生反复检查，最终确认学生已经死亡，无法抢救。第一时间通知学生家长赶到学校，并详细告知处置过程。全面了解学生生前的心理、身体、学业等情况，配合公安机关详细调查原因，出具鉴定结论。学生家长对鉴定结论没有提出异议。

（二）真情沟通，维护秩序

学生工作团队向学生家长介绍学生在校学习生活情况，安抚情绪，得到理解。学校配合学生家长做好善后工作，组织学生自愿参加史某追悼会。不料，相隔几日后，史某姑父等亲属一行11人来到学校，表达对学校的处理意见不满，对接待人员谩骂及进行语言攻击。学校依法据理向史某家属做思想工作。公安机关宣讲法律规范，并坚决维护学校秩序。

（三）充分协商，妥善处置

学校在尊重事实、坚持原则的基础上，与学生家长充分协商。既不因为亲属到学校

缠闹无原则的多给利益，也不因为不缠闹而少给利益。在深入解释学校政策后，学生家长签订了处置协议，事件得以妥善解决。

（四）舆情管控，心理疏导

学生意外死亡事件社会关注度高，处置不当容易引起舆论热炒。学校注重消息扩散范围，密切关注网络舆情，随时做好应对准备。该事件最终没有引起网络舆情。学校心理健康中心给予相关学院学生专业的心理辅导，使学生能正确看待该事件。加强对学生生命教育，让同学能够更加珍爱生命，勇敢面对遇到的困难，深入思考，解决问题。

三、分析与改进

（一）去世学生的身体及心理背景分析

根据入学体检记录，史某有明显的心脏杂音；其表姐也在告别仪式时亲口说过史某出生之时就被医生诊断患有心脏病；史某跟同学的聊天记录中也提及过其心脏瓣膜过厚，患有心脏病，并在申请教师资格证的体检中让其同学杨某代为体检；杨某的母亲也确认最初入学时，史某父亲曾跟她表达过很担心史某会因为心脏问题不被录取。由此可以推断，史某生前患有心脏疾病，这是导致事件发生的根本因素。

（二）舆论影响分析

对于史某的身体状态，周围或同班同学并非都有所了解，他的死亡会引起学生的恐慌。如果不及时处置，公开案情，会加剧学生的恐慌等负面情绪，也给学校带来严重的舆论压力。

（三）加强新生入学体检工作，严密工作程序

对于新生入学体检，应加强对体检人身份的确认，保证体检者为新生本人，坚决防止替检、漏检现象的发生；提高体检的技术手段，保证体检结果的准确性。本事件中史某患有心脏疾病，但其为了能够正常入学完成学业，对学校和导师隐瞒了病情，使学校不能对史某的精神压力和身体疲劳做出正确评估，这是悲剧发生的诱因之一。

（四）完善制度建设，感知事态，合理预防

学校进一步完善和修订《中国海洋大学学生人身伤害（死亡）事故善后处理预案》，优化处理程序，明确分工，在重大学生伤亡事件中，以相关职能部门为牵头单位来组织和协调事件的处理工作。

对于学生宿舍的管理，以 3 人及以上为宜，2 人宿舍的情况下，在发生突发状况

时，往往无法得到客观、准确地信息。

要进一步建立完善五级安全管理工作体制，掌握第一手信息，并能够对信息进行分析、辨别、有效觉察潜伏的危机。

要进一步落实和强化研究生的导师责任制，加强专兼职辅导员的力量，掌握学生的动态，做到勤走动、急反应、快处理。

积极探索和加强对毕业班级的管理，改变目前对毕业班级管理松散的现状。

（五）进一步加强对生命安全和急救知识的教育和培训

事发前，史某曾多次跟同学提及他很疲劳、身体不适等，但未及时就医，没有引起同学的重视，也没能跟老师和学院及时反应，因而错失了救治的机会。史某事件从侧面也反映了教师和学生对基本生命安全知识和急救知识的缺乏，这种缺乏导致了对事件发生的前兆不敏感。可面向学生开设生命安全和急救知识的课程，增强老师和学生对生命的认识，切实提升师生急救互救能力。

（六）为学生购买相关的意外伤害险

组织学生参加各类活动，是教育培养学生的一项重要内容。要提前研判可能发生的安全风险，采取有针对性的措施避免危险发生。特别是在大型活动、激烈的对抗性运动、外出实践等活动中，要为学生购买意外伤害保险。

（七）公开公正、耐心细心

事件发生后，应及时通过考察事发地点、查看录像、询问见证人、走访同学等多种途径掌握全面的资料，进而综合分析出事件发生的原因、性质及处理对策，不搞一刀切但也不搞特殊化。在与家属沟通时，应怀有同情心、同理心，本着相互信任的原则开展工作。面对家属的情绪失控，要有耐心、有恒心；应认真、细致地听取和分析家属的需求，而不是一味地抗拒；在经过综合分析做出处理决定时，学校全体应急工作组成员应统一思想，有恒心和定力来坚持决定，最终取得事情的顺利解决。

从高校安全突发事件中看解决学生实际需求的思考

赵远远

一、案例简介

2018 年 11 月 26 日下午 1：30，辅导员接到某班级班主任电话，说班级一个同学李某某想退学。辅导员了解情况后，表示将找该同学谈话，看看她本人的思想状态。刚挂断电话，接到班主任第二个电话，说刚看到学生中午给她发的短信，该同学已打包好行李，准备回老家。在班主任和辅导员联系的过程中，该同学已经在回去的动车上。

辅导员马上打电话给该学生，劝说其回校。该学生已经在动车上，情绪激动，坚决要求退学。辅导员经反复疏导后，依旧无法与她进行有效沟通，劝说未果。

综上，这是一则突发的学生无故离校事件。

二、处置过程

1. 联系班主任，与该同学保持联系

班主任马上赶到学校，与辅导员一起汇总各方面信息，并向学院副书记汇报。经了解，该学生在 2017 年入校，广西人，家庭较为贫困，父母都在外地打工。2017 年入校伊始，被学校认定为贫困生，每年享受国家助学金。在此次事件以前，一直都较为正常。11 月 26 日当天突然向班主任提出想要退学。

11 月 26 日上午该学生的妈妈也打电话给班主任说了这件事情。她妈妈表示，如果李某某真的不愿意读书，家人也不勉强，尊重她的意见。班主任还没来得及找李某某深谈，了解具体的退学原因，11 月 26 日中午就收到李某某的短信，说已经买票，要回家了。班主任没有想到她会不告而别，当天就走，十分担心。将此事汇报给副书记后，副书记一方面向学校汇报情况，一方面给该同学打电话。该同学态度十分坚定，坚决不回校，要回广西老家。不说退学原因，不办退学手续。接着，就不再接听电话。

2. 联系家长，关注该学生的动态

该同学留在学校的父母电话均已停机或空号。经班主任跟该学生反复沟通，该学生提供了一个姐姐的号码。姐姐在杭州工作，接到学校电话后，也十分担心。姐姐立即与李某某联系，但依旧未能说服该学生暂停在杭州。姐姐十分无奈，说爸妈在福建打工，李某某与家人不亲近，常年生活在大伯家，性格较为执拗。姐姐说，会与大伯家联系，让大伯在李某某到广西老家后、予以照顾。

3. **联系同寝室室友，了解她近期的情况，并让室友关注她的动态**

学院老师和同寝室室友面谈，深入了解李某某的情况，以期能摸清她突然离校的原因。据室友反馈：第一、李某某最近也没有什么特别异常的表现；只是近阶段作业比较多，压力较大。第二、听说她暑假期间，在广西老家交了一个男朋友。男朋友已经工作，好像是打鱼的(信息模糊不清，让在场的老师更为担心)。第三、今天早上看她在收拾行李，说要退学回家。她留了一份手写的退学申请书在寝室里。

学院进一步采集信息，看看是否还有其他原因。第一、询问李某某与寝室同学之间的关系，是否出现寝室矛盾。据同学反馈，关系还好，小摩擦会有，但没有出现大的冲突。第二、询问李某某平时的情绪状态，是否有情绪波动较大的情况。同学反馈说，该学生情绪状态也还好，没有很另类的行为，也没出现自杀或自伤行为。第三、询问李某某平时的生活情况，在生活花费等方面有何异常。同学反馈说，李某某很注重个人形象，穿衣打扮也挺时尚。

4. **与保卫处紧密配合，及时向学校汇报**

保卫处和学院相互协调，密切关注她的行动轨迹，一路追踪。经进一步了解，她已购买火车票。保卫处请公安机关帮助关注该生是否安全乘车。

在此期间，多渠道汇总各类消息后，研判她突然离校的各种可能原因：厌学、见男友、与同学发生冲突、误信网络诈骗、误入传销组织等。保卫处和学院共同分析各种可能性，预设她在离校后会遇到的危险，并尽可能提前做好各项防护措施。

最终，在学校、家人和同学的共同关注下，李某某安全到达广西老家，并在老家休养一段时间。老师继续和李某某沟通，李某某表示在情绪平复后，会回学校处理后续事情。

三、处理结果

12 月 3 日，李某某从老家安全回校后，学院把该同学找过来谈话；并对整个事件进行重新梳理，询问具体原因。该同学谈到自己对所学专业认同感不强，毕业后想做别的工作；加上最近作业特别多，学习压力较大，就不想读了。

学院领导和辅导员一起与她分析现在的专业、以后的出路和要学习的通用技能，帮助她准确定位；告诉她不告而别的严重性，家人和老师都十分担心。

该同学深刻认识自己的行为太过于冲动，导致了一系列不良影响；写下保证书，表明以后会调整好心态，好好读书。

四、处理难点

(1)事发突然，完全没有任何征兆。接到消息后，学生已经在回去的车上、拒绝沟通，学工办处理问题时十分被动。

(2)不明原因，学生无故离校会有多种可能性：心理问题、陷入传销、受人欺骗等都有可能。各方面汇总来的信息，都不能判断到底是因为什么原因导致该同学不告而别。找不到问题的根源，这就给我们的劝导工作带来极大的困难。

(3)学生的老家在广西，离得太远。学生的动向不好把控，很多消息也不能及时传送。

(4)学生的直接监护人一直联系不上，学生本人跟家人不亲近。再加上一个模糊的男友信息，让事情更为复杂。

五、解决问题的关键点

(1)第一时间全面了解情况。尽可能梳理整件事情的来龙去脉，找到该同学突然离校的原因，再对症下药。

(2)实时关注学生动态，解决学生的实际需求。做好安抚工作，保证人身安全。

(3)信息通畅十分重要。和学生本人、保卫处、家长、对她比较熟悉的同学时刻保持联系，关注事件的动态变化、不放过任何细微的可能的转机。

六、事件反思

(1)学生事无小事。学生在平时的学习和生活中会碰到各种各样的问题，如果不能及时疏导解决，有可能会导致突发性的严重事件。作为一线辅导员，需要及时关注学生动态，了解学生的状况，平时做好各项教育疏导工作。

(2)碰到问题时，要反应迅速。及时与当事人沟通，想尽办法保持联系；快速梳理事件发生的经过，找到原因；尽可能汇总各方面信息，寻找一切可利用的资源。想尽办法在最开始将事态控制到最小范围，保护学生的身心安全。

(3)此类学生突发的安全事件，需及时与学校各部门，特别是校保卫处密切合作。通过学校保卫处的各种方式方法，及时追踪学生信息，确保学生安全。

推动“精准治理”人性化服务　应对高校突发事件的探索

徐　东　周子皓　葛　凯

一、案例简介

镜湖在我校江浦校区内，风景优美，周围有象山食堂、北苑宿舍区、象山宿舍区、檀香宿舍区，亚青宿舍区，常年人流量大。学校在湖周边设置了两个湖面观景台和玉壶赏景长廊，深受校内师生员工的喜爱，但是镜湖的湖水较深，最深处可达 9 米，存在人员失足落水以及跳湖轻生的安全隐患。

近年来，学生因各类原因在镜湖跳湖自杀的事件屡有发生，已经成为校内重要安全隐患区域之一，给平安校园建设带来了不小的压力。2018 年 11 月 18 日，某学院学生熊某从镜湖观景平台跳进镜湖自杀。2019 年 5 月 17 日，某学院吕某从镜湖观景平台跳进镜湖自杀。为应对学生跳湖轻生的突发事件，我校采取了系列措施来避免此类突发事件的发生或将突发事件的危害性降到最低。下面以今年我校成功处置的一起学生轻生跳湖的案例来介绍我校对镜湖的安全管理。

二、处置过程

2020 年 1 月 5 日，我校某学院学生黄某在网上购买考研学习资料时被骗 7700 元。当晚 22 时 15 分，黄某独自走到镜湖湖边散心，想到之前父亲治疗肝癌已花费近 100 万元，自己又被骗，于是产生了跳湖轻生的想法，并慢慢走向湖中。22 时 17 分，监控中心值班人员接到湖面动态感知报警系统报警，发现湖面有异常情况，于是通过对讲机联系湖边岗亭值班保安队员确认。22 时 18 分，值班队员赵某某跑至镜湖观景台确认，发现一女生向镜湖中央走去，于是通过对讲机将现场情况上报当晚值班保安队长，并寻找救生圈准备下水营救。22 时 19 分，值班保安队长接到队员上报的情况，随即启动溺水救援应急预案，处突队员三分钟内赶到镜湖，分工明确展开下水营救工作。22 时 22 分，处突队员迎着刺骨的寒风在冰冷的湖水中共同将轻生学生从湖中救出。

三、分析与启示

大学生作为未来社会的主体，他们承载着亲友的期望、学业的困难、未来养家糊口的负担、恋爱失败、毕业求职的碰壁等，承受着不小的压力，面对突如其来的挫折和压力，往往不能及时调整自己，就可能产生自杀冲动。学生在校内跳湖自杀事件会引起社会强烈的关注，在事故善后处理过程中，有的学生家长、亲属比较理性，能合法合情合理地向学校讨要说法，但更多的情况是家属或亲朋好友情绪激动，甚至出现过激行为，迫使学校处于很被动的局面。所以高校对湖面的安全管理尤为重要，我校合理采用人防、技防、物防相结合的方式，多措并举共同做好湖面安全防范工作，防止学生失足落水以及跳湖轻生事故的发生，取得了一定成效。

（一）以人防为基础

(1)在校内建立个人—宿舍—班级—院系—学校的五级危机干预网络，完善预警预报机制。在发现学生有情绪低落，消极厌世，兴趣降低，强烈的无价值感、长期的睡眠障碍、躯体不适等异常状态后，要及时给予关注，采取心理干预、尽力消除或缓解引发学生自杀的因素、联系学生家长和社会力量提供帮助等危机干预措施。

(2)在镜湖大坝旁设置校园安全部 110 值班岗亭，安排安保队员对镜湖区域进行 24 小时值守，通过人员值守及时发现异常情况，发现问题可及时处置。

(3)建立专门的应急处突队伍。我校占地面积大，各类突发警情多且复杂，于是校园安全部选拔年轻精干的保安队员打造一支反应灵敏、能力高强的应急处突队伍，努力完善应急管理分级响应制度和程序，定期开展各类应急演练，及时处置校内发生的各类突发事件。

（二）以技防为核心

技术防范依托先进的科学技术，能够从最大程度上弥补人防和物防的不足。随着现代通讯、网络等技术的广泛运用，技防水平不断提高，在案件预防、查破，以及突发事件处置等方面都发挥着重要的作用。对湖面的安全管理也可依托先进的技防，如我校在镜湖区域安装两台具有黑光夜视功能的摄像机，全天候不间断监控，并对湖面进行警戒区域设定，当有人员越过警戒区域后设备自动报警并与校园 110 报警中心实时联动，校园 110 报警中心大屏现场画面实时弹窗并发出报警声提醒值班人员对湖面现场的情况进行查看，现场岗亭值守人员与前端队员进行实时联动，及时对意外落水或跳湖自杀的情况进行处置，做到了事中防控，解决了传统方式只能事后才能响应的弊端。

（三）以物防为保障

我校提前在镜湖周边易落水的危险区域设置标识牌、警戒带提醒周边过路人员注意安全，并在湖的周边安装救生圈等物防设施，若发生意外落水或跳湖自杀的情况，现场周边人员可及时采取措施施救。

刍议突发事件处置的“9个3”的探索模式

王书禄　向　东

高校是人群密集场所，平安校园建设关系千家万户。“未雨绸缪，居安思危”是我们高校校园安全工作者长期以来坚守的不二法则。“未雨绸缪”在学校安全管理工作实际中就是突发事件处置预案的制定，它能有效预防、及时控制和消除校园重大突发事件的危害，保障师生身体健康与生命安全，维护学校正常的教育教学秩序，同时在加强领导、精心组织、周密部署，防止安全事故等方面有着至关重要的作用。预案的制定过程是我们对学校可能发生的安全事故、对学生中可能产生的伤害事件进行全面分析和思考，并根据地理环境不同、经济文化背景不同、硬件条件不同制定出及时有效的措施。

近年来，全国各地高校校外社会人员伤害师生的恶性案件频发，校园安全稳定工作形势严峻且紧张。高校安全保卫部门在突发事件处置中的规范化处理，对于加强高校的日常管理、维护学校的正常教学、科研及生活秩序、保障学生人身和财物安全、促进学生健康心理的形成，都具有十分重要的现实意义和战略意义。

一、案例简介

2018年3月份，某高校校园内发生一起欲跳楼自杀的突发性事件。3月12日15时40分许，该校“校园安全接警指挥中心”接到一名女学生报警称：在学校第一教学楼楼顶(共7层)有一名男子坐在顶楼外沿，疑似跳楼轻生。当事人张某(化名)、男、55岁，事发时是学校签约的清洁公司的临时员工，因为与清洁公司领导意见不合，不接受调离原有工作岗位的安排与其领导发生争吵，情绪失控之下翻越教学楼楼顶护栏以跳楼威胁其领导，欲跳楼轻生引起舆论关注。

二、事件处置

(一)预案完善，快速反应

接警指挥中心接警后，立即启动校园突发事件处置预案的流程，第一时间通知突发事件处置中队和保安中队队员先行赶往现场；同时，指挥中心另外一名工作人员立即向学校安全稳定管理部门相关领导汇报情况。三方人员在第一时间得到信息并迅速联动，真正秉承了预案启动快速、到位处置迅速的处置原则。

(二)靠前指挥，处置得当

学校安全稳定管理部门主要领导到场后，发现当事人年纪较大，并且已经长时间处于高度紧张状态，如不及时采取措施后果将无法预测，当即根据现场情况成立处突指挥工作组，制定了营救方案，将处突人员分为两个小组：外围组留在楼下负责向地方公安报警和现场秩序维护，同时迅速疏散人群，制止围观人员拍照、摄影；内围组迅速到达事发楼顶，同时通知当事人亲属(同为清洁工)一起安抚当事人的情绪。处突指挥工作组果断决定，在警方短时间不能赶到之前，尝试开展有效解救工作，确保参与救援人员和当事人的安全。

(三)注重方法，成功解救

处突组首先让家属不断通过语言交流来安抚当事人情绪，有意分散其注意力，与此同时安排一名有经验的处突队员，在当事人注意力被分散时，慢慢绕到当事人身后，趁其不备迅速将当事人重心控制于楼内，其他处突人员则迅速上前将当事人带回安全地带。由此，一起可能发生的跳楼事件得以成功化解，从接警到处置成功，仅仅用了12分钟，体现了学校处置突发事件的迅速性、高效性。

(四)积极参与，稳妥善后

解救成功后，考虑到当事人与其公司领导的矛盾还没有得到化解，学校安全稳定管理部门主动联系清洁公司的相关领导、学校监管部门领导，对清洁公司粗暴的管理方式提出批评。同时商议善后处理方案，稳定当事人防止出现情绪反复，对其工作中的失职行为进行适当处理，暂时不进行工作调整。一年后，清洁公司调整当事人夫妻的工作岗位，当事人同意并接受了新工作。至此，矛盾得以完全解决，突发事件得以稳妥处理。

三、分析与启示

通过对跳楼突发事件的处置，学校保卫部门积极进行处突工作交流，创新突发事件处置“9个三”的工作模式；即“三字方针”9个步骤的经验模式，现将本次突发事件分析与启示介绍如下：

(1)建队伍。要建立一支有战斗力的校园突发事件处置队伍，做到保障有力。如果没有专门的队伍在遇事时临时安排人员，既没有职业技能和素养，也达不到理想的处置效果。我校 2006 年 6 月成立当时重庆市高校第一支专业突发事件处置中队，有完整的科级建制，每年 10 万元的处置工作专项经费；

(2)发现早。整个突发事件贵在发现得早，报警人员意识高、发现早，果断地向校园报警中心报警，如果发现得晚可能恶果已经酿成。这些得益于学校对学生安全防范意识教育开展得好，防范工作落实到位。学校不定期通过班会、新生安全教育、安全知识讲座的形式，对学生进行全方位的安全知识教育；

(3)汇报快。接警指挥中心队员逐级汇报得快，如果汇报得慢了可能就造成了处置最佳时间的错过。由此可见队员平常的业务训练扎实，才能使各部门领导及时赶到事发现场，做出有效的解救决策。此次接警指挥中心队员受到学校和保安公司的表彰，并在保安中队会议上进行经验讲授；

(4)依章行。处突队伍按照突发事件处置预案有序开展，如果事先没有预案可遵循，处置将是一团乱麻，学校要建立完善的处突预案，遇事有章可依，才能做到有效、迅速处置。我校制定了《处置校园重大暴力突发事件工作预案》《关于处置学校突发事件的工作预案》《防止及处理突发事件工作预案》和《处置校园恐怖及特别严重的暴力犯罪活动的工作预案》等相关工作预案；

(5)敢决策。处突工作组在查看现场环境后，果断作出提前营救的决策，如果领导遇事犹豫不敢担当，就可能造成营救贻误。处突工作组的领导要有经验，敢担当，靠前指挥，有效地处置。此次事件处置决策的领导，曾多次参与校园突发事件处置，经验非常丰富，决策果断，手段高效；

(6)处置快。从突发事件发现报警到当事人被解救，整个处置时间只有短短的 12 分钟，处置要用智慧和手段与时间赛跑，如果处置慢就会造成意想不到的后果，参与处置的人员听指挥、有能力、配合好是处置快的关键；

(7)避舆论。突发事件应尽早地应对舆论，现场要控制和疏散围观人员，避免通过互联网媒介造成不良舆论，如果现场人员杂乱就可能造成更大的负面舆论，外围组开展工作有力，及时地避免过多的负面舆论。在此次事件中，没有发现互联网、论坛、贴吧上的舆论传播；

(8)重善后。突发事件的处置是否成功有效，要注重事后的稳妥处置，不要只看处置的前期行动，如果不做好善后可能会导致事件向对立面发酵及转移，要将处置和善后放在同等重视程度，我校持续在事后一段时期内对清洁公司和当事人进行回访，及时了解双方矛盾化解的情况。

(9)善总结。每件突发事件处置结束后要进行总结经验教训，在处置中积累经验，在事后吸取教训，如果没有总结将会使处突工作处于原地，就不会有经验、有效应对措施，我校在事后有学校安稳办及时召集相关部门召开了工作总结会。

四、存在的问题与困难

(1)突发事件处置过程的证据、资料固定不足。任何一个事件在处置时都应做好实质性的证据收集和保存，对于整个处置流程相应的也要做好视频、照片资料的收集和保存，建议应该对任何一支突发事件处置队伍进行专业的摄影、录像技术培训，接受专业的证据固定，便于事后查找、使用和作为法律依据。

(2)突发事件处置保护措施及工具不足。突发事件处置除了要保护当事人的人身和财产安全，同时也要保护好参与处置和救援人员的各方面安全，要配备足够和专业的处突工具装备，确保在处置突发事件过程中避免出现人员的人身伤害。

高校突发学生失联事件的应急响应机制构建

林建华　罗军平

2018年11月23日，学校代表、某大学生及其父母等人一同前往福州市某公安分局，向公安分局成功解救学校该失联学生表示敬意和感谢，学生家长向公安分局赠送“千里追寻爱生如子”的字样锦旗，表达心中感激之情。

前不久，某高校一名女大学生失联的报告后，省教育厅、公安厅高度重视，属地公安分局、学校迅速启动应急预案，精选人员组成解救小分队，远赴湖南衡阳与当地警方联手，在大数据的支撑下，通过走访摸排、情报研判、网络分析等方式，通力合作，多措并举，跨省成功解救误入传销组织的女大学生。

一、案例简介

2018年9月28日，某高校2018级本科新生冯某(女)向辅导员表示国庆期间要去衡阳旅游向辅导员作了报备。

10月7日学院晚点名前，该生致电辅导员，以奶奶生病无人照顾为由提出续假。

10月11日该生提出退学申请，经劝说无效后，辅导员告知退学须经家长同意。下午辅导员接一名自称是其父亲的男性电话，要求学校同意该生退学申请。辅导员通话中感觉情况有异，后查看并电话联系了学生入学时登记的父亲电话，接听电话不是同一人，其父亲称不知内情。

10月13日，该生家长被学生说服同意退学，根据学校退学申请规定，当日家长来校办理退学手续，但是该生电话中拒绝与家长、学校见面。

10月11日至14日期间，学院及学生家长数次通过电话做该生思想工作，但是该生用短信向家长表示：“不用说那么多了，该说的都说了，不要一直打电话烦我，没过来读书的时候心里本来就不怎么想读书，别再打电话了，不然就把手机关机了”。14日下午16时许，该生手机关机，首次失去联系。接到辅导员的失联报告后，二级学院向学校分管党委副书记作了汇报，并分别向学工部和保卫处负责人汇报了该情况。

10月15日上午，根据保卫处的建议，二级学院派辅导员陪同该生家长一起到学校属地派出所报案。随后学校党委副书记、二级学院和保卫处、学工部等相关职能部门召开专题会议，与家长一起研究寻找工作。期间与上级有关部门和公安部门进行多次沟通协作。

10月18日在初步寻找无果后，学校、二级学院与相关职能部门及家长再次召开会议，并邀请了属地派出所所长和片警一起参会分析情况，提出寻找对策。经公安部门查实，该生于9月30日晚经江西鹰潭，转10月1日凌晨2时动车至湖南衡阳，后未再有出行记录。

10月19日，学校党委会果断决定，指派二级学院副书记、保卫处一名干部与学生父母一起赶赴湖南衡阳当地，展开前期寻找工作。根据我校寻找的多项证据分析，该生极可能陷入当地传销组织。

10月23日下午，该生主动开手机与其父母进行视频通话报告平安。也分别与二级学院副书记、辅导员通过手机通话，表示退学意愿(有电话录音)，随后再次关机，并一直处于失联状态。

10月24日，根据学生手机最后通话定位，该生位置已转移长沙。学校和属地公安分局综合研判后，迅速增派两名公安干警与湖南的人员组成解救小分队，在湖南衡阳、长沙等地展开一系列艰苦寻找工作。

11月20日，解救小分队与湖南当地警方联手，通力合作、多措并举，一举捣毁多个传销窝点，成功解救误入传销组织的学生。

11月23日，本着以学生为本的原则，经学校研究并报上级部门，同意该生办理休学一年的申请。

二、事件处置

学生失联后，学校积极采取各项措施，本着关注“困境”学生和对社会高度负责的精神，开展了大量寻找该生下落的工作，历时一个月有余，经多方努力、多日搜寻，最终成功解救误入传销组织的该生。

(一)学院部门联动，派遣专人寻找

发现该生异常情况后，该生二级学院、保卫处、学工处第一时间形成联动，与该生家长一同研究分析该生失联情况，决定并成立寻人专项工作小组，由该二级学院负责继续联系学生及家长、由保卫处负责对接公安部门，由学生工作处向主管部门通报情况并做好相关工作。经初查无果后，10月15日上午向党委报告了该生的失联情况，学校分管党委副书记立即作出处置部署。当日学校通过公安部门获知该生尚在湖南衡阳的情况，经警方、校方及该生家长三方共同分析，认为该生陷入传销的可能性较大。学校决

定派专人陪同该家长到该生失联地湖南衡阳报案并继续寻找。从10月19日起到成功找回该生，学校先后派出两名干部与该生家长一行四人，携带校方商请湖南当地警方的协助函在衡阳、长沙等地开展了大量艰苦寻找工作。

（二）多方寻求帮助，竭尽全力搜寻

向公安机关部门寻求侦查帮助。10月15日，学校辅导员陪同该生家长一行4人至属地派出所就学生失联情况报案。10月20日，在湖南衡阳，我校两位工作人员根据该生聊天记录和福州警方对其最后通话获得的手机定位，先后带领家长前往衡阳2个区公安分局和4个街道派出所报案，请求警方协助寻找该生下落。因达不到立案条件，当地警方备案将有关情况进行备案后，并将寻人启事在公安内部微信工作群进行转发。期间，衡阳警方在一名刚从传销窝点逃脱男青年指引下前往两处传销窝点查找，但未发现该生。10月24日，学校属地公安分局专门派遣2名干警赴湖南与我校人员及学生家长共同寻找失联学生。10月26日至30日，一行人根据该生23日短时开机最后获得的手机通话定位，转赴长沙，在当地警方和银行等有关单位的协助下，通过调取监控录像等方式进行了大量摸排工作，通过监控探头发现了少量该生行踪痕迹，但终因线索有限，未能明确该生下落获得进一步进展。11月13日，省教育厅向公安厅发函请求协调工作，公安厅启动高级别侦查手段，及时将该生最近使用手机和已锁定位置等情况，向湖南省公安厅、学校属地公安局分别作了通报，很快锁定了控制该生的传销头目活动踪迹，经过多日蹲守将其顺利抓获，并成功解救该学生。

向相关主管部门汇报搜寻情况。学校党委书记高度关注该生失联事件搜寻工作，先后召集3次专题会议研究部署工作，指示党政办公室、学生工作处、保卫处等部门相关单位，按规程及时向相关主管部门报告事件即时情况，并询求政策法规和处置经验指导。10月19日，学校向省教育厅总值班室传真报送了《××××学院关于××学院×××同学离校出走的情况报告》。10月23日，学校向省教育厅总值班室传真报送了《××××学院关于寻找离校出走学生×××的后续工作情况报告》，同件交换至省教育厅安全处。10月30日，我校委派学生工作处负责人、二级学院副书记和教务处学籍科等工作人员，前往至省教育厅学生处当面汇报工作进展情况。11月5日，学校向省教育厅总值班室传真报送了《××××学院关于×××同学失联情况的报告》，同件交换至省教育厅安全处、学生处。11月13日，省教育厅向公安部门发函请求协调工作。11月14日，根据省教育厅指导意见，学校一方面继续寻求警方的帮助，持续寻找失联学生下落；另一方面积极开展后续工作，扎实做好大学生思想工作，履行高校责任和在校生的管理职费。

（三）展开舆情监控，避免负面影响

事件初期，该生家长寻女心切，且误以为“信息转发500条”就能加快立案进程，在该生中学同学群及中学家长群、老乡群中发布了该生于9月30日失联等的不准确信息，造成了小范围的舆论影响。属地派出所警方及我校工作人员在与该生家长会面沟通中，及时纠正了其错误认识，要求其后续寻女过程中发布信息，必须坚持实事求是的原则。10月19日，学校党委书记、分管副书记分别先后召集职能部门组织召开专题会议，分析情况，研判形势，提出工作方案，决定及时向省教育厅报告相关情况，并开展舆情监控。会议要求校宣传部等相关部门加强有关该事件的网络舆情在线实时监测，及时反馈涉及该事件的信息、评论，避免造成猜疑恐慌和负面社会影响。在学校的正面积极应对下，该事件没有形成舆情。10月21日晚，经与我校工作人员深入交流后，该生家长认识到问题错误，对校方的帮助处置表达了感谢，并已在原发布信息的相关几个群中说明了该生是自己离校出走的真实经过，肯定了校方的积极工作。

(四)举一反三排查，防范安全隐患

在发生学生陷入传销的失联事件后，10月下旬学校专门召开学生工作会议，并部署开展了各二级学院“困境”个体排查专项工作，要求各二级学院加强防范“非法校园贷、电信网络诈骗、传销”的宣传，筛查近两年出现的相关“困境”学生并建档跟踪教育。11月初，学校召开排查工作汇报专题会，会议对各二级学院上报的“困境”个体情况进行了研判分析，并以此次失联事件为案例进行经验教训总结，对事件的进一步处置提出建议。会议还要求各单位进一步提高本校学生的安全防范意识和技能，举一反三地防范此类安全隐患。会后，学校还邀请属地公安机关、法制宣讲团来校开展“防校园贷、防传销、防电讯诈骗”等安全教育活动，并在此基础上，开展了一次为期一个月的主题安全教育。

三、分析与启示

(一)强化统筹协调、构建学校多部门协作的应急管理体系

高校应构建“校院两级协作部门归口管理”的应急管理架构，修订完善突发事件应急预案，形成领导小组统一指挥下的分级响应机制，一旦发生突发事件，能在学校领导小组的统一指挥下，各司其职、密切配合、系统联动，有效地应对各类突发事件。案例中，学校通过“发现失联—预案启动—跨部门协作—舆情管控—上级联动”的全链条处置流程，做到快速反应、正确应对、处置果断，确保在黄金救援时间内完成信息互通、资源调配与联合行动。

(二)深化校警协作，建立快速联运与全城联防机制

高校要积极开展与属地公安、司法部门深度合作，及时化解学校难以解决的矛盾纠

纷，防止事态扩大，必要时应寻求其介入和援助。要牢固树立科技防控意识，充分依靠警方力量联防联控，探索学校治安防控体系建设的新经验，加大防控投入力度，搞好“天网、地网”工程，增强工作的创新性和实效性，努力实现人防、物防、技防齐头并进，全面提升服务学校发展、服务师生的能力和水平。从本案例可知，学校与属地公安机关长期建有合作机制，接警研处后能快速反应，直接选派干警参与跨省寻找行动，并投入先进技侦手段，先后在湖南衡阳、长沙等地与当地警方联手，在大数据的支撑下，通过调取监控录像、捕捉手机上网信息等手段，精确掌握传销团伙信息，很快将误入传销组织的女大学生解救。

（三）完善动态监管，推进学生管理工作精细化与标准化

一是学生入校时要建立起完善的、互动的学生联系体制。在建立学生完整基础信息的同时，还要建立学生 QQ、微信、电子邮箱等新型联系平台。本案例中该学生失联后，学校仍能通过其使用过的 QQ、微信朋友圈，了解得知其失联前许多征兆信息，为其失联后下落提供了重要线索。二是要严格落实学校相关学生管理制度，按照规定办事。案例中学校辅导员坚持学生离校请假制度，时刻保持与信息互通，善于从工作细节中发现异常，学生管理部门严格按照学校的退学申请规定，才使事情的真相一步步地暴露了出来。三是舆情要同步监控。学生工作无小事，小事有时处理不当，易引发社会不良舆论，甚至发生群体性事件。案例中，事发后学校宣传部及时加强该事件的网络舆情在线实时监测，及时反馈和应对信息、评论，避免了负面社会影响。

（四）前置风险防控，推动安全教育全覆盖与常态化实施

近年来，随着非法校园贷、电信网络诈骗、传销等新型手段开始向高校渗透发展，大学生这个年轻的群体普遍欠缺社会经验、识别陷阱能力和自我保护意识，因而容易受到鼓动而上当受骗。案例中，该女生家庭经济困难，渴望通过自己的努力尽快改变现状，从而易对传销组织鼓吹的一夜暴富的“创业”产生浓厚的兴趣，并把它当成了实现理想的平台，从而难以抵御蛊惑，洗脑后甘愿落入传销组织圈套中而无法自拔。我们深感“非法校园贷、电信网络诈骗、传销”等对大学生及其家人的危害，不仅影响了大学生的顺利成长、成才，也给高校的学生管理带来诸多困难。防止大学生陷入泥潭，必须要做好安全教育和宣传引导，以防范为主，定期常态开展针对性法制知识的普及教育。

最后，在学生事件的处理中，在不违背法律、法规和校纪的前提下，要尽量从挽救学生，为了学生的发展考虑，而不是一味的处分和开除。案例中，学校最后同意家长暂时给该生办理休学一年，希望其通过在家静养，能够摆脱阴影，重新回到学校继续读书。这种处理方式也体现了“以学生为本”“惩前毖后、治病救人”的原则。

精准研判与协调联动机制适应性关系研究

王天炼

一、案例简介

2018年12月18日19时20分许，某高校社会学院一群师生急匆匆地跑到保卫处值班室求救。学院一名研二学生小张于当日下午上完课后离开宿舍并在微信上发布信息，疑似正要自杀。目前，小张手机在通联状态，但无人应答，情况十分紧急。

二、处置过程

保卫处值班长某某立即向处长某某简要报告情况，值班员某某及时整理相关信息，记录事件情况，加强值班并做好上报下传工作。19时30分，处长某某赶到值班室，在进一步了解事件情况后迅速报告校领导，根据校领导指示，启动应急响应机制，成立应急救援领导小组，相关人员通过手机加入微信，建立应急救援微信群。应急救援领导小组迅速按预案展开行动，动员人员搜集小张同学相关信息，小张同学一名好友负责与小张同学保持微信联系，给其正能量，鼓舞其信心，分散其注意力；另一名好友负责搜集与小张同学相关的信息，进一步掌握其情况。19时50分，监控室视频显示小张同学于晚18时许从学校北门离开学校。20时10分，110警方(市公安局文化保卫分局沪东派出所)赶到现场，通过警方技术侦察判断，小张同学此时大约在某某地铁口周边。值班长某某和小张的辅导员及2名同学遂同警方前往寻找。20时30分，一行人到达某某地铁口，因周边附近区域大，楼宇多，且多为高层，寻找十分困难，虽由当地派出所警方协助，也如同大海捞针，寻找未果，但每个同志都没有放弃，坚持继续寻找。23时40分，值班长某某收到应急救援群转发的小张同学微信文字信息，通过分析，小张同学可能想跳江自杀，此时她应该在江边，于是一行人遂前往某某滨江公园寻找。凌晨0时50分，应急救援群转发小张同学微信江景照片，值班长某某与警方某某警官分析判断其位置，结合现地比对，每个点逐个排查，终于，在公园东北角江边座椅上找到正犹豫不决想跳江自杀的小张同学。此时小张同学泪眼朦胧，已心念不定，正犹豫不决想跳江自杀，值班长某某与其辅导员和同学耐心地劝说。早上 2 时 30 分，一行人安全地将小张同学带回学校，挽回了一条宝贵的生命。

三、分析与启示

此次及时找到小张同学并成功劝阻了其自杀，是保卫工作中处置学生失联欲自杀事件成功经典案例的代表。事件成功处置主要得益于三个方面。一是得益于学校健全的安全制度。某高校保卫处长期坚持处长领导下的 24 小时双人值班，实行值班长负责制，负责“窗口”办事、报案、求助、咨询、投诉等接待事务和校园治安巡逻及应急突发事件的先期处置，值班人员由保卫干部担任，值班长由业务素质过硬的科、队长担任，处置经验丰富，确保了事件的成功处理。二是得益于师生强烈的安全意识。

当师生发现小张同学微信上发布要自杀的信息，能及时做出正确反应，及时报警并求助保卫处，积极搜集并提供线索，有效地促进了事件成功处置。在处置过程中，全程协助警方和保卫处工作，一名同学想方设法搜集各种关于小张同学的信息，另一名同学能始终与小张同学保持联系，最终获取了重要信息和照片，为找到小张同学提供了极好的线索。三是得益于公安力量的大力支持。此次事件，从 110 接警到找到小张同学总共花费时间 6 个钟头，市公安局文化保卫分局沪东派出所出动警力全程帮助寻找，其他派出所协助查找，市公安局动用技防力量，锁定地域，最终找到，离不开公安力量的大力支持。

几点启示如下：

（一）制度规范、机制完善是事件成功处置的基本前提

某高校高度重视制度建设，学校的安全预案制订科学，能结合相关要求和实际情况及时修订完善制度，不定期组织各单位进行相关安全演练，各学院也能积极组织师生按预案开展演练。多年来，保卫处长期实施 24 小时值班，及时处理各类应急事件。此次事件中，当师生看到小张同学要自杀的微信信息后，及时反应，即刻报警并求助保卫处；保卫处值班老师及时受理，值班长某某第一时间报告处长，尔后处长又根据事件性质、大小迅速向校领导报告，并按照预案，根据校领导要求，成立应急处置领导小组，构建应急救援微信群，争取公安力量支持，有条不紊地开展应急处置工作。

（二）领导重视、科学指挥是事件成功处置的根本保证

事件发生后，根据校领导指示，保卫处领导总揽全局，科学决策，沉着应对，牵头各相关单位迅速成立了强有力的领导小组，全力以赴开展处置工作。按照分工，值班老

师某某负责整理相关信息，并加强值班，做好上报下传工作。值班长及时请示报告，全权负责现场处置，果断实施值班长制度，有效避免了现场处置工作中“谁官大谁说了算”可能造成的长官意志、决策不科学等问题。保卫处处长坐镇值班室，全力支持值班长做好处置工作，协调各方支援力量，指导事件处置工作的开展。

（三）协调联动、齐心协力是事件成功处置的有力保障

在领导小组的统一指挥下，保卫处牵头，学院、相关部门及公安机关通力合作、密切配合，形成了处置工作的合力，展示了巨大的凝聚力和战斗力，为成功处置提供了强有力的保障。在事件中，相关单位及学院想方设法搜集并提供相关小张同学个人信息；公安机关通过技术侦察判断，确定小张同学位置信息；最后，在值班长、警方、部分学院师生的艰苦努力下，终于成功找到小张同学，及时制止了可能发生的一起悲剧。

（四）果断应对、措施得力是事件成功处置的关键所在

事件发生后，及时与公安机关联系，得到了地方警力大力支持。学校立即启动应急响应机制，构建应急救援微信群。通过应急救援微信群及时向警方和现场保卫人员反馈信息并通报情况，做到了信息沟通及时顺畅，为事件成功处置提供了线索，指明了方向。在锁定小张同学的位置后，救援人员立即赶赴现场；根据微信文字信息，迅速转移到附近江边搜寻；结合微信照片图像，通过现地比对，最后找到小张同学；整个事件中，应对有力，处置得当，最终安全地将小张同学带回学校，挽回了一条宝贵的生命。

四、存在的问题与困难

一是当代大学生生命意识淡漠的问题。近些年来，高校大学生自杀的事件时有发生，一些在校大学生在遭遇学业、就业、情感、人际关系等种种“简单”的挫折后，常常萌生轻生的念头，究其原因是生命观出了问题。此次事件，小张同学因为与男朋友感情误会，多次自残，并萌生自杀念头，直至离校出走，准备投江自杀，如果不是发现及时，可能就酿成无可挽回的悲剧，显然是在拿生命当儿戏，引人深思。

二是一人一事的思想工作还存在不深不细不实的问题。一人一事的思想工作不到位、不及时，就可能留下思想疙瘩，埋下问题隐患。高校应当密切关注大学生思想动态，建立一支高素质的辅导员队伍，本着“全员、全过程、全方位”育人要求，及时了解掌握他们思想状况和现实问题。坚持以理服人与以情感人相结合，讲究方法，耐心细致，把思想教育做到学生心坎上。对于个别师生心理状态不健全的，要采取一对一的心

理辅导，要及时给予其人文关怀，让其感受到学校的温暖，减少心理过激反应造成的安全隐患。要坚持解决思想问题与解决实际问题相结合，多做暖人心、聚人心的事，真心实意帮助师生妥善处理面临的实际困难，营造良好育人氛围。

总之，经过此次应急救援事件的成功处置，为我们积累了一定的工作经验，但如何有效扼制学生自杀、培养师生正确的生命价值观，是一个值得我们长期探索的课题。

山体滑坡事件处置分析

陈春水　武正玺　侯旭凯　朱学文

2020 年 7 月初，南昌地区连续多日暴雨，7 月 7 日晚上 10 时许，豫章师范学院湾里校区（紫清路 11 号）校园内发生多处山体崩塌，危及校园师生的人身和财产安全。学校当日值班领导、值班人员、保卫处、学工处、后勤处等同志立即赶到现场。在校主要领导、分管校领导、湾里校区管委会主任等的指导下，立即启动应急预案机制，进行了突发事故处置。

一、案例简介

1. 安全快速转移人员

值班领导、值班人员、保卫处、学工处、后勤处等同志根据《江西省学校学生人身伤害事故预防与处理条例》第二章，学生人身伤害事故预防，第十五条，学校应当落实以下安全管理和学生人身伤害事故预防措施：第（九）款，制定突发事件应急预案，发生自然灾害、事故灾难、公共卫生事件、社会安全事件等突发事件时，及时启动应急预案，采取防护、抢险、救助等措施，保护学生的人身安全。第三节，应急处置，第三十九条，学校应当制定学生人身伤害事故应急预案，报所在地的教育主管部门和公安机关备案。发生学生人身伤害事故，学校应当及时启动应急预案。发生重大学生人身伤害事故，当地人民政府应当立即采取措施组织救援，防止事态扩大。2020 年 7 月 7 日晚 10 时许，豫章师范学院湾里校区教工楼西侧（教学二楼东北角），发生了严重山体崩塌，险情发生时，学校当日值班领导、值班人员、保卫处、学工处、后勤处等同志第一时间赶到现场，进行突发事故处置。一是立即向校主要领导、分管校领导、湾里校区管委会主任报告，迅速启动应急管理预案；二是及时向湾里管理局综管办、湾里公安分局和应急部门报告校内滑坡、山体崩塌情况，并请求派人救援教工楼三单元被困教工。在湾里公安和应急部门协助下，因为房屋出口被冲下的泥土堵塞，人员不能出来。拿来楼梯让被困师生员工下来。第一时间将被困师生员工安全转移，未造成人员伤亡。

2. 及时报告取得援助

按照校主要领导的要求，值班领导、值班人员、保卫处、学工处、后勤处等同志共商报告，于24时10分左右向市政府值班室、市应急管理局电话报告了豫章师范学院(湾里校区)山体崩塌情况，请求帮助。请求7月8日上午协调相关单位及专家到校开展应急勘查。

3. **安全排查加强防范**

值班领导、值班人员、保卫处、学工处、后勤处等同志对校园进行全方位安全隐患排查，对于有安全隐患的地方，安排专人值班值守，并拉好警戒线，禁止人员进入。与交警联动对环山公路区域进行交通管制，禁止社会车辆和人员出入。

二、处置过程

1. **积极配合专家治理**

7月8日上午9：30江西省地质环境监测总站、南昌市自然资源局、湾里自然资源局专家同志来到豫章师范学院湾里校区实地查勘，自然资源局和专家提出了治理意见，并由江西省地质环境监测总站专家等根据查勘情况尽快提供灾情应急勘察报告；值班领导、值班人员、保卫处、学工处、后勤处等同志积极配合专家工作。

2. **再排查再部署**

校主要领导到豫章师范学院湾里校区查看山体崩塌和滑坡情况，现场指示加强巡查排查、注意安全、对相关区域封闭管控。校党委委员、管委会主任主持召开湾里校区各部门负责人会议(基础教学部参加)，要求组织学生安全有序离校，各部门加强汛期校园安全隐患排查工作。并于上午10：30在校本部组织召开学校汛期安全工作会议，对校园防汛及安全工作进行了专题布置，要求由保卫处牵头组织对两个校区开展一次全面的汛期安全隐患排查，确保校园和师生安全。湾里校区保卫组负责人组织召开安全工作紧急会议，布置落实湾里校区防汛和汛期安全排查工作，湾里校区各部门、教学部(含基础教学部)负责人参加：一是介绍湾里校区山体崩塌情况；二是重点传达校主要领导关于学校安全工作会议的有关部署和要求；三是要求各部门根据“安全隐患排查情况表”认真仔细地开展汛期及校园安全隐患排查；四是做好各部门教工的安全教育，无条件配合学校的管控举措，未经许可，禁止任何人进入有安全隐患的区域。

三、解决问题

7月10日上午9：30，校基建办负责人陪同市住建局专家到湾里校区查看校园滑坡及建筑物安全情况，并提出意见建议如下：一是对教工楼、教学二楼、A4栋学生宿舍人员进行疏散，对相关楼栋进行封闭，禁止无关人员进入；二是据目测房屋没有明显会倒的迹象，应请有资质的第三方检测机构对相关建筑物进行安全检测；三是加强校园各点位日常监测、巡查，有情况及时报告；四是请自然资源局提供应急勘察报告，提出治理意见。校基建办请施工单位对校内环山公路各滑坡点路面树木和土方进行清理，疏通道路。中昌监理公司技术人员到校用仪器对教学二楼、实训楼进行了自测，根据自测结果，教学二楼、实训楼存在 0.5cm 到 2cm 等不同程度的倾斜，倾斜值在正常范围之内，根据自测结果向分管基建的副校长报告，校领导研究请第三方检测机构对校内相关建筑物进行安全检测并出具检测报告。校基建办、保卫处协调江西省地质环境监测总站出具了《豫章师范学院湾里校区后山滑坡应急调查报告》，并第一时间将该报告转给了校党政办和基建办的负责人；基建办请第三方检测机构入校对实训楼、教学二楼和各灾害点进行安全检测、监测。校方主动配合南昌市、湾里校区自然资源局。由江西省自然资源厅派出专家和技术人员到湾里校区航拍学校地质灾害情况并将航拍数据(涉密)由自然资源厅直接反馈给市自然资源局。协调市水投等加快湾里校区灾害治理工作进度，按照学校要求加快工作进程，在设计方案出来前按照特事特办、急事急办原则，按抢险加固要求对教学二楼崩塌点开展治理施工。

四、处置措施

湾里校区共发现崩塌和滑坡点 8 处，分别处于：教工楼西侧(教学二楼东北角)、实训楼北侧、A4 栋学生宿舍东侧、A1 栋学生宿舍东侧、运动场东北角、A7 栋北角、原新四坡出入口、环山公路“之”字湾等处不同程度发生崩塌或滑坡。其中，教工楼西侧(教学二楼东北角)、实训楼北侧、A4 栋学生宿舍东侧等崩塌尤其严重，如不及时治理将危及教学二楼、教工楼、A4 栋等建筑物和校园安全。应急处置措施：一是由校党政办行文向市政府报告；二是在各崩塌点设置建筑围挡、警戒、三角锥、张贴管制通告等进行警戒，并落实安排专人对教工楼(由保卫处负责)、教学二楼(由物业公司负责)进行管理，未经许可禁止任何人进入该区域；三是安排保卫处人员和物业公司保安(早、中、晚班各 2 人)加强校园巡视检查，并提醒巡视检查过程中注意人身安全，发现问题第一时间报告；四是由学校行文向南昌市政府报告，请示南昌市政府给予大力帮助！

五、启示与反思

1. 高度重视夯实基础

校园基础建设是平安校园建设的重要硬件，是关系到师生员工的生命和财产安全的重要工程。对于老旧危的校园基础设施，高校与当地政府应高度重视，进行合理性的评估。高校要积极向主管政府部门反映校园基础设施情况。对于校园老旧危的基础设施，高校应向政府有关部门申请立项，尽快解决校园老旧危的基础设施问题。争取政府财政资金和学校自筹经费，积极进行校园基础设施改造完善。

2. 加强排查消除隐患

保卫处、基建处、后勤处要加强校园基础建设安全隐患排查，及时消除校园安全隐患。尤其是暴雨季节，加强巡查，严防山体滑坡塌陷。发现了安全隐患，应及时与当地应急管理部门联系，请专家到现场进行处置。

3. 生命至上安全第一

高校应认真贯彻落实习近平总书记的重要讲话精神，牢固树立师生员工生命至上的理念。切实加强校园基础建设安全隐患排查，大力完善校园基础建设，为创建平安校园而努力工作！

外籍网格员参与疫情防控案例分析

张文忠

一、案例简介

近年来留学生教育进入了快速发展时期，以江苏大学为例，留学生来自120多个国家，人数超过1 800人；有超过三分之一的留学生租房居住在学校周边二公里范围的居民小区，其中镇江新区丁卯街道武将社区居委会下辖的武将新居、青年汇、运河印象和富兴国际半岛这四个社区居住有我校350多名留学生，自今年春节以来，面对突如其来的新冠肺炎疫情，在做好校园疫情防控工作的同时，校外留学生疫情防控面临巨大挑战。在居民小区实行半封闭管理时，由于文化差异、生活习惯不同，加上语言障碍导致沟通不畅，留学生与社区管理干部和居民之间经常发生矛盾。为了做好校外居住留学生的疫情防控工作，我校海外学院专门成立校外留学生疫情防控工作组，与公安部门和社区密切合作，采取学校和属地的“双重管理”办法，积极落实群防群控。针对我校校外居住的留学生在这一区域人数众多且相对集中，为统一管理和服务提供了有利条件，在公安部门和社区的大力支持下，建立了校外留学生网格员管理工作制度。

二、处置过程

在镇江新区丁卯街道武将社区居委会下辖的武将新居、青年汇、运河印象和富兴国际半岛这四个留学生比较集中的社区，选拔6名优秀留学研究生担任校外住宿外籍网格管理员，每名网格员负责大约25户出租房即60名留学生。为发挥好网格员的信息源和服务点作用，江苏大学海外教育学院联合镇江新区公安分局出入境大队、丁卯派出所在武将社区警务室专门对6名外籍网格员进行培训。海外教育学院，新区出入境大队，丁卯派出所相关人员参与指导。提醒网格员，眼下疫情在政府的有效措施和中外居民的共同努力下已经得到很好的控制，但复工复产带来的人口流动依然给疫情传播造成新的可能，网格员应该继续保持警惕，提醒社区留学生居民注意自我防护，严密监控外籍人员流动，做好信息员。询问网格员社区留学生居民面临的困难，并表示愿意提供力所能及的帮助。向网格员讲解出《中华人民共和国出入境管理法》关于住宿信息登记，居留证件管理等方面的规定，要求网格员及时将未登记外籍人员信息报告辖区派出所，同时他还希望网格员发挥优势，做好普法宣传员。校外居住的留学生实行学校和属地的“双重制”管理，既要服从国家法律法规和社区的统一管理，也要遵守校规校纪，网格员是学校管理服务向校外延伸的有力抓手，也是留学生管理社会化稳步推进的重要保障，希望留学生密切关注学校通知，尽可能减少外出、减少聚集、保持个人卫生，做好自我保护措施，配合学校和社区打好抗击病毒阻击战，疫情尚未结束，网格员要振奋精神，一方面服务好社区居住的留学生，另一方面及时反馈疫情信息，协助学校和属地封堵防疫漏洞。6 名网格员纷纷积极发言，分享在疫情防控期间的工作心得体会，并向公安民警和海外教育学院的老师请教处理一些工作中遇到的实际问题的原则和技巧。大家现场建立了微信工作群，约定加强协作，实行重要信息共享。

通过培训，网格员很快熟悉了国家和学校为应对疫情传播采取的具体措施，社区网格化摸排、省际和市际交通管制、体温监测，对进出社区和校园人员加强管理，这些措施都能有效遏制病毒传播。培训结束网格员迅速进入角色，在疫情最严峻之时，甘冒风险挨家挨户走访校外居住留学生，网格员与公安出入境、辖区派出所、社区干部进行配合，仔细登记信息，深入交流倾听留学生的心声，现场解决能够解决的问题，对于无法现场解决的问题认真记录并尽快研究解决方案。为了确保“见人见底”，改善校外走访效果，他们不断摸索，积极创新，设计了纸质版调查问卷，线上网格员评价问卷，确保全部受访学生参与问卷调查，通过签署告知书的方式提醒全体校外居住留学生遵守校外住宿各项规定，特别是不得容留外来人员和未经批准私自离开镇江的本校学生，严禁在疫情期间未经批准私离镇江。通过连续走访，及时发现并解决了各类问题，例如，外地学生滞留镇江，进而选择居住在我校留学生校外住所，留学生实际位置与汇报位置不符，部分学生变更住址未按要求报备，校外对各类问题分门别类进行了记录和反馈，对外来滞留学生进行妥善安置，对违规留学生及时批评教育并依规进行处分。

为便于更好开展校外留学生管理与服务工作，镇江新区丁卯派出所在武将社区警务室专门建立移民事务网格服务站。2020 年 6 月 5 日，在省公安厅领导的见证下，举行了一场简朴而热烈的揭牌仪式。海外教育学院领导出席揭牌仪式，并向省公安厅领导汇报我校留学生校外住宿管理工作。揭牌仪式后，省公安厅和市局领导与我校驻武将社区外籍网格员进行了亲切交流。海外教育学院详细介绍了我校校外住宿留学生的基本情况和管理举措，汇报了辖区内留学生的生活和学习状况，并对公安属地管理提出诚恳建议。实践证明，移民服务站能从留学生实际需求出发，切实为他们及其亲属提供出入境、停居留等全方位便利；同时开展法制宣传，提供政策咨询、法律援助等服务。

三、工作成效

校外住宿留学生的管理是辖区内疫情防控工作的重点和难点之一，学校与辖区派出所加强校警联动，践行“枫桥经验”探索社会治安群防群治新路径，以热爱中国文化、汉语交流能力强、品学兼优的外国留学生担任兼职外籍网格员，在学校、公安和社区的共同努力下，外籍网格员志愿者既是沟通社区和学院的重要桥梁，又是做好疫情防控期间校外住宿留学生管理的重要抓手，可以发挥收集和反馈留学生身体健康状况、生活需求和行踪动向等重要信息的作用，社区通过网格员与学院及时沟通，协同防疫，完善服务，在落实群防群控的同时，共同提升社区留学生在疫情期间的生活幸福感和满意度。面对来势汹汹的疫情，尽管面临着留学生数量大、分布广、文化习惯差异大等诸多挑战，学校积极配合地方各级政府开展疫情防控工作，众志成城，为打赢疫情防控阻击战作出了应有的贡献，到目前为止我校留学生中无确诊或疑似病例。

四、分析与启示

校外留学生网格员制度在疫情防控期间对校外住宿留学生的管理中发挥了重要的作用，受到广泛好评，并见诸各大新闻媒体报道。在疫情防控常态化模式下，网格员在做好疫情防控工作的同时，在辖区内人口信息普查、法制教育、调停纠纷、社区联谊、网格管理、志愿服务等工作将继续发挥积极作用。我们将不断总结工作经验，积极探索留学生的“自我教育、自我管理、自我服务”的“三自体系”，创新留学生趋同化管理的新模式；要进一步推进融合治理，主动把留学生的学校管理和社会管理融入社会治理体系，打造联动共治新格局；为构建富有活力和效率的新型基层社会治理体系开辟新思路。

新冠疫情危机的应急处置及其分析

郭志远　黄　锋　艾　东

一、案例简介

自2019年12月湖北省武汉市出现新冠病毒肺炎以来，新冠肺炎已成为全球的主要健康问题。这场突如其来的灾难给全国人民的生命安全和健康造成了重大威胁，是新中国成立以来面对的最严重的一次突发公共卫生事件。面对疫情，习近平总书记亲自指挥亲自部署，向全党、全军和全国人民发出“坚决打赢疫情防控的人民战争、总体战、阻击战”的担当强音。高校疫情防控工作是整个社会防控工作体系的重要组成部分，然而高校生源地的复杂性、人员的聚集性、人员的流动性、病毒易传播性加之应激状态下的封闭式管理，给高校安全管理提出了巨大的挑战。

受疫情影响，2020年高校春季开学管控比以往更加严格。5月7日17时许，我校药学院学生张某，根据学校规定，在进入测温通道时，测温系统发出报警，提示该学生温度异常，显示温度37.9℃(37.3℃以下为正常水平)，校医院现场值班人员对其进行腋温测量，结果为37.7℃，判定为该生有发烧症状，启动应急预案，安排运转车辆将其送往弋矶山医院发热门诊进行核酸检测。返校后，学校将其安置在学生公寓隔离区内进行隔离观察，经过医院核酸检测确定该生新冠肺炎感染为阴性，发热症状消失后解除隔离，恢复正常的学习生活。

二、处置过程

(一)疾病风险评估

返校前，各学院对返校学生传播疾病的风险进行评估，建立分类台账，根据评估结果分类进行管理，做好信息摸排。各学院通知通过审核符合返校条件的学生，统计各学院学生的返程方式、时间、乘坐公共交通工具到站的时间及地点等，做到“一人一案”；发送防护温馨提示提醒，积极配合开展相关流行病学调查。

（二）入校体温监测

报到学生张某，在通过测温区域后温度显示异常，测温系统发出警报，在保卫人员的指引下，进入温度复测区休息后等待温度的复测，再次进入测温通道，仍发出警报。随后，保卫人员将其引导至临时隔离区，并告知现场的校医院值班人员，得知情况后，对其进行腋温测量，测量结果为 37.7℃，判定该生有发烧症状，疫情防控办向总指挥汇报情况。

（三）启动应急预案

现场值班人员立即向学校防控办报告，告知该学生状况，防控办报告应急指挥部，启动应急预案。保卫人员在入校检测时发现一名发热学生，校医院值班人员对该生进行复检，腋下温度为 37.7℃，需要送往弋矶山医院发热门诊排查，向防控办报备；校防控办向指挥长汇报，指挥长宣布启动应急预案。

（四）流行病学调查

值班人员在进行腋下体温测量时同步开展心理疏导和流行病学调查。首先，做好学生的心理疏导工作，缓解学生紧张情绪。其次，对该生进行流行病学调查，发现该生近 14 天内无重点疫区旅居史、无新冠肺炎病例或疑似病例接触史，询问该生有无其他基础疾病。对该生旅居史进行调查，发现该生从老家宿州萧县出发，乘坐大巴车到达江苏徐州，5 月 7 日上午 9 时 48 分乘坐火车，16 时 07 分到达火车站，后乘出租车到达学校。通过流行病学调查发现该生并无异常。

（五）核酸试剂检测

在弋矶山医院发热门诊，校医院值班人员、辅导员（做好防护工作）陪同该生就医，经过血常规、CT 检查，血常规中白细胞偏低，CT 检查未见明显异常，已采集咽拭子，准备做新冠肺炎核酸检测，弋矶山医院建议先返校隔离。

（六）单独隔离观察

该同学从弋矶山医院就诊后乘坐转运车返回学校，从隔离人员专用通道进入学校指定隔离观察室，隔离观察点值班医务人员将其带到隔离寝室内，告诉她隔离事项。安保组负责对隔离观察区进行值班值守；后勤组负责隔离观察者的饮食保障，安排医务人员做好每日 2 次的体温监测；学院派专人与被隔离观察学生保持联络并及时与学生家长进行沟通。

（七）解除隔离观察

次日，医院核酸检测确定该生新冠肺炎感染为阴性；经一段时间的治疗，发热症状消失，核酸检测再次为阴性，不需隔离观察满 14 天就可解除隔离；签订《解除隔离通知书》，安保组凭证明对隔离同学放行，恢复其正常的学习生活。

三、分析与启示

疫情就是命令，防控就是责任。本次学校公共卫生事件的有效处置，主要是得益于学校制定了一系列疫情防控制度，开展了新冠肺炎疫情应急处置实战演练等。经分析，依据危机管理生命周期理论，我校突发公共卫生事件应对符合危机管理 4R 模型，从而在疫情防控工作开展过程中能够及时处置突发事件，提高应对能力。

罗伯特·希斯(Robert Heath)在《危机管理》中率先提出危机管理 4R 模型，得到广泛应用。4R 危机管理模型包括 4 个阶段：缩减(reduction)阶段，减少危机的发生率；准备(readiness)阶段，做好危机的应对准备；反应(response)阶段，应对危机发生时的情境；恢复(recovery)阶段，从危机情境恢复到正常状态。

（一）做好缩减力

1. 成立疫情防控领导小组

为了做好新型冠状病毒感染的肺炎疫情的防控工作，学校成立校新型冠状病毒感染的肺炎疫情防控工作领导小组，领导小组下设办公室。主要职责为全面领导学校新型冠状病毒感染的肺炎疫情防控工作，一旦发生重大疫情，确保发现、报告、指挥、处置等环节的紧密衔接，做到快速反应，正确应对，处置果断，为疫情防控提供组织保障。

2. 落实基层党组织主体责任

充分发挥基层党组织的战斗堡垒和共产党员的先锋模范带头作用，通过线上形式，组织学习疫情防控重要举措，充分认识当前面临的疫情形势；充分发挥先锋模范作用，根据所在社区或村委实际情况，积极参加志愿服务，合力构筑群防群治抵御疫情。

3. 严明工作纪律开展检查督察

对疫情防控重点人员采用“人盯人”的方式，明确责任领导和责任联系人；防控办定时开展督查指导工作，督查工作方式可采取线上督查和现场查阅资料相结合的方式；发现落实包保责任制不到位和工作履职不力的，追究相关责任人领导责任和直接责任，对不遵守疫情防控纪律的教职工和学生，按照相关规定严肃处理。

(二)完善预备力

1. 制定防控应急处置预案

应急预案的制定是提高救治效率的前提，合理的应急预案能有效规范管理流程，能把突发公共卫生事件发生后被动处理变成积极预防。应急预案工作目标是要普及新型冠状病毒感染的肺炎防治知识；加强学校日常管理与监测，做到早发现、早报告、早处置；建立快速反应和应急处理机制，及时采取措施；明确疫情防控流程，确定职责分工，确保疫情在校园内不聚集性发生。

疫情防控处置流程图如下：

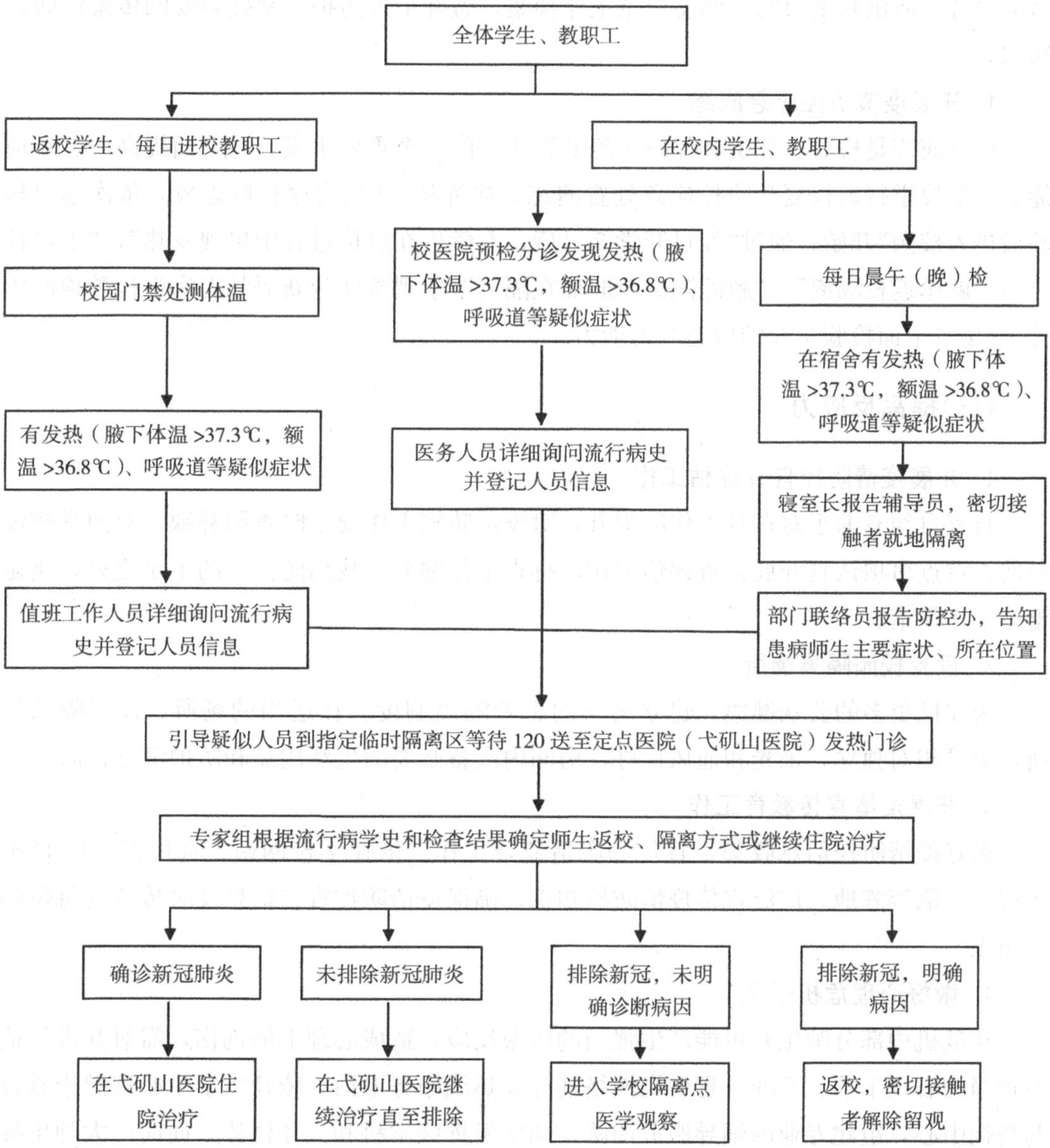

2. 成立防控工作专家指导组

依据医学院的自身优势，利用校内外资源，成立专家指导组，对学校疫情防控工作提供疫情研判、政策建议和技术指导；协助学校疫情防控工作领导小组制定与学校疫情有关的方案和制度；根据定点医疗机构的诊治结果确定患病师生能否正常返校，以及是否采取隔离措施。

3. 成立防控应急处置突击队

快速反应和专业化水平高的应急队伍对处置突发公共卫生事件显得尤为重要。"突击队"开展疫情防控应急处置工作，及时稳妥处置校园发生的各种突发情况和问题。学校一旦发生确诊或疑似病例，应按照相关规定及时报告；全面进入应急工作状态，保持高度警备和通讯联络通畅；熟悉应急工作预案，做好个人防护，掌握必要的传染病防控知识。

4. 开展疫情防控应急演练

应急演练是检验、评价和保持应急处置能力的一个重要手段，为全面提高应急反应能力，学校举行返校复学防控应急处置演练。演练从"学生有序排队返校，依次通过核验后进入校园"开始，通过"经过开学 5 日后，有学生在晨检过程中出现发热"，"上门诊疗"，"就诊返校隔离"，"解除隔离"和"如在隔离医学观察期间新冠肺炎病毒核酸检测阳性"等场景全面检验学校的应急处置能力。

（三）提高反应力

1. 开展疫情防控自查评估工作

自查自纠有助于对自身工作的提升，对疫情防控工作要定时查漏补缺，对照学校疫情防控重点事项认真开展自查评估工作，排查工作漏洞，找出防控中的不足之处，制定整改工作举措。

2. 设置校园隔离场所

为保证更多的公众健康，建立科学的患者隔离制度。在适当的场所，设置隔离场所，要求相对独立，采光和通风良好，房间内配备必要的生活用品和防护消毒物品。

3. 开展疫情宣传教育工作

做好疫情防控信息收集、宣传和舆情监督工作。依托学校网站、宣传栏、LED 电子屏、标语等阵地，广泛宣传疫情防控知识，确保疫情防控宣传信息及时传达到每位师生员工。

4. 做好心理危机干预

在危机中部分师生有可能产生强烈的应激反应，造成心理上的创伤，需对其进行适时适当的心理干预。开通心理咨询网络辅导和热线服务电话，依托大学生心理健康教育与咨询中心，组建专业的辅导服务团队，切实发挥好学科和人才优势，面向广大师生提供心理咨询和心理危机干预服务。

（四）健全恢复力

1. 开展线上教学活动

高校在做好疫情防控的同时，教育教学工作也需同步跟进，坚持疫情防控斗争和教育教学工作两手抓，创新教育教学形式，充分发挥“互联网＋教育”的作用，减轻疫情对教育教学的影响。学校制定线上教学计划，开展在线教学，师生做到“离岗不停工”“停课不停学”。

2. 制定开学前检查评估机制

开学前要做好充足的准备工作，要做到预案到位、演练到位、检查到位。多渠道筹集防疫物资；对重点场所开展全覆盖消毒、通风；保障师生日常生活必需的物资；检查校园水电气供应设施设备；组织专家对开学风险进行评估，提出专业的防范措施等。

3. 做好学生返校工作

根据返校学生报送信息，赴火车站、汽车站做好接站工作，科学预测返程集中到站时间，减少途中配载，严防交叉感染。未得到接站的同学，需自行到达学校，保卫处严格管控校门，在校门口设置警戒线，设置体温检测点对所有入校人员进行体温检测，明确入校流程。

4. 恢复正常教学秩序

疫情在可控范围内，高校应尽快恢复正常的教学秩序，根据人才培养方案、返校时间和假期教学组织情况，调整教学任务的计划，做好线上线下教学衔接工作，优化教学安排；对学习困难的学生，加强学业辅导和心理帮扶，落实精准帮扶。

学生突发疾病应急处置案例及其分析

于 敏

一、案例简介

阴某，女，潍坊学院学生，2019 年 7 月 2 日凌晨 3 点突发小脑出血。据阴某恢复后所述，2019 年 7 月 1 日，即事发前一天，她自己感觉有些头疼，她也搞不清楚是睡眠不足的问题还是生理期的前兆，再加上因为准备考研学习压力大，以为过些时间就好了，并未引起重视，她性格内向也没有跟其他同学及老师提及此事。晚上阴某因为难受睡不着，在网上查询发现自己表现出来的症状跟脑梗症状类似。

2019 年 7 月 2 日凌晨三点左右，阴某实在受不了叫醒同宿舍同学，说自己头疼难受，自述说自己可能脑梗了，说完后大约一分钟就晕倒在宿舍的地上。同宿舍舍友见状后立即拨打 120 急救电话并电话联系辅导员徐某某(自身有心脏病)老师，安排一人去楼下找宿管阿姨说明原因，打开宿舍楼的大门等待救护车施救。救护车到达后，等不及辅导员到来，舍友先陪同昏迷的阴某赶往离校较近的医院急诊室。

在到达医院后先进行了一些针对性检查，医生告知陪同人员说情况不容乐观，建议及时联系家长。其舍友又分别把情况告知辅导员和该生父母，辅导员听到后询问当时就医情况和医生的建议，告诉同学们不要慌，一切按医生说的做。医生建议该生转脑科医院，老师和同学经电话征得该生父母的同意下，联系 120 转院至潍坊市脑科医院。

在到达脑科医院后，辅导员老师也赶到了医院，快速帮阴某办理了缴费等一系列手续，此时与家长电话进一步沟通，家长想让阴某转院到济南更高级别的医院。急诊科医生检查阴某病情后，做出的判断为小脑出血，病情非常凶险且随时有生命危险，需要马上进行开颅手术，要求立即签署手术通知书。辅导员第一时间作出决定，与该生家长再次电话联系后接受家长委托，毫不犹豫在通知书上签名，并请求医生一定要快，抓紧时间救治，签字手续完成后医生为阴某先进行减脑压手术等相关紧急治疗，随后实施开颅手术。家长赶到医院时开颅手术进行中，家长又补办了签字手续。上午手术进行中，学院领导到医院看望了阴某家属，此后他们和辅导员一直关注着阴某的身体情况，时常到医院看望。因就医及时，抢救处置得当，在手术 43 天后阴某病情初步稳定有意识后转院至北京医院康复治疗苏醒，该生当时就能够在他人辅助下行走，该院大夫说阴某恢复较快说明在潍坊市脑科医院做的手术很及时很成功。21 天后阴某转院到济南市区的医院继续康复治疗(该生医疗花费共计近 100 万元)。学生术后恢复较好，符合我校规定的复学条件，阴某于 2020 年 9 月已经向学校提出复学申请并复学复课。

二、处置过程

(1)第一时间启动应急处置方案。宿舍同学了解到该生身体状况异常情势危急时，第一时间通知辅导员老师并拨打 120 急救电话，辅导员老师一直与阴某舍友保持通话指导实施救助措施，赶到医院快速与医生、家长沟通处理阴某住院、手术事宜，随后把施救过程向学生工作负责人汇报，并在医院手术室外等候家长到来陪同他们等待阴某至手术顺利结束。

(2)辅导员的及时正确处置和同学们的及时送诊，为该生就医提供了宝贵的时间。及时通知家长并沟通就地手术而非转院至济南高级别医院决策正确，得到委托及时签字手术及时，家长赶到时阴某已经在潍坊市脑科医院顺利进行着手术，医生表示学校老师和同学们正确及时的处置挽救了该生的生命。

(3)学院领导随时关注阴某的身体情况，保持与家长的联系沟通。2019 年寒假期间，学院老师带着慰问品到医院看望阴某，鼓励她坚持康复，期待她按时复学，并与家长进行深度沟通交流。

三、分析与启示

经历此次学生的安全事故，让我们更加深刻地认识到学生身体突发危机的危害性，也对学院的学生管理及应急处置提出了更高的要求。我们作为学生教育工作者更应该通过本次事件得到一些启示，对今后的工作提出建设性意见。

(1)关注学生的身体健康，加强沟通，提升学生自我身体评价的能力。常规的入学体检只有血常规和心电图的检查项目，很少有针对大脑疾病的检查，但是近几年，脑出血、脑梗、心梗等心脑血管疾病患病人群越来越年轻化，高校大学生也就成了这类病情发生的一个特殊群体。个别学生身体出现了一些前期症状，因为专业医疗知识了解不多和自己认为年轻休息一下就可以恢复的麻痹思想，导致在校园内不时出现心脑血管疾病的突发事件。建议增加对新生入学体检的项目，也建议校医院等专业人士及辅导员老师通过网络或者讲座给学生普及防护知识，让学生了解生活中常见的病因、症状，做好预防和学会紧急处置。

（2）辅导员需要加强对特殊人群的关注度。本案例的同学在发病前几天就已经出现症状，但是该生性格内向，加之当时正处于考试期，之前出现的头晕头疼学生自认为是学习时间过长压力大、生理期前兆或者睡眠不足造成，没有及时跟老师和身边的同学提起，所以，对一些性格内向，遇到考试或者考研、就业方面有压力的同学，辅导员应该加强与其沟通交流，做好心理疏导和特别关注，也教育学生如有身体不适要及时就医。

（3）建立切实可行的应急处置方案。建立二级学院应急处置预案，建立以学院领导为组长，辅导员——班长——宿舍安全员为成员的应急处置的长效机制，层层落实责任目标，及时掌握学生身边容易产生安全隐患的第一手信息，用最快的方式了解事件的前因后果，及时做出应急处理。

（4）定期通过班会、讲座等形式，将相关安全案例传达给学生，让学生加强了解和防范。同时，与学生家长加强联系，如提早发现学生有特殊情况，密切跟进的同时与家长保持信息畅通，让家长充分了解学生在校情况。

（5）对学生进行忧患意识、保险意识教育。该患病学生家境较好，能够承担近 100 万元的医疗费用，有不少家庭是承担不起的。凡事预则立不预则废，学校在日常工作中要教育学生具有忧患意识、保险意识，特别教育学生外出时要注意防范不测发生，不做危险动作，按时作息预防因过度劳累诱发各种疾病。同时教育学生要按时投保，特别是家庭经济条件差的学生一定要投保，才能够得到最基本的医疗保障。

大学生应急救护培训体系建设案例分析

成永军　刘军根　董建新

一、案例简介

近日，湖州人的微信朋友圈都在为湖州师范学院的季老师刷屏，他被评为湖州市第一批"湖州好人"，一张季老师跪地救人的照片也广为传播。一位外卖小哥因电动车行驶速度太快，一头撞上护栏，车子翻身，右腿断裂，血流一片……正在附近一家面馆吃饭的季志看到后，立即利用所学急救知识前往施救。通过及时处置，伤者的血慢慢止住了。不到十分钟，120急救车赶到现场将伤者接到医院治疗。事后，大家才知道，季老师是该校应急救护学院的专业讲师。

"心脏停止跳动后是按秒计算的，黄金救命时间只有4至6分钟，必须马上进行徒手心肺复苏。""双手重叠，下面的手五指翘起，双臂伸直，对准两乳头连线中点按压。""人工呼吸前一定要先清理口鼻异物，打开气道。"……这是湖州师范学院近5 000名新生入学以来的第一堂必修课——大学生应急救护培训。在培训讲师的指导下，工学院建筑学专业新生李敬媛尝试了好几次，终于完成了伤口包扎。"看着容易，真正学起来才发现不简单。不过，这些急救知识挺实用的，关键时候还能救人。就拿包扎伤口来说，要用敷料、绷带或者干净的布块毛巾仔细地包好伤口才能防止感染。"她说，通过培训发现了学习急救知识的重要性，希望有机会能系统地学习。

"湖州市红十字应急救护学院"成立于2014年5月9日，是湖州师范学院与湖州市红十字会市校合作的典型案例，其目的是探索建立一套应急救护培训和宣传教育体系，培养一支专兼结合的应急救护培训师资队伍，使在校大学生100%学习掌握应急救护知识与技能，提升全校师生应急意识和应对突发事件的反应处置能力，努力将"应急救护学院"打造为全省乃至全国的应急救护培训工作示范点。

二、处置过程

通过"多关心、多关注、多关爱"市校合作制度机制优化，"高标准、高要求、高成效”应急救护工作平台优化，“真结对、真投入、真奉献”培训方式传播渠道优化，进行了有效的实践探索：

1. 建好应急救护学院管理运行机制

应急救护学院由湖州市红十字会和湖州师范学院共同筹建，联合管理，是应急救护知识技能的培训考核、科学研究、宣传推广的专门机构。湖州市红十字会负责政府政策引导、师资组建培训、财务预算的宏观指导和资金支持等。应急救护学院设有实训培训中心、宣传教育中心、志愿服务中心、交流展示中心和科研创新中心，各中心各司其职、相互配合、齐抓共管，打造成为综合性、集约化的急救工作职能复合体。

2. 建好应急救护培训质量保障机制

培训标准统一，培训对象分类，规范技术标准，严格考核要求；培训师资专业，人才资源共享，促进相互交流；培训方式多元，开设选修课、举办专题班、开展技能大赛，理论讲授与实践操作相结合，提升培训效果。

3. 建好应急救护志愿服务活动机制

应急救护志愿服务中心在校内组建“学校—学院—班级”应急救护班级保障体系和“学校—宿舍—寝室”应急救护公寓保障体系，成立覆盖班级和公寓体系的现场应急救护志愿服务队伍，实施校内突发事件的救护工作；在校外开展全市范围内的学生应急救护宣讲团队结对社区志愿服务工作，使公众树立“人人学急救、急救为人人”的理念并掌握基础的应急救护知识技能，推进全市公众应急救护培训工作的开展。

4. 建好应急救护文化宣传教育机制

通过电视广播、报纸杂志、互联网、智能手机等新兴媒体，开展广泛的应急救护常识宣传教育，提高自救互救技能。同时，结合“世界急救日”“国家减灾日”等特殊节点办好“应急救护大讲堂”品牌推广活动，开展心肺复苏、止血、包扎、地震、火灾、触电、溺水、烧伤、中毒等自救互救知识培训，提高应急救护宣传工作覆盖率。

5. 建好应急救护学院持续发展机制

首先，开展好应急救护学院交流展示工作，进行不同地区间的行业交流，取长补短，促进应急救护工作不断完善。其次，开展好应急救护学院软硬件建设工作，现拥有1间办公室，2间专用实训室，2个实训大厅，5间大型多媒体教室，AED(体外自动除颤器)真机1台，AED教学机2台，高级心肺复苏模拟人40具等。未来硬件设施的投入要满足于火灾逃生、地震逃生、交通安全、家庭安全、野外生存安全等模块的体验需要，不断适应社会发展需要。软件方面要着眼于培训传播方式的创新投入和培训师资力量的持续投入两个方面。

三、问题与思考

五年来，湖州师范学院在湖州市红十字会的支持下，以湖州应急救护学院为依托，大力开展大学生应急救护培训，构建起市校联动的应急救护培训体系，成效显著：

1. 培训覆盖面广

湖州应急救护学院负责组织广大师生参与应急救护培训，不断提高公众救护知识普及率的责任和义务。而把大学生列为应急救护培训重点工作对象是快速提高公众应急救护知识技能的重要策略，也产生了较大且明显的实际效果：迄今为止，应急救护学院累计开展校内普及培训2万人次，全校普及程度已达到100％。累计培训校外红十字救护员5600余人，普及培训3万余人，各类宣教活动受益人数超过10万人。

2. 社会融合度高

一是校地联动融合。政府部门做好顶层设计、整合有效资源、开展协同创新，打造“专业化、科学化、规模化、集约化、系统化”应急救护工作综合平台；二是政产学研融合。应急救护学院成立“湖州市应急救护模块化教研与培训中心”，探索搭建红十字应急救护“政产学研”联动平台，以湖州师范学院为依托，结合教师、学生以及市校合作项目，针对性开展理论和科研探索工作，更好地促进应急救护学院的长远发展。科研创新中心通过开展相关的调查研究，分析当前应急救护工作的现状，找出不足及原因，制定相关优化措施，探索应急救护教学改革，制定应急救护培训效果评估办法，进一步完善应急救护培训体系，提出地区应急救护培训推广工作的指导性方案。三是融入城市发展。应急救护设施实现服务覆盖的最大化、最优化将成为智慧城市建设的重要内容，也将成为应急救护创新的主要方向。

3. 模式推广性强

以高校为中心，充分利用高校资源优势，结合政府资源和社会力量的“湖州应急救护学院”模式，从结构体系、配套制度、培训队伍、课程体系、品牌塑造与推广等方面都进行了深入的探索和实践，基本形成了“政府为主导、红十字会为主体、高校为主力、服务全民”的应急救护体系。应急救护培训采用“师资带助教”“团队式＋模块化”“大班理论培训与小班实践培训相结合”的模式开展，具有较强的示范性和推广性，产生了较高的社会反响，提升了湖州师范学院知名度与影响力。

安全健康是新时代人民美好生活的基础性指标。未来我们的目标是把湖州应急救护体系建设纳入湖州市地校合作行动计划，纳入湖州智慧城市创建计划，积极推动资源共享、优势互补、深度合作，构建起新时代的大学生应急救护培训体系。

注册学生安全志愿者参与迎新工作案例分析

——以武汉科技大学 2020 年为例

许立桥　张雨菲

2020 年初，一场突如其来的新冠肺炎疫情将世界的目光聚焦于武汉。武汉在这场近年来传播速度最快、感染范围最广、防控难度最大的重大突发公共卫生事件中开启了艰难的 76 天封城。4 月 8 日，武汉解封，社会各项活动在严格防控疫情的大背景下逐步恢复。高校作为疫情防控的重要阵地，面对来自全国各地的学生，防控的压力空前严峻。在 6 月中旬的毕业生返校工作中，学校按照上级部门的有关要求，制定了详细的工作预案，按照“多次少量返校、严格测温查码、分散居住就餐、强化处置演练”的工作原则，圆满完成了毕业生返校的工作任务。8 月 29 日至 9 月 6 日，学校分批次组织老生返校，由于事先已反复通知要求家长及家长车辆不能进入校园，同时老生对学校情况非常熟悉，学生和家长对学校要求给予了充分的理解和支持。学生在校门口自觉按照间隔要求排队，确认身份、测温、出示绿码进入校园。尽管做了充分的准备，在高峰期仍然承受了巨大的压力，而且新生入学时间更为集中，人数众多，疫情防控工作将会面临更大的挑战。

一、案例简介

2020 年 9 月 22 日至 24 日共计三天的时间里，我校将会有8 567名来自全国各地的本科和研究生新生进入校园，根据事先摸排数据，届时将有8 316名家长陪同来校，学生和家长人数将不低于16 883人。同时，家长申请进校登记车辆有4 676辆，另有本校教职工因上课等原因三天内有3 201辆车需进入校园。迎新防控方案和老生复学复课防控方案存在较大差异，一是在武汉疫情的焦点效应和全国疫情防控形势下，家长凡是能开车的就不会让孩子选择公共交通，在一定程度上增加了申请入校车辆数；二是如果不放家长车辆进校，学校周边交通将会彻底瘫痪，进而对城市交通产生影响；三是大部分新生是第一次出远门，家长不放心，希望陪同进入校园；四是全国疫情防控形势总体向好，社会认知面倾向于疫情已经没那么严重，一些家长认为没必要禁止车辆入校。这些因素都给学校疫情严控带来了较大的外围压力。

由于高校人员众多、生源来自全国各地，疫情防控的要求更高，必须严格按照“身份查验、绿码核查、核酸查验、测温通行”的工作总要求做好迎新工作。学校共开有两个入校通道，即使按照每分钟通行3辆车的通行速度，白天按照12小时计算，饱和车辆通行数也只有2 160辆，而家长和教职工车辆每天必须保证入校2 625辆左右才有可能满足入校要求，加之车流量的时段聚集情况，根本无法保质保量完成大门防控工作。保卫处为此进行了反复论证，发现如果人手增加，将有可能化解这一迎新难题。

经过论证，保卫处可以参与现场迎新的干部和队员仅有80人，其中校内道路车辆管理和机动巡逻至少需要65人，这样才能满足2 000亩校园的治安巡逻任务，才能保证车辆单向行驶，从而疏导、确保违停车辆尽快驶离。而校门口因为所有进校人员必须完成“身份查验、绿码核查、核酸查验、测温通行”，所需要的人员缺口是巨大的，按照现有人员数量根本不可能完成迎新任务。

二、处置过程

难题解决的关键在于增加人员，根据测算，在现有人员满编在岗的基础上还需要增加迎新工作岗位60个，至少需要60人全天在岗工作三天。若采用行政手段要求教职工参加，存在协调困难、人员难凑齐、培训难开展等诸多问题；若借助专业保安公司采用其他项目人员支援的方式，因各高校面临同样难题、迎新时间相对集中而难以落地；依据往年做法，安排部分高年级学生干部及热心学生参与，面临老生无法补课、请假手续复杂等难题。再加上今年的迎新工作任务量大、风险大且要求较高，部分学生参与的积极性并不高，采用这种方式可能无法保证任务落实。

保卫处立即调整解决方案，决定利用注册学生安全志愿者解决迎新人员不足问题。注册学生安全志愿者是学校“群治体”工作的一部分，由保卫处直属的学生安全自治委员会进行管理，学生在大学期间需完成20个小时的志愿服务方能获得毕业必需的1个志愿者学分。申请参与校园安全志愿服务的在校注册学生安全志愿者已达到2 158人，如采用2小时一班的课表对应设置，既可以利用学生无课的时间间隙参与迎新，又可以避免长时间工作的疲惫，完全有可能满足迎新人员的配备需要。为此，保卫处制定了详细的工作方案并组织实施，主要工作包括：

1. 活动组织

由武汉科技大学学生安全自治委员会负责，其下属的校园安全志愿服务队具体负责人员选拔、业务培训、岗位分配、工作考核、工时认定与上报等工作。

2. 人员选拔

仅限纳入学生安全志愿服务库的注册学生安全志愿者，采用志愿服务岗位公开招募、择优选拔的方式选拔 720 人次的志愿者参与三天的迎新活动，每 2 个小时为一个班次，每天 4 个班次，时间允许的学生可申请多个班次。

3. **工作任务**

将保卫干部、校卫队员、学生安全自治委员会学生干部和招募的安全志愿者按照划块原则统一调配，每个区域选一名保卫干部负责，主要任务为：大门口入校家长、学生的身份查验、绿码核查、核酸查验、测温工作；主干道违停车辆劝离、单向行驶管控、重要路口导引与咨询；学生宿舍及宿舍区、食堂的安全宣传和巡查。大门口车辆及人员查验采用校外和校内分类错开查验的方式，保证大门口内外不少于 40 名学生志愿者同时在岗。

4. **时间安排**

9 月 22—24 日共三天，每天四个班次，分别为 7：50—9：50、9：50—11：50、11：50—13：50、13：50—15：50。其他时间由保卫干部、校卫队员和学生安全自治委员会干部根据人员流量调整补位。

5. **人员培训**

9 月 21 日，学生安全自治委员会组织对所有获批参加活动 330 名志愿者同学(有同学参加 2 个班次)进行培训，主要涉及工作任务及注意事项、工作礼仪、家长咨询可能遇到的问题、工作纪律等。

6. **现场管理**

所有志愿者在队长的安排下统一签到，必须穿戴好志愿者专用服装方能上岗。学生安全志愿服务队负责现场组织与管理。学生安全自治委员会监察部负责活动督导。

三、分析与启示

在全体保卫干部、校卫队员、学生安全自治委员会干部和注册安全志愿者的共同努力下，校园迎新工作进展顺利，迎新期间校内无治安案件，无校内车辆拥堵现象，新生及家长校内咨询服务到位，大门口人员及车辆进入严格落实“三查一测”，温度异常人员按照既定程序妥善处置，大门口未出现大面积车辆拥堵，校园秩序良好。

迎新难题的解决抓住了人手不足这个关键点，对可供选择的采用行政手段要求教职工参加、借助专业保安公司调动其他项目人员支援、安排部分学生干部及热心参与迎新工作的少量学生参与等方案进行了对比分析，发现在疫情严控的形势下，这三种方案都存在问题。而校内富有特色、相对完善的“群治体”组织机制，开创出以保卫处直接指导的学生安全志愿服务体系，申请参与校园安全志愿服务的在校注册学生安全志愿者已达到 2158 人。由于志愿者岗位需求较大，720 人次的迎新志愿服务岗位在公开招募当天即被抢完。项目设计充分考虑了学生上课时间冲突问题，每班次压缩为 2 小时。申请成功的同学格外珍惜这次志愿服务机会，辅之以详细全面的项目培训和完善的考核监督机制，这次活动取得了圆满的成功。

主要的启示包括以下三点：

1. “群治体”组织机制是高校安全保卫工作的重要基础

群防群治作为社会治安综合治理的具体体现，以扩大群防群治的学生参与度、提升学生安全自治的效果为工作目标，进一步细化了校园学生安全自治模式和机制。武汉科技大学经过十年磨砺，现已构建起完善的学生安全“群治体”工作体系，实现了校园安全全方位的共建共治共享。迎新难题通过注册学生安全志愿者得以解决，恰恰说明了群防群治是高校保卫工作的基础，是其重要延伸和拓展，将进一步夯实校园安全保卫的基石。

2. 完善的机制保障体系是迎新难题得以解决的重要前提

迎新难题之所以可以通过注册学生安全志愿者加以解决，得益于学校完善的机制保障体系。一是学校以文件方式要求学生在大学期间必须完成20个小时的志愿服务工时，方能获得毕业必需的1个志愿者学分；二是保卫处管理的学生安全志愿服务队建立了完善的志愿者管理机制，在项目设计、活动组织、过程考核和工时上报等方面积累了丰富的经验，拥有强大的志愿者管理工作群，可以实现项目信息全方位即时发布；三是学生中存在较大的参与志愿服务的需求。

3. 立足实际的活动组织是迎新难题得以化解的重要保障

立足实际的全面统筹是迎新难题顺利化解的重要保障。一是将志愿服务时长依据上课规律调整为2小时一班，志愿者可根据课表闲暇灵活申请；二是将志愿者与保卫干部、校卫队员、学生安全自治委员会干部一起统筹分组，根据实际情况合理分配岗位；三是强化组织培训，统一了思想，提升了志愿者服务能力。

通过完善的机制保障体系和立足实际的活动组织，我校借助注册学生安全志愿者化解迎新难题，取得了较好的工作成效，这是我校“群治体”建设成果的进一步创新和应用，也是一次成功的探索与实践，必将为后期迎新工作及大型活动组织提供良好的借鉴经验。

安全生产篇

有备无患

——谈谈某校园宿舍突发火灾的启示

王　凯　斯方龙

2018年9月26日上午10时许，安徽某高校研究生公寓619宿舍突发火灾，校保安、宿舍管理员、物业公司负责人第一时间赶赴现场，施救方法得当，措施得力，火灾迅速被扑灭，未造成人员伤亡，火灾损失控制到最低限度。学校领导、保卫处、后勤集团、涉事学院负责人迅速成立工作领导小组，处理善后事宜。

一、案例简介

2018年9月26日上午10时许，安徽某高校研究生公寓619宿舍突发火灾，过火面积约1平方米，火灾烧毁宿舍内4名同学部分学习和生活用品，室内墙面有大量烟熏痕迹，火灾扑救造成部分物品水渍损失，未造成人员伤亡。结合学校和消防部门调查，火灾起火部位位于619宿舍内靠近宿舍门铰链一侧，起火点位于床头与墙面间隙处，起火原因可以排除雷击、纵火、外来火源等原因，不能排除遗留火种、电气线路故障引发火灾事故的可能。

二、处置过程

1. 人员疏散及报警

上午9时30分左右宿舍保洁人员在逐层打扫卫生时闻到楼道内有刺鼻的烟气，随即每层进行查看，当巡查到6层时，发现619宿舍门上部有烟气沿门缝散出，立即电话通知宿管员携带钥匙赶往现场，并通过呼喊、敲门等方式确定起火宿舍内是否有人员被困，并通知可能留在其他宿舍内的人员尽快撤离，宿管员第一时间关闭实验综合楼电源，并徒步上六楼，及时电话通知物业公司、校保卫处并拨打119报警。

2. 火灾控制及扑救

物业公司负责人和校保安人员立即携带干粉灭火器赶到火灾现场。此时通过宿舍门上方的玻璃窗已经可以看见明火，钢制的宿舍门在火焰的烘烤下温度极高，走道内的自动喷水灭火系统的洒水喷头已经炸裂，处于喷射状态。物业人员首先敲碎宿舍门上方的玻璃，利用干粉灭火器扑救，控制火势蔓延，但效果甚微，保安人员立即连接室内消防栓，将水枪通过敲碎的玻璃窗伸入起火房间内，对火势进行扑救，同时缓慢地开启宿舍门，发现火焰处于房门左侧床头处。保安队长金啓龙利用湿毛巾捂住口鼻，将水枪从窗口移出并从开启的门缝处进行喷射，5 分钟后明火被扑灭。

3. **人员询问及调查**

学校事故处理领导小组立即开展后续工作，涉事学院负责人、起火房间学生所在班级的辅导员立即确定 619 宿舍内 4 名同学并带至保卫处；保卫处工作人员对 4 名同学、楼层保洁员、宿舍管理员、物业公司负责人、现场处置的保安人员进行询问，制作询问笔录，对火灾现场进行拍照取证，经调查反映起火点同学的电风扇在事发前一夜有异常声响，初步分析电器引发火灾的可能性较大。后勤集团立即对起火建筑的用电设备进行检修，并及时清扫扑救火灾时产生的积水，第一时间恢复研究生公寓的正常使用。

善后协商及处理。通过现场调查取证和辖区消防大队的意见，起火部位位于房门左侧床头处，与电风扇位置相同，起火原因可以定性。火灾产生的高温、烟熏以及火灾扑救时的水渍造成宿舍内 4 人个人生活、学习物品均有不同程度的损失。综合考虑学生过失引起火灾的非主观性以及家庭经济状况，联系学生家长进行协商，由位于起火点住宿的学生负责赔偿其他 3 名同学的个人损失，宿舍维修由学校承担，给予位于起火点住宿的学生记过处分，并责成其作出深刻检查。此处理意见涉事学生均表示同意，并达成谅解.

三、分析启示

1. **楼层管理人员对火灾事故的警觉性**

火灾事故的发生一般规律为初期阶段、发展阶段、猛烈阶段和熄灭阶段，初期和发展阶段是火灾扑救的黄金时间，能在火灾初期阶段发现事故的发生，对有效的扑灭火灾，最大限度的保护生命财产安全至关重要。针对高校学生宿舍，楼内保洁人员和宿舍管理员是发现初期火灾的重要人群，应具备以下能力：一是察觉到刺鼻、烧焦等气味时，应第一时间去寻找气味源；二是发现无事先通知的突然断电、照明灯具猛然发亮后断电、照明灯具频繁闪烁时，及时查看电气线路；三是及时熄灭打扫卫生时发现的遗留火种；四是第一时间报警并通知学校安保人员；五是在确定火灾发生后迅速断电；六是保证疏散通道畅通并及时打开因特殊原因临时锁闭的安全出口；七是通过呼喊敲门等方式提醒楼内人员及时撤离并组织人员安全疏散，避免踩踏事故的发生。

2. **安保人员对火灾事故处置的果断性**

学校安保人员因熟悉校园环境，是扑救初期火灾和控制火势蔓延的重要力量。根据消防部门和上级主管部门的要求，高校多数已建立微型消防站或成立消防特勤保安队伍，这支力量应具备以下能力：一是准确掌握校内各类型消防设施和器材的布置以及存放地点，并定期进行维护保养；二是熟练掌握各类消防器材的使用方法，并组织开展演习演练；三是掌握人员安全防护的基本要求，对于有烟气的环境，利用湿毛巾进行有效防护，有条件的单位可配备正压式空气呼吸器，并掌握使用方法；四是对情况明确的火灾事故果断实施扑救，对情况不明的火灾事故保持安全距离，控制火势蔓延。

3. 管理人员对火灾事故发展的预判性

与学校消防安全有密切联系的保卫部门、后勤部门以及学工部门等到达现场后，及时预判火灾事故发展方向，组织人员设立警戒区域，避免无关人员擅自进入；配合消防救援人员开展火灾扑救，配合公安机关做好涉事人员的控制和后期调查；调集校内医护人员，及时做好受伤人员的救治，根据情况通知120急救中心；做好餐饮和饮水保障并通知供水供电部门做好市政管网加压和区域断电准备。涉事学院到场后应及时做好学院人员的安抚工作，确保在紧急情况下学院学生有住宿地点、有餐饮保障，保证人员情绪稳定。

4. 学院领导的火灾事故善后的前瞻性

学生宿舍火灾多为1人不慎引起，但对同宿舍或相邻宿舍同学均可能产生影响，因此在火灾事故的善后过程中应体现前瞻性。第一时间对涉事学生进行单独询问，避免学生之间互相包庇、隐瞒事件真相；掌握学生对火灾事故的看法及诉求，初步判断火灾发生的原因和可能产生纠缠的矛盾点；了解同学之间的关系、平时表现和学生家庭的经济情况等。如出现有人员伤亡的火灾事故，应第一时间做好救治工作。

5. 日常消防安全培训和教育的必要性

消防工作，消是底线、防是基础，做好学生宿舍的消防安全工作，人防是重中之重，因此针对不同人群开展消防安全培训就显得非常必要。宿舍楼内常驻人员应重点开展隐患排查、发现火灾、组织疏散和火灾报警的培训；校内保安人员应重点开展水源熟悉、器材熟悉、场地熟悉、个人防护、初期应对、控制火势和警戒警卫的培训；教职工和学生应加强用火用电常识、疏散逃生和灭火器材使用的培训。

6. 消防器材和设施维护保养的重要性

物防是基础保障，因此保证消防器材和设施完好有效就显得非常重要。此次我校的火灾扑救如此成功，得益于三个方面：一是自动喷水灭火系统运行正常，有效地控制了火势的蔓延；二是干粉灭火器配备数量充足，并及时运送到火灾发生地点；三是室内消防栓水量充足，水带水枪配备齐全，为控制火势扑灭火灾提供了条件。

安全无小事，高校学生宿舍是学生学习、生活聚集场所，火灾事故极易引发重大的人员伤亡事故，给家庭、学校、社会造成影响，带来灾难性后果，因此，居安思危，有备无患，努力形成人人参与的大消防工作局面，是所有高校师生致力的永恒目标。

紧盯细小隐患　筑牢安全底线

——对高校消防事故的反思

董太华

我国高校数量多，建筑复杂，人员密集，致灾因素多，历来是消防安全管理的重点单位。近些年来，随着高校发展规模的扩大，高校火灾也频频发生，给广大师生的人身及财产安全造成了极大的威胁。根据相关资料统计，我国高校从未发生过火灾的寥寥无几。在发生过火灾的高校中，除了烧毁教学楼、实验室、宿舍等基础设施外，还有一些伴有人身伤亡。这些火灾事件，不但给所在学校造成物质损失，更会酿成人员伤亡的惨剧，血的教训为我们敲响了高校消防工作的警钟。

一、案例简介

2019年2月22日23时32分，某大学化学与化工学院管理的教学楼105有机实验室产生烟雾，引发烟感探测器报警。公安处值班员及时到场切断电源，并妥善处置，未造成损失。后经学校险情调查组了解得知，教学楼105实验室是化学与化工学院的科研实验室，由指导老师带队从事有机化学实验。当天，学生刘某某(2017级研究生)做加热搅拌回流反应实验，于19时进入实验室，实验前未对实验仪器进行检查，未对硅油的用量进行核对，在反应实验未结束，未关闭磁力搅拌器情况下，于23时左右擅自离开实验室。

二、处置过程

(一)现场处置

消防控制室消防自报警系统连续三次发出烟感火情报警，位置是教学楼一层的105室。教学楼门值(物业人员)对报警地点先后进行了三次检查，前两次未发现异常。23时50分左右，门值在第三次检查时发现走廊内出现烟雾，确认警情并立即拨打校园110电话报警。公安处值班干部接到报警后立即带领保安队员赶到现场，发现一层走廊内有烟雾，105 室内无人，防盗门上锁无法进入，透过窗口能看到室内有红色亮光，因此立即采取断电措施，走廊内的烟雾逐渐消失，室内红光消失。值班干部及时向公安处有关领导汇报并联系化学与化工学院有关人员，后在化学院 2017 级研究生潘某某的帮助下找到钥匙，打开 105 室防盗门。现场发现实验台中部一台搅拌器及搅拌烧瓶异样，烧瓶表面已泛白，温度较高。后对险情进行消除处置，在 105 室门口张贴“内部检查，禁止进入”的提示以保护现场，并对该房间继续采取断电措施，防止发生次生险情。

经调查确认，实验中硅油液面未按操作要求浸没电加热圈，致使硅油局部受热，造成分解冒烟，触发感烟探测器报警。室内所见红色亮光，是由于硅油烧干后，电加热圈继续工作，高温导致。

（二）后续处置

1. 该事件发生背景

2018 年 12 日 26 日，北京交通大学实验室发生重大实验室安全事故后，我校党委行政高度重视，由校党委书记亲自带队对化学与化工学院、临床医学院、材料学院等重点学院进行现场检查，检查中在化学院两次发现实验进程中无人值守，实验人员擅离职守，并当场对化学院领导和实验室负责人提出批评教育，要求严格实验管理制度。年前年后，分管实验室安全的校领导在实验室安全检查“回头看”中，又发现类似情况，并再次提出严格管理的要求。

2. 实验室火情事件的占比研究

经过梳理自 2013 年到 2018 年发生在某大学的校园火情(灾)事故，发现实验室火情占比 50%，校园后勤物业等占 30%，实验室火情占比高，经调查分析，不遵守实验室安全操作规程，在实验过程中擅离职守，致使没有密切关注实验进行，没有及时妥善处置实验过程中发生的异常情况，是最为主要原因。

3. 2・22 化学院 105 室险情事件原因调查

实验人员刘某某在实验过程擅自离开实验室，违反了实验室操作规程。在实验前未对实验仪器进行检查，未对硅油的用量进行核对。实验过程中未对硅油的消耗情况进行实时查看，未及时补充硅油。

4. 对 2・22 化学院 105 室险情事件的定性

此次险情是典型的实验中擅离职守违反实验室操作规程的责任事件。此次险情消防报警设施预警及时准确，物业、公安处值班人员按应急预案反应迅速，措施有效，处理得当，及时排除险情。

5. 对相关责任人的处理

对化学与化工学院党委予以全校通报批评，责令作出书面检查并切实整改，对学院党委书记给予诫勉谈话，对院长给予批评教育。责令资产与实验室管理部、科学技术研究院作出书面检查并切实整改。对化学与化工学院实验指导教师给予警告处分。对化学与化工学院2017级硕士研究生刘某某给予警告处分。

三、分析与启示

（一）该事件发生的深层次原因

1. 对安全工作的政治站位不够高

此次险情在学校高度重视、反复强调安全稳定的情况下仍然发生，暴露出我校实验室特别是科研实验室安全工作存在的问题和隐患是多方面的、深层次的。相关部门、学院的政治站位还不够高，没有从习近平新时代中国特色社会主义思想中以人民安全幸福的角度，去认识实际工作；没有从“生命至上，安全第一”的高度认识安全工作的重要性；没有从总体国家安全观、学校快速发展的大局、师生生命财产安全的高度认识安全稳定工作；没有充分认识到实践中每个细节都关乎人民的生命安全，甚至漠视生命，淡忘安全。

2. 制度落实不严，规矩意识不强

体制机制都有，但是就是落实不到位，责任层层传导的压力不足，遵守规矩的意识不强，在依法治校过程中，有法可依，但就是执法不严，实验负责人及操作人有法不依，遵守安全规定和操作规范的意识不强，认为不遵守也不会有人管，不会追究什么责任。

3. 安全责任落实不到位

责任追究体系是解决安全制度执行不到位、压力传导不到位等问题，起惩戒教育作用的。可有时候安全责任像个球，你踢过来我踢过去，工作没人愿意管，都怕惹事生是非，而作为安全主管部门，有实责无实权，发现问题不说失职，说了惹人烦失民意。造成安全工作就像是安全管理者的独角戏，导演（大领导）请不到，主演（学院）伤不起，群众演员（具体实验室）看不起。使安全投入没保障，检查走过场，安全责任主体不清晰，形成只重生产不重安全的局面。

4. 安全意识较差

对于细节的忽视是安全意识较差的具体表现，千里之堤毁于蚁穴，安全已成为我们日常生活中重要的一部分。尽管很多事故的发生是偶然的，但在生活中，一些常被忽视的细节也可能带来安全隐患。小安全，大隐患的教训太多了！避免小细节酿成大事故，对于小隐患，丝毫马虎不得，含糊不得，放任不得，切莫让小疏忽成大隐患。一些看似无碍健康的小症状，往往会被忽视掉。这就要求隐患排查者要有强烈的责任意识和谨小慎微、处处留心的细致态度，勤思考、多动脑，从不同角度分析、查验，不放过一丝一毫的蛛丝马迹，及时揪出隐患。某大学2·22险情事故前，学校领导两次发现类似隐患，并当场提出，相关安全管理部门并没有从中意识到重要性和紧迫性，没有跟进督促学院整改，没有从更高层次认识，对学校内其他单位进行警示，化学院领导也没有对该类风险全面要求和整改，如果检查后能适时给予通报或者公开批评，可能不会再次出现擅离职守的情况。

5. **安全工作能力不足**

安全是发展的生命线，习近平总书记要求做好安全与发展两件大事，安全管理水平是衡量基层治理水平的最重要标准之一，如何解决易反复高频发的安全隐患，能否从严从实做到防患于未然，守住安全底线，考验着每一名安全工作者的担当与智慧，也督促着每名安全参与人提高安全能力素养。安全能力是做好本职工作的利剑，作为安全人，应该克服本领恐慌，学习现代安全知识，提高工作能力。

(二)该事件带来的启示与思考

1. **应急工作的重要性**

2·22险情事件的成功处置，得益于公安处的快速有效应急反应机制，从以往多次实验室火情事件应急有效处置来看，某大学应急管理还是比较到位的。现在国家成立了应急管理部，从国家政府层面来看，应急管理已是国家安全管理的重要组成部分，在应急资源储备和调度及各方力量的共享上，将发挥应急指挥、协调、处置等方面的强大功能和能力。可以防范化解重大安全风险，健全公共安全体系，整合优化应急力量和资源，形成统一指挥、反应敏捷、上下联动，左右协同的应急管理体制，有效提高防灾减灾救灾能力，保障人民群众生命财产安全和社会稳定。在基层工作层面来看，每个基层组织主体则是承担着微观的安全管理，这其中也有微观应急管理，这项工作是量大面广的日常事务，基础稳则大局稳，基础不牢地动山摇。应急工作非常重要，能有效地避免事态扩大严重化，所以建立一套完整、严密、有效的多部门共同参与的应急机制是做好安全工作的最后一道重要防线。

2. **细节管理的重要性**

当然不是说搞好安全工作就是做好应急，更不是“安全＝应急”，作为个人和基层单位组织应该发挥主体作用，认真踏实做好安全工作的细节，不断夯实安全工作的基础，才是做好安全的王道。首先，思想认识必须到位。在安全管理和日常生产中不能滋生“抓大放小”的思想。面对大隐患大漏洞，要保持高度警惕，及时治理或采取相应的防范措施。可对于一些小隐患小细节也不能疏于管理和防范，一旦认为问题不大，最终可能酿成大祸，悔之晚矣！其次，隐患排查必须到位。排查隐患犹如病前检查，如果查不出病症，就很难开出治病的药方，更谈不上病情康复。尤其在“诊疗”过程中，一些看似无碍健康的小症状，往往被病人和医生所忽视。但是在安全工作上，要求隐患排查者一定要有强烈的责任意识和谨小慎微、处处留心的细致态度，从不同角度分析、查验，认真细致，不放过丝毫蛛丝马迹，及时揪出隐患。再者就是隐患整改必须到位。查出隐患，在消除隐患的执行环节上不能含糊。执行力的强弱决定了隐患能不能被彻底整改，尤其是不能因为隐患小，就打折扣，拖延时间，降低标准，不当回事。实践证明，越是小隐患整改需要的代价越小，对个体安全习惯的养成最为有效。

3. **安全工作需要创新**

就目前而言，高校实验室等领域的安全要求越来越高，比如一些实验需要全天候运转或者连续长时间进行，这种情况越来越多，况且在高校空间分布较广，而国家乃至个体对安全发展的需求更加迫切。作为高校如何解决这个难题，也是安全工作需要破解的难点。所以除了提高对安全工作的认识、建立安全体系、完善安全制度、落实工作措施、加强安全教育和做好监督执纪外，结合现代技术，借用先进管理理念，进行开创性思维，从服务的角度，有利于科研的角度，基于安全的底线和红线意识，提高安全工作的管理水平。比如建立以校区为框架的公共实验大平台，配备专职实验管理员，完善全方位的安全防范技术，对有需求的课题组 24 小时开放，这样既保障了实验的安全，又能满足长时间运行的实验需要。对于应急处置，充分利用校园智慧安防平台建设，形成应急力量完备，全员参与的应急处置。早一分钟的应急妥善处置，可能会避免更大损失，假如在 2·22 险情事件中，其他研究生不能及时到场，门打不开，炙热的烧瓶可能会引燃其他物品，造成更大损失。建立全方位的应急机制也是安全工作需要完善的地方，它不仅只是相关职能管理部门的职责。

积极探索建设高校实验室安全防控系统

——以气体泄漏报警事件为例

张阳勇　王　慧

一、案例简介

2017年12月24日，某高校某校区实验室防控系统平台发出“先进材料楼二层212实验室发生气体泄漏”的报警信息，同时事发地点周边区域的5路视频监控系统及地图定位系统在保卫处总监控中心和先进材料楼分监控中心分别自动弹屏。

二、处置过程

根据系统设定，气体泄漏报警属于1级重大警情，三级报警系统同时启动(气体泄漏现场报警主机声光报警、先进材料楼分监控中心大屏弹屏、校区保卫处总监控中心大屏弹屏并语音播报报警信息)。接到报警信息后，总监控室立即启动应急响应机制，根据系统预设的“气体报警处置预案”处理警情。由于是深夜报警，实验室内部已没有工作人员，于是总监控室立即利用对讲机通知先进材料楼附近的巡逻安保人员赶往现场，查看安装在走廊上的气体报警主机是否发生误报。

排除误报后，安保人员立即拨打物业值班电话，告知报警情况并请物业人员到场，同时在实验室防控系统平台选择“报警通知”，系统立即用短信(手机号码已存在预案里)告知课题组组长和课题组安全员，要求尽快到达实验室一起检查气体泄漏位置，并开展现场事故处理。与此同时，安保人员实时向保卫处报告现场情况，并执行处置命令。

由于是氧气探测器报警，实验室房间内氧气浓度较高，由安保人员、物业人员、实验室安全员组成的检查小组采取实验室断电并长时间开门通风方式处置。在空气中氧气浓度降低到安全值后，在不打开照明开关的情况下，通过手电筒照明。逐一检查设备后发现，实验用的氧气钢瓶气阀未关紧，导致氧气泄漏，空气中氧气浓度达到报警点触发的氧气探测器报警。找到气体报警原因后，检查人员第一时间将氧气瓶阀门关闭，并进行现场拍照取证。同时，整理事件材料上报各相关部门，由实验室安全管理处对该实验室负责人进行批评再教育，对操作实验的学生进行实验室操作细则再培训、再考核，考核合格后才能继续参加实验，避免此类事件再次发生。

三、分析与启示

伴随着我国高校科研实验水平的不断提高，科研实验探索不确定性逐步增强、实验室危险性提高，尤其是随着国家产业结构升级、科研与产业密切结合的强烈需求，引进大量的大型实验设备和精密仪器，扩大实验室规模，在科技成果转化为产业成果过程中，高校科研实验室具有更高的危险性，近年来高校实验室安全事故频发就是这一个过程的反映。

尽管高校对实验室的安全管理有一定的重视，但每年还是会发生各类实验室安全事件，逐渐引起社会各界的广泛关注。高校实验室安全事故会导致国家财产的损失，乃至高校师生伤亡，损失严重，社会影响大，因此，高度重视实验室安全管理，建立“以师生为本、以预防为先”的实验室安全管理目标，从而进一步加强实验室安全防范系统建设迫在眉睫。

从2016年起，某高校保卫处就以探索建设“实验室安全防控系统”为目标，成功申请上海市教委安全环境示范点项目建设经费和学校配套经费，在某新校区的先进材料实验楼(项目一期)、化学楼(项目二期)分别进行了试点建设。

某高校某新校区新建各学科科研实验楼宇内有各种类型的实验室，拥有大批贵重精密仪器设备；使用各种化学试剂，存有多种易燃易爆、毒害性物质甚至辐射物品，且存在人员集中流动性大，重要设备和资料存放在实验室等特点，安全防范需求与楼内现有的安全环境现状之间的矛盾日益突出。楼内实验室安全状况复杂，具有代表性。结合当前实验室的使用、人员流动和内部管理等方面出现的许多新情况、新问题，通过“实验室安全防控系统”的建设采集“安防大数据”为相关职能部门防范、处置实验室安全事故提供数据支持，助力实验楼宇安全管理水平的提升。

“实验室安全防控系统”以当前某高校某新校区实验室管理中存在的问题为导向，进一步拓展校园实验室现有的人防(人员应急指挥)、物防(实验物品专用存储柜)、技防(高清视频监控系统、电力安全监测系统、气体泄漏报警系统、消防火灾报警系统、智能门禁系统等)的防范体系内涵，同时通过综合可视化管理平台建设，将现有的多个子防控系统进行有机整合，增强整个防控系统的活力，可更好地保障科研实验楼宇内师生生命、财产安全，实现实验室安全管理的科学化、信息化、智能化和可视化，提高精细化管理水平。

“实验室安全防控系统”建设以“预防为主、防控结合”为宗旨，加强应急预案管理系统建设，通过数据智能分析服务器，将高清视频监控系统、门禁系统、实验室环境监测系统等进行联动，实现对实验室内相关案、事件的可视化展示、预处理等操作，提高防范系统的预警能力，提升管理人员应急处置的效率，以综合可视化展现的联动形式，实现对实验楼宇的综合安全保障。

上述实战案例体现出“实验室安全防控系统”在面对实验室发生的各类型突发事件时，能够预先、及时、准确的发现实验室安全隐患，提醒师生及时检查处理，为科研、实验活动安全开展提供安全保障。通过“实验室安全防控系统”前端设备“安防”数据的采集，总结出实验楼宇内部的安全运行规律，促进楼宇的科学化管理。

四、未来的思路和设想

“实验室安全防控系统”在某高校某校区先进材料实验楼、化学楼试点四年多来，已经发挥了重大的作用。它先后多次预警了气体泄露、电力过载、消防火灾报警、人员异常闯入等安全事件，这些安全隐患也都得到了及时处置和排除，避免了重大火灾、重大安全事故的发生，避免了财产损失甚至人员伤亡事件的出现。某高校已邀请相关专家对整个系统进行了专家论证，制定了三年规划，“实验室安全防控系统”将向校区的其余实验楼宇推广，目标是最终覆盖某高校所有校区的所有实验室。

与此同时，某高校保卫处也将紧跟时代科技发展的步伐，不断创新安防保卫的新手段、新技能。在继续坚持构建“数字化、高清化、智能化、覆盖化、网络化”技防体系建设的基础上，计划分三个阶段提升技防建设水平：着力全面完善技防系统基础建设水平，着力全面提升技防系统智能应用水平，着力全面提升技防系统规范化建设水平。全力保卫学校师生安全，提升保卫战线的智能管理服务水平。

统筹联动源头治理防范化解电气消防安全风险

侯　毅　王庆华

一、案例简介

2019年4月22日上午10时19分左右，学生1公寓一层弱电间内烟雾感应装置报警，校区消防控制室接报后，立即派人现场确认；物业管理人员和安保人员第一时间到达现场进行全面排查，确认现场存在焦煳味，发现弱电桥架线槽冒烟，立即启动消防安全应急预案，及时切断电源并消除了电气火灾风险，未形成明火，无过火面积，未造成人员伤亡，未引发社会舆情。

经后续调查确认，弱电间内除学校所属网络设备外，还有中国移动、中国联通等第三方服务商的相关设备。经专业消防安全技术机构对现场电气设备进行检测，结合询问调查和现场勘验，确定冒烟点为一层弱电间横向桥架线缆，现场发现联通公司专用壁挂电源开关箱线缆焦煳。弱电间冒烟直接原因是，中国联通安装设备和布设线路不规范，电源线未单独布设，设置在弱电线槽内；未使用双极漏电保护开关，电源开关与电线大额定功率不匹配，开关大、电线小，开关未起到保护作用；负载过大导致电线发热，绝缘层损坏，致使弱电网线冒烟。弱电间冒烟的间接原因是，通信运营商设备、线路安装验收程序不规范，缺少定期检修维护。

二、处置过程

学校党委坚决贯彻落实中央和上级关于防范化解重大风险的指示精神，坚持以习近平新时代中国特色社会主义思想为指导，为全面做好安全稳定和防范化解安全风险工作，制定了年度安全稳定工作方案和实施方案，新成立了校园安全等六个专项工作小组和针对“两会”等敏感节点的多个“专班”，开展校园安全等“六大行动”，落实“问题清单、任务清单、责任清单”的三个清单任务，建立健全了风险隐患预警防控机制、常规研判与专项研判机制、突发事件应急处置机制、信息报送和督导问责机制等“五大工作机制”。按照学校安全稳定工作的体制机制运行，有效应对处置了弱电间冒烟突发事件，防范化解了校园电气消防安全风险。

一是报送规范，信息共享及时。弱电间冒烟发生后，依据信息报送机制，基层感知和确认火灾安全风险后，按照“先口头、后书面”的原则，第一时间纵向报告学校安全保卫部门，安全保卫部门横向通报涉事单位（信息化办公室、物业公司）和业务主管部门（后勤保障处），并向分管安全稳定工作校领导纵向报告，涉事单位和业务主管部门分别向业务分管工作的校领导纵向报告，分管安全稳定工作的校领导和业务分管校领导沟通研判后，向学校主要领导报告。

二是成立专班，统筹协调联动。校园安全专项工作小组根据需要组织成立“弱电间冒烟”专班工作组，分管校领导任组长，成员单位包括保卫、后勤、基建、信息化、学生、宣传和校区管理部门等。分管安全工作校领导和专班成员单位人员第一时间赶赴现场，多部门协同联动处置，分工负责事故调查、网络恢复、弱电间排查、关注学生动态和网络舆情动态等有关工作，各司其职，协调配合，注重前后衔接、上下贯通、内外联动、整体推进。

三是会商研判，有效降低影响。“弱电间冒烟”专班工作组，根据工作需要进行常规综合研判和日研判等专项研判。聚焦风险隐患，准确把握发展形势，系统会商分析梳理需学校牵头解决的风险问题、部门联动推进的任务清单；及时处置苗头性倾向性问题，将事故损失和不良影响降到最低；深入查找源头性根子上问题，从根本上防范化解校园消防安全风险。

四是全面排查，建立“三个清单”。学校聘请专业机构进行事故调查，举一反三，对全校范围内的弱电间进行全覆盖专业排查，排查弱电间 737 间，存在安全风险的 373 处，主要为强弱电线路混用、断路器负荷不匹配、烟感未完全覆盖和未采用漏电保护装置等问题，全部纳入“问题清单”；采取切实可操作的防范化解措施，建立“任务清单”；细化分解分工，明确责任单位，制定“责任清单”；明确任务阶段目标和完成时限，建立进度安排；严格督查督导，对清单实行动态管理，及时对账、实时销账，目前已全部化解 373 处弱电间电气火灾风险。

五是完善制度，构建长效机制。针对引入中国联通等类似第三方服务商安全风险防控不到位等问题，学校经过文献研究、专题调研、专家座谈、汇报讨论等方式，修订了消防安全管理规定、制定了事故调查处理办法和三级响应应急预案，做到“四个搞清楚”，即：搞清楚谁来管、管什么、怎么管，搞清楚谁检查、检查什么、怎么检查，搞清楚事故谁调查、调查什么、怎么调查，搞清楚追谁责、追什么责、怎么追责；实现“六个明确”，即：明确主责单位、明确逐级责任、明确管理要求、明确检查标准、明确应急程序、明确考核奖惩；进一步健全完善了校园消防安全风险防范化解长效机制，确保权责清晰、科学规范、监督有力、操作性强。

三、分析与启示

一是防范化解风险工作机制要联动。坚持党委领导，充分发挥安全稳定领导小组的统筹协调和监督落实作用。建立专组专班，健全组织领导体系，完善五大机制，夯实工作基础，确保职责任务分工明晰，实现业务工作与风险防范化解工作的深度融合。强化上下协同与部门联动，构建压力层层传导、任务层层落实的风险防范化解工作体系。加大防控力度，狠抓责任落实，防范化解重大风险，确保学校安全稳定形势持续可控。

二是防范化解风险基础设施要健全。初始建设时，弱电间均无自动火灾报警设施，为了加强弱电间火灾风险防控工作，学校为校园网所有设备间加装无线烟感报警器，一旦触发报警，报警信息实时传递到相关工作人员，能够在第一时间发现异常情况并立即联动相关单位人员前往现场检查和处置。学校汲取弱电间冒烟及时发现的经验，已全面开展全校地毯式排查，并于年底前完成全部建筑楼宇及房间的烟感100%全覆盖、重点实验场所视频监控全覆盖和安消联动建设。

三是防范化解风险应急处置要及时。校园安全专项工作小组分类分级制定消防应急处置预案，明确现场处置、信息报送、应急联动、调查处置、问题整改等内容，细化工作措施和处置程序，形成闭环。利用关键节点，利用在线系统、安全体验馆、选修课和引入专业机构等载体，分类别、分层次开展“师生全员覆盖、方式立体多元、互动体验实战”的教育培训和预案演练，切实提高师生识别和应对处置风险能力，及时妥善处置安全风险。

四是防范化解风险隐患排查要全面。要按照党中央、国家部委和北京市的有关部署，结合最新形势、最新要求，坚持抓早抓小抓细，细致全面排查校园各类隐患风险，不留死角；深入摸排短板、漏洞和突出问题，做到点面结合，建立完善风险问题清单，做到底数清、情况明，并经常性地系统梳理，动态管理更新台账。

五是防范化解风险根源问题要清零。针对风险管控方面的根源性问题，尤其是重点领域和关键环节，要细化具体措施，落实到具体人、具体事项、具体地点、具体时间，做实、做细、做精。要规范督导内容和程序，突出重点，定期开展专项督导，发现隐患即行即改，做到天天清零、月月清零，推动安全风险防控工作往深里走、往心里走、往实里走，有效防控校园安全风险，增强师生的安全感、获得感。

教科书式的电动车火灾救援实战的思考

吕丽华　何声福

一、案例简介

2019 年 10 月 18 日 23 时 24 分许，广西大学东校园教职工集资楼东高 5 栋南面电动自行车充电车棚发生火灾。事发当时，该车棚共停放电动自行车 79 辆，火灾烧毁 6 辆，烧损 3 辆，过火面积约 10 平方米，无人员伤亡。

二、处置过程

10 月 18 日 23 时 24 分许，广西大学保卫处 110 指挥中心接到教职工电话报警称，东校园教职工集资楼东高 5 栋南面电动自行车充电车棚发生火灾。值班干部接警后立即通过对讲机呼叫附近巡防校卫队员携带灭火器前往处置，同时拨打 119 报警电话并将有关情况报告值班领导，校微型消防站应急消防人员立即驾驶微型消防水罐车前往现场灭火。火灾发生后，充电车棚的自动喷淋灭火系统和超细干粉自动灭火装置迅速响应并立即启动自动喷淋，有效遏制了火情蔓延，为后续扑救工作争取了时间。由于发现及时、处置得当，火势在 5 分钟内迅速得到控制，10 分钟后火灾全部扑灭。南宁市消防救援支队后续到达现场开展火灾事故的勘查及初步认定等各项工作。

三、分析与启示

（一）起火原因

经南宁市公安消防救援调查认定，本次事故起火原因排除雷击、人为纵火、遗留火种、外来火源等起火原因，不排除电动自行车电气线路故障引燃周围可燃物造成火灾的原因。

(二)启示

通过此次火灾事故，总结启示如下：

1. 预防火灾，必须真正做到防患于未然

(1)建立健全消防安全责任制，切实增强责任感紧迫感。我校落实逐级消防安全责任制和岗位消防安全责任制，明确逐级和岗位消防安全职责，确定各级、各岗位的消防安全责任人。学校每年与校属各单位签订《年度消防安全责任书》和《消防安全承诺书》，对组织领导不力、预防措施不落实、火险隐患整改不彻底等的失职渎职行为，严肃追究有关领导和人员的责任，同时将消防安全管理责任纳入本单位年度绩效考核，确保消防安全责任落到实处。

(2)强化风险防范，全面开展隐患排查整治。我校严格实行消防安全联络制度，建立并不断完善常态化火灾隐患排查整治机制，通过划分责任区、确定责任人，定期组织开展各类消防安全隐患排查整治工作，及时消除各类消防安全隐患，坚决抓好整改落实。

(3)加强监测防范，建立健全长效机制。自2013年以来，我校不断加大消防安全技防系统建设，组建了消防自动报警系统，并陆续整合了14套消防自动报警子系统合并到视频监控中心，从而实现各安保子系统统一管理和资源共享，全面提升火灾防控预警监测能力。2019年学校建设校园消防巡更系统和楼栋水压监测系统，基本形成“人防＋物防＋技防”的安全防控体系，校园消防安全管理工作更加智能化、科学化。

2. 火灾处置及时，救援措施得当

(1)发生火灾时，充电棚配备的悬挂式干粉灭火和自动喷淋灭火系统立即启动，有效阻止火情蔓延，达到第一时间灭火的效果，避免了更大灾害的发生。

(2)接到报警后，我校保卫处值班人员立即采取应急措施，指派临近治安岗亭的安保工作人员携带灭火器前往灭火，以防止火灾的扩大和蔓延，同时疏散周边围观群众，拉好警戒线，防止发生次生灾害事故。

(3)第一时间启动消防应急预案，指定应急消防人员驾驶微型消防水罐车前往现场灭火，应急消防人员操作熟练，动作规范，在迅速控制火势方面起到决定性作用。

(4)值班人员第一时间汇报上级领导，并视火情发展情况，边处置边请示，校属各有关部门负责人亲临现场指挥，通力协作。

(5)及时并规范拨打公安消防机关119报警电话。报警时讲清火灾的具体地点、燃烧物质、火势大小，报警人的姓名、身份和所在部门及联系电话。打完电话后，派人到东高门等候消防车并引导消防员迅速赶赴火场。与此同时，组织人员疏通灭火通道，清除障碍物，使救火车辆到达火场后能进入最佳位置进行扑救。

(6)校属各有关部门有机联动，形成合力参与救援。保卫、后勤等有关部门工作人员相互合作，共同参与灭火，提高灭火效率。

3. 善于总结经验教训，不断提升应急处置能力

(1)2019 年 11 月 17 日，南宁市消防救援支队在我校开展消防火调专家现场教学培训会。应急管理部消防救援局火调工作组专家及全区各消防支队火调人员共 40 余人参加。培训会上，专家就我校“10·18”电动自行车充电棚火灾现场进行实地教学，对我校在电动车充电棚加装自动喷水和超细干粉灭火设施的举措给予了高度评价和充分肯定，并表示这在全国电动车充电棚建设中是少有的。

(2)充分发挥校园微型消防站“小阵地大作用”功效。2017 年初，我校建立了校园微型消防站并在广西高校率先引进消防救援车(2.5 吨)。目前，微型消防站拥有 15 名持有消防资格证书的干部职工，配备了水上救援冲锋舟 1 艘、便携式模拟灭火实训仪 2 套、液压式破拆工具 1 套、防毒面具及消防安全腰带等消防装备器材，极大提升了消防安全应对和处理能力，为保障校园的安全稳定提供了有力保障。在此次事件当中，微型消防站的消防水罐车及时出动，消防应急人员训练有素，处置得当，确保第一时间将火扑灭。

4. 注重消防安全教育宣传，推动消防“四个能力”建设

(1)多形式安全宣传教育。我校保卫处在重大节假日、寒暑假放假前等重要时间节点，通过保卫处网页、“平安西大”微信公众号等新媒体推送《南宁一高层住宅起火，安全出口被锁？消防通报来了》《充电的蓄电池突然爆炸起火，伤者呼喊：救命啊……》《电动车千万别这样充电》《防患于“未燃”》等消防安全预警和消防安全知识；校属各单位充分利用官网、公告栏、微信群、QQ 工作群、电子屏、网络新媒体等多种途径开展消防安全宣传活动，积极构建线上线下、课里课外、校内校外多渠道宣传模式。

(2)定期开展消防培训和演练。我校高度重视消防工作，多方面多层次考虑和认识高校消防工作的重要性，在消防安全工作上给予大量的人力和物力支持。一是定期开展学生消防安全知识的宣传教育活动，将消防安全教育内容纳入新生安全教育之中，在新生入学后分学院分批次全覆盖开展新生消防培训和演练，同时加大消防宣传教育的力度，通过多种形式开展经常性的消防安全知识宣传，使得大学生对消防安全有一定的认识和应对突发火情的处置能力。二是定期组织教职员工进行消防演练，以增强其消防法制观念，提高其消防安全意识和责任心，使其在遇到突发火灾时准确掌握灭火、逃生等常识，确保火灾能妥善处置。

四、结语

火既可以造福于人类，也会违反人们的意愿，造成不可挽回的危害，但只要我们不断提高消防意识，及时查找并消除火灾隐患，时刻紧绷“防范弦”，火灾就会远离我们，就能最大限度地减少火灾带来的损失，维护校园安全。

高校应急处置综合演练的组织与实施

周进军

平安、和谐、稳定的校园环境是学校各项事业发展的基础，普通高校通过组织反恐地震火灾等应急处置演练，可以加强学校与地方公安、应急救援等部门的配合，增强学校有关职能部门对应急预案的熟悉程度和应急处置能力，有效提高师生的风险防范意识和自救互救等灾害应对能力，全面维护高校安全稳定。

一、案例简介

为认真贯彻落实《反恐怖主义法》《消防法》《防震减灾法》等国家法律法规，进一步提升高校师生安全防范意识和应对恐怖袭击、地震、火灾等突发事件的能力，有效减少人员伤亡和财产损失，经陕西省委教育工委协商省公安厅、省应急管理厅、省地震局和省消防救援总队决定，于11月3日在西北农林科技大学举办2019年全省高校反恐地震火灾应急处置示范演练。

此次演练由省委教育工委、省公安厅、省应急管理厅、省地震局和省消防救援总队主办，我校联合学校驻地公安、应急管理、消防救援部门具体承办，各高校分管校领导、保卫处负责同志参加观摩，预计参演人员5 000余人。通过示范演练，普及相关应急知识，增强演练组织单位、参与单位和人员对应急预案的熟悉程度，提高应急处置能力。同时，在全省高校中形成示范效应，全面提升高校师生的风险防范意识和自救互救等灾害应对能力。

二、处置过程

接到省委教育工委由我校具体承办演练活动的通知以后，学校高度重视，党委书记和校长及时作出批示，特别是李兴旺书记多次过问演练进展情况、亲自对工作进行指导。学校成立了演练工作领导小组，由分管校领导郑英宁副校长任组长，党校办主任和稳定办主任任副组长，学工部、研工部、宣传部、教务处、实验室安全与条件保障处、后勤管理处、团委、校医院负责人及农学院、植物保护学院、资环学院、园艺学院院领导为成员。领导小组主要负责与校内外各级部门沟通、对接，组织协调校内各部门工作，确定外部参会人员。

为确保演练工作顺利推进，学校制定了详细的演练工作总方案，对演练时间、地点、参演单位及人员，演练目的、内容、基本程序，演练组织机构及任务分工等进行了明确。同时，还与地方公安、应急管理部门及专业影像制作公司协商，制定了详细的演练活动实施方案，主要明确演练的流程，各参演单位和人员任务及出场顺序，解说员解说词及与现场的配合等。为确保当天活动顺利，还成立演练实施指挥部，副校长郑英宁任总指挥，保卫处处长刘西平任副总指挥，下设 10 个工作组，相关职能部门负责人分别担任现场具体指挥任务，在总指挥的直接指挥下，负责向演练人员传送各类指令信息，引导应急演练按计划进行。

从 9 月 19 日决定举办此次演练，到 11 月 3 日上午正式演练，经过一个多月的紧张筹备。11 月 3 日上午，2019 年全省高校反恐地震火灾应急处置示范演练如期在我校南校区农科楼举行。我校党委书记李兴旺，省委教育工委、省公安厅、省应急管理厅、省地震局、省消防救援总队和示范区管委会及相关部门领导出席演练活动，来自全省 83 所高校主管稳定安全的校领导、保卫处处长 200 余人现场观摩，我校 5000 余名师生及示范区相关部门工作人员参与、观摩了演练。演练获得圆满成功，达到了预期效果，陕西电视台、科技日报、中国科技网、中国教育新闻网、西安新闻网、西部网等媒体对演练活动进行了报道。

三、经验与启示

此次演练对于深化区校融合，提升学校的安全管理水平，强化师生安全意识，防范化解各类安全风险，汇聚形成维护校园安全的强大合力具有积极促进作用。演练能在短短一个多月的紧张筹备下取得比较好的效果，得益于各级领导重视，参与各部门密切配合，全体参演人员努力付出。

一是各级领导重视，安排部署到位。9 月 19 日，省委教育工委委员张玉明会同省公安厅反恐总队总队长申军明、省应急管理厅救援协调和预案管理局主任陈亚鹏、省地震局应急救援处副处长徐仙鹏、省消防救援总队副参谋长刘铭来我校召开第一次协调会，我校党委副书记徐养福，示范区公安局、应急管理局、住建局、消防救援支队领导参加，就演练总体安排、各部门任务分工等进行了明确。学校李兴旺书记、吴普特校长非常重视这次演练，及时作出批示，特别是李兴旺书记多次过问演练进展情况、亲自对工作进行指导。学校成立了演练工作领导小组，制定了详细的工作方案，郑英宁副校长担任组长，全面负责演练校内有关工作。

二是校地密切配合，各部门团结协作。此次演练主办单位为省委教育工委、省公安厅、省应急管理厅、省地震局和省消防救援总队 5 个部门，省委教育工委为牵头部门，负责协调省上其他各部门与我校之间的对接。承办单位为我校和示范区公安局、应急管理局、住建局及消防救援支队，我校为牵头部门，具体由保卫处负责协调与省上和示范区各部门之间对接，以及校内后勤管理处、团委、学生处、宣传部、农科楼四个学院等之间的配合。因演练涉及部门多，参与人员多，协调难度大。各部门团结协作，配合密切，先后召开省级协调会 2 次，学校与示范区各部门之间协调会 4 次，保卫处召开处内协调会 10 余次，保证了演练工作顺利推进。

三是全体参演人员克服困难，努力付出。此次演练从 9 月 19 日确定到 11 月 3 日正式演练，筹备期只有 40 多天，期间还有国庆假期 7 天，杨凌农高会 5 天，真正的准备工作只有不到 1 个月时间，任务重，时间紧。但是全体参演人员能够从大局出发，克服重重困难，努力付出，确保演练工作顺利推进。在先期室内素材拍摄中，为了不影响正常的教学活动，选择利用周末休息时间进行。为了一个镜头、一个眼神、甚至一句台词，反复多次拍摄，只求达到最佳效果。示范区公安局特警队和消防救援支队发扬连续作战精神，在农高会刚一结束，顾不上休假，就全力投入到演练排练中。团委大学生艺术团选出 11 名同学担任解说员、群众演员和人质，他们克服困难，随叫随到，全力配合演练工作。保卫处从接到任务到活动结束，连续忙碌一个多月。处长刘西平全局策划设计，副处长王云峰、陈群辉、毛友林带领办公室、安全防火科、治安科和校卫队相关同志，从演练方案设计，校内外各部门协调，到演练场地协调、物资准备、舞台搭建，演练具体环节衔接、动作台词设计以及演练当天报到接待、安保警戒、交通疏导等，事无巨细，全程参与，同志们发扬了保卫处能吃苦耐劳、善打硬仗的顽强作风，确保演练最终圆满成功。

附件：

2019 年陕西省普通高等学校
反恐地震火灾应急处置示范演练方案

一、演练时间

预演：2019 年 11 月 2 日上午 10：00—11：30

正式演练：2019 年 11 月 3 日上午 10：00—11：30

二、演练地点

演练及观摩地点：西北农林科技大学南校区农科楼

三、实施单位

(一)主办单位

陕西省委教育工委、陕西省公安厅、陕西省应急管理厅、陕西省地震局、陕西省消防救援总队

(二)承办单位

西北农林科技大学、杨凌示范区公安局、杨凌示范区应急管理局、杨凌示范区住建局、杨凌示范区消防救援支队

(三)参演单位

西北农林科技大学、杨凌示范区公安局特警支队、杨凌示范区消防救援支队

四、参会人员

陕西省教育工委、陕西省公安厅、陕西省应急管理厅、陕西省地震局、陕西省消防救援总队及杨凌示范区相关部门领导;

陕西省各高校主管稳定安全的校领导、保卫处处长200余人;

西北农林科技大学师生5 000人,参演公安民警及消防官兵70余人。

五、演练目的

提高应急处置能力。通过开展本次应急演练,增强演练组织单位、参与单位和人员对应急预案的熟悉程度,提高应急处置能力。

示范效应。通过开展本次应急演练,普及相关应急知识,在全省高校中形成示范效应,提高高校师生的风险防范意识和自救互救等灾害应对能力。

六、演练内容

(一)示范演练

示范演练分为反恐应急处置演练、地震应急处置演练和火灾应急处置演练三个部分:

1. 反恐应急处置演练:

时间:上午10:00—10:30

地点:西北农林科技大学南校区农科楼前广场

人数:100人,公安民警20人

装备:装甲车1辆、运兵车2辆、摩托车4辆、警犬1只、无人机1架

演练科目:车辆冲撞、持刀砍杀、劫持人质、排爆、伤员救治等应急处置。

2. 地震应急处置演练：

时间：上午10：30—11：00

地点：西北农林科技大学南校区农科楼

人数：学生1 500人，消防官兵10人

装备：消防车2辆

演练科目：紧急避险、应急疏散、被困人员搜救、伤员救治等应急处置。

3. 火灾应急处置演练：

时间：上午11：00—11：30

地点：西北农林科技大学南校区农科楼

人数：学生1 500人，消防官兵40余人

装备：消防车10辆

演练科目：疏散逃生、火灾扑救、火场排烟、云梯救援、伤员救治等应急处置

(二)总结点评

时间：上午11：30—12：00

地点：西北农林科技大学南校区农科楼

主持人：(暂未确定)

议程：应急演练结束后，进入总结点评阶段，包含以下四项议程：第一项介绍出席总结大会的领导；第二项西北农林科技大学党委书记李兴旺致辞；第三项演练点评(暂未确定)；第四项省委教育工委委员张玉明讲话。

七、演练规模

本次应急演练参与人数5 000人左右，其中反恐应急演练参与人数100～200人，地震应急演练1 500左右人，消防应急演练1 500人左右，现场及其他区域观摩人员2 000人左右。

八、演练程序

(一)反恐演练程序

(下课铃声响起，学生陆续离开教室，农科大楼前三三两两学生出现)可疑车辆闯入校门—学校安全指挥中心接警、下达出警命令、报警—110接警—巡逻车从警卫室出发第一时间赶到—安保堵截暴徒—派出所警力赶到处置—市(区)局特警赶到处置—120救护车赶到救护伤员—演练结束。

(二)地震演练程序

上课期间突发地震—老师喊话：地震啦，大家快到桌下或承重墙下躲避—利用手头物品自我保护、顺安全梯有序撤离大楼—安保小分队进入大楼开始搜救伤员—地震救援

车辆驶入—专业救援人员进入大楼开始搜救被困学生—120 救护车赶到护送伤员—演练结束。

（三）火灾演练程序

上课时教室一角突然起火冒烟—同学们冲出教室来到楼道—有同学用手机报警—学校安全指挥中心接火情电话—出动消防小分队—学生用湿毛巾捂鼻跑下楼道—安保向 119 报警—安保切断电源—接通消防栓进行初级灭火—消防车辆赶到—排烟—搜救伤员—升起塔架救人—开始总攻灭火—120 赶到施救伤员—演练结束。

九、组织机构及任务分工

（一）演练工作领导小组

为确保演练工作顺利推进，成立校内演练工作领导小组，协调处理演练工作有关事宜。

组　长：郑英宁

副组长：孙马　刘西平

成　员：学工部、研工部、宣传部、教务处、实验室安全与条件保障处、后勤管理处、团委、校医院负责人；农学院、植物保护学院、资环学院、园艺学院院领导。

职责：负责与校内外各级部门沟通、对接，外部参会人员确定，组织协调校内各部门工作。

（二）校内各部门任务分工及时间要求

在活动筹备过程中，各部门分工及时间要求如表 1 所示。

表 1　校内各部门任务分工及时间要求

序号	部门	任务分工	负责人	完成时间
1	党委校长办公室	1. 演练活动总协调； 2. 校领导致辞准备； 3. 上级领导接待及参观。	孙　马	11 月 1 日
2	学工部研工部	1. 负责现场观摩学生组织（2 000 人左右，按示意图就位）； 2. 选拔 10 名辅导员，参与学生疏散。	王文博 陈帝伊	11 月 1 日
3	宣传部	1. 联系校外新闻媒体接待、采访工作； 2. 演练现场拍照及宣传报道。	郭建东	11 月 1 日
4	教务处	负责先期室内拍摄教室场地保障。	陈遇春	10 月 15 日

续表

序号	部门	任务分工	负责人	完成时间
5	后勤管理处	1. 演练用电安全保障，与设备线路连接畅通； 2. 演练场地保障，楼宇消防逃生疏散硬件设施保障； 3. 校园环境卫生，水源保障； 4. 会场桌椅。	化小峰	10月25日
6	团委	1. 选拔4名主持人(2男2女)、6名参演学生(模拟受伤被施救)； 2. 与保卫处共同完成演练内容设计、解说词、演练脚本编写。	李国龙	10月15日
7	校医院	1. 负责安排演练现场医疗救护者2名，安排救护车2辆、随车医护人员3名； 2. 配合120急救中心组织施救。	穆沛红	11月1日
8	农学院 植保学院 资环学院 园艺学院 实验室安全与条件保障处	1. 参演师生宣传教育和动员(每个学院约700人)； 2. 组织参演师生进行应急处置、疏散逃生知识培训； 3. 负责与演练实施组对接，提供演练场地； 4. 提前3天广播通知，提醒师生，在各学院布置展板(保卫处提供)，做好宣传； 5. 对11月2—3号有实验任务的师生做好解释工作。	胡宝仓 闫建兴 任武刚 李春梅 卢　涛	11月1日
9	保卫处	1. 演练整体方案策划及制定； 2. 演练费用预算编制； 3. 校内外沟通及场地物资准备； 4. 演练组织及实施； 5. 演练当天校园交通引导及现场安保； 6. 主席台搭建及现场布置、电子大屏安装、调试、播放及音响设备； 7. 现场展板、交通引导牌、工作证等宣传物料设计； 8. 现场直播、视频制作、衔接、播放。	刘西平	11月1日

(三)现场指挥机构及职责

本次应急疏散逃生示范演练指挥部组成人员名单如下：

总指挥：郑英宁　副总指挥：刘西平

现场指挥：王云峰、陈群辉、毛友林、汪振明、郭建东、穆沛红、李玉刚

指挥部成员：保卫处张占国、温铁民、朱新元、王学民、华增顺、高峰、周进军、岳浩、刘毅及其他部门工作人员

主要职责：在演练实施过程中，总指挥直接指挥，负责向演练人员传送各类指令信息，引导应急演练按计划进行。指挥部下设10个工作组，各工作组分工如表2所示。

表2　实施组织工作组分工及要求

序号	组别	主要工作	负责人	成员组成
1	接待组	上级领导接待及参观。	汪振明	校办工作人员
2	安全警戒组	1. 演练现场警戒； 2. 校园交通秩序引导； 3. 外来车辆及演练车辆停放引导。	毛友林	华增顺、高峰及校卫队员若干
3	疏散组	1. 检查各区域消防设施设备； 2. 各疏散通道保持畅通； 3. 疏散组路线策划，与学院对接； 4. 演练时对疏散过程进行计时。	王云峰	朱新元、岳浩，校卫队员、辅导员若干
4	医疗救护组	1. 联系外部120救护车2辆； 2. 准备医护人员3名； 3. 演练现场伤员包扎。	穆沛红	医护员3名、学生助理5名
5	场景模拟组	1. 负责在既定着火点放置发烟罐； 2. 楼顶着火点设置。	朱新元	校卫队员3名
6	应急处置组	1. 抢险队员技能培训模拟演练； 2. 演练当天实施和配合外部单位。	王云峰	反恐：王学民、刘毅 地震：张占国、周进军 消防：朱新元、岳浩
7	宣传报道组	演练现场拍照及宣传报道。	郭建东	宣传部、团委人员
8	会场布置组	1. 会场舞台及电子大屏位置选择； 2. 舞台搭建、电子大屏搭建； 3. 现场桌椅布置； 4. 台签、桌卡、矿泉水摆放； 5. 会务现场服务。	陈群辉	张占国、摄像公司、团委学生助理
9	直播组	1. 拍摄点位及机位数确定； 2. 提前拍摄、剪辑素材视频； 3. 现场直播画面传输及后期视频剪辑制作。	专业公司	摄像公司人员
10	后勤保障组	1. 演练会场水电能源保障； 2. 会场桌椅摆放； 3. 校园环境卫生保障。	李玉刚	后勤工作人员

健全学校危化品全生命周期管理工作机制

——妥善处置历史积累实验危险废弃物

台启权　刘桂云　刘　航

一、案例简介

历史上，学校实验室管理由科研、教务、保卫、后勤等部门负责，各管理单位之间工作权责不明确，工作机制不畅通，实验室管理呈现“九龙治水”的局面，实验室危险废弃物处置工作基本上处于停滞状态。药品仓库长期储存某学院危险废弃物，该仓库年久失修，水电设施破损严重，通风设施欠佳，无监控和防爆设备，部分废弃物包装破损，低熔沸点的试剂容易挥发变质，存在较大安全隐患。学院虽然是实验室安全管理主体，但由于实验室管理呈现“九龙治水”的局面，实验室历史积累危险废弃物处置工作长期得不到实质性推进。

二、处置过程

(一)推进历史积累危险废弃物处置专项工作

学校成立实验室建设与管理工作委员会，加强实验室管理。学校成立资产与实验室管理处，作为实验室的主管部门，会同科研、教务、保卫、后勤等部门负责实验室危险废弃物安全管理的制度建设和督查监管，指导、组织和协调实验室危险废弃物处置相关事宜。

学校领导高度重视危险废弃物处置工作，多次深入仓库现场调研废弃物现状，召开专题会议讨论危险废弃物处置事项。学校将危险废弃物处置列为 2019 年度重点工作，划拨专项经费，研究制定危险废弃物处置方案，最终对历史积累的危险废弃物实行分步处置。

1. 全面梳理危险废弃物

学校梳理危险废弃物基本信息，统计全校历史积累危险废弃物约 17 吨。化学材料学院废弃物重达 14 吨，种类繁多，部分废弃物具有易燃易爆和易制毒隐患。其他学院废弃物重约 2.5 吨，种类相对单一。学校指导学院进行废弃物回收利用和减量，学院聘请专业人员历经 38 天完成废弃物清点、分类和统计工作。

在危险废弃物处置前，为预防事故发生，学校多次深入仓库现场检查，指导学院做好危险废弃物安全储存。学院组织专业人员巡视和检查，并临时聘用人员进行夜间值班，白天人工降温，保持每天 24 小时监管到位。同时，学校要求日常产生实验危险化学废弃物量较多的单位建设了标准化废弃物暂存柜，确保日常废弃物储存安全。

2. **专项投入经费**

鉴于历史积累危险废弃物处置的复杂性和困难性，学院自行处置较为困难。学院和职能部门组织专家论证，提交专项工作报告。校领导高度重视危险废弃物安全，经学校党委常委会研究，在学校资金供给紧张的情况下，列入 180 万专项经费预算，为做好废弃物处置工作提供保障。

3. **及时完成招标处置工作**

学校及时启动招标处置工作，积极主动联系具有资质的公司，经过两次招标流标，最终采用单一来源采购形式与合作公司达成协议。学校与合作公司依次完成签订合同、确定处置方案和在省危险废弃物管理平台备案等前期准备工作。

4. **规范处置危险废弃物**

学院提前填写废弃物信息统计表、按要求装箱、张贴标签，做好转移记录，方便追踪废弃物去向。在合作公司指导下，经 2019 年 1 月和 7 月两次转运，首先转移处置除药品仓库外的危险废弃物。

从 2019 年暑期开始，学校开展药品仓库危险废弃物处置工作。学校领导多次深入现场指导，在废物利用的前提下，校、院工作人员在公司配合下全面投入危险废弃物的减量、分拣、封装工作。由于运输车辆出入城区限制，废弃物装箱和转运工作多数在夜间进行，此次废弃物转运工作强度大、难度高、时限长。公司共用 4 个月时间分批次转移仓库危险废弃物，对仓库进行全面清理消毒，对所有废弃物完成无害化处置。至此，学校历史积累的危险废弃物妥善完成转移处置。

5. **基本形成危险废弃物常态化处置机制**

为规范、有序、及时处置实验废弃物，学校与具有资质的公司签订日常废弃物转移合同。学校指导学院规范做好危险废弃物回收处置工作，发布废弃物处置工作通知，联系公司及时来校转运实验废弃物，基本形成实验室危险废弃物常态化处置机制。

（二）加强危化品全生命周期安全管理

废弃物处置工作仅是危化品管理的末端环节，应纳入危化品全生命周期管理。学校在做好废弃物处置基础上，逐步规范危化品全生命周期安全管理，主要从以下几个方面加强管理。

1. **健全规章制度**

学校2019年颁发了《实验室建设与管理暂行办法》《实验室危险化学品安全管理办法》和《实验室危险废弃物安全管理办法》等规章制度，理顺管理机制、界定职责边界、明确目标任务，形成校、院、实验室三级危化品安全管理机制。校实验室管理工作委员会统一领导全校实验室安全管理工作，学院为实验室安全管理主体，实验室负责人落实各项安全管理任务。实验室危化品安全管理工作有章可循、有标可对。

2. **开展安全知识宣传教育**

学校通过安全工作会议总结实验室检查情况、带领学院领导学习安全制度、布置安全管理任务。学院召开实验室安全工作布置会，通报实验室安全隐患、落实隐患整改、规范师生实验操作。

学校组织专家编印《实验室安全手册》，内含危化品、消防、水电、特种设备、辐射、生物、激光、废弃物等安全知识。在网页给师生提供各级法律法规和实验室安全知识；搭建了实验室安全知识与考核平台，积极推动实验室安全准入制度。

2019年学校举办实验室安全专题培训与危化品泄露突发事件处置应急演练活动。编制安全隐患、事故警示、安全须知、危化品等安全知识展板；组织师生参与观摩危化品泄露应急演练；聘请专家围绕“实验室安全”主题在两个校区分别为1000多名师生开展讲座培训。学校通过多形式、多举措、多角度宣传教育提高师生安全防范技能和意识。

3. **加强危化品安全检查**

学校成立实验室安全技术专家督导组，开展实验室安全调研、评估、督查、指导、咨询、培训等工作，督促学院及时整改安全隐患，指导师生规范实验。

学校按照“全覆盖、零容忍、对标准、重实效”的原则，采取学院自查、学校集中检查、督导组巡查的检查流程，形成常态化、规范化的实验室安全检查和督导工作。2019全年落实2次教育部组织的实验室安全专项检查，先后印发工作通知13个，在开学前、学期结束和重要时间节点，组织6次特殊时段排查整改。

学校及时梳理检查结果，建立实验室安全隐患台账，向学院发放实验室安全隐患整改通知书。各学院对照安全隐患通知书即知即改、立行立改，并以书面形式反馈实验室安全隐患整改报告。

4. **建立危化品信息管理系统**

为规范危化品管理台账，实现危化品的全生命周期记录和动态管理，学校建设危化品信息管理系统，有效简化危化品入库、领用、审批、出库等流程，建立师生与药品仓库信息渠道，提高药品共享度，避免药品重复购置，便于主管部门监督管控危化品采购和使用情况。

三、成效与体会

（一）争取领导重视，获取工作支持

学校领导高度重视，设立专项经费，助力开展此项工作。我校近年来实验室配备消防设备、应急喷淋、安全防护设备、废液收集容器，设立危险废弃物暂存柜和处置历史积累危险废弃物等工作，正是由于校领导高度重视危化品安全管理工作，召开专题会议讨论危险废弃物处置工作，加大专项经费投入，给予实验室安全管理工作有力支持。

（二）完善制度建设，形成长效机制

学校要加强规章制度建设，健全危化品安全管理体系，形成废弃物处置长效机制。由于我校健全完善了实验室管理和检查的规章制度，实验室安全管理制度体系基本形成，危废处置工作能及时、有序、规范开展。

（三）加强宣传教育，提高专业水平

实验人员是危化品日常的主要管理者，师生对危化品安全知识掌握情况、应急处理能力、实验操作的规范性是学校危化品安全的重要保障。我校通过安全知识培训、应急演练、安全知识手册、安全准入制度等多渠道多形式向师生宣传安全知识，切实加强师生安全意识，提高专业水平。

（四）强化过程管理，建立流程标准

学校危化品数量众多、品种繁杂，性质各异，具有易燃、易爆、易中毒、腐蚀性等特点，在危化品全生命周期中需建立流程标准，强化过程管理。我校通过建立药品仓库和废弃物暂存柜；配置废弃物专用回收容器；组织安全讲座和应急演练；招标具有资质的公司进行危险废弃物处置，在危化品全生命周期建立流程标准，强化过程管理，有效提高危化品管理规范性，减少安全隐患。

面对险情　有条不紊

——关于学生宿舍强电井火情处置与回顾

尹秋艳　乔少华

一、案例简介

2018年2月5日18：06，某高校学生宿舍2号楼13层强电井发生自燃。驻场4名保安与2名工程师迅速开展应急响应组织学生安全疏散，并于18：24成功扑灭起火点。火情被限制在强电井内的电表箱周围，没有蔓延、没有人员伤亡和大额经济损失。

但是，火情遗留的浓烟淹没了13层(起火楼层)～16层(顶层)，并导致2号楼9层～16层断电，2号～4号3幢宿舍楼断网，致使140名学生无法返回宿舍入住。

当晚，公共安全部联合学生、运营、信息等部门根据应急预案与业务持续计划，有条不紊地完成了临时住宿安排、备用车调度、供电恢复、网络恢复、信息发布等一系列应急和恢复措施。21：50，除13层起火楼层因电表烧毁无法恢复供电外，其余楼层恢复正常，学生恢复入住；受影响的16名学生已妥善安排到校外临时住宿。

二、处置过程

(一)处置全过程

本次火情处置基本按照学校的应急预案和业务持续计划同步实施：

(1)立即开展火警应急响应，

(2)同时开展应急沟通与决策，及时分享信息和发布官方消息，

(3)尽快恢复宿舍正常状态，消除断电、断网、浓烟、燃烧灰烬、恐慌情绪、社会和校内舆论等影响。

处置过程按部门分工(纵坐标)、行动时间(横坐标)以及行动属性(应急响应、沟通决策、恢复)绘制火情处置行动图(图1)，行动的详细介绍见火情处置时间表(表1)

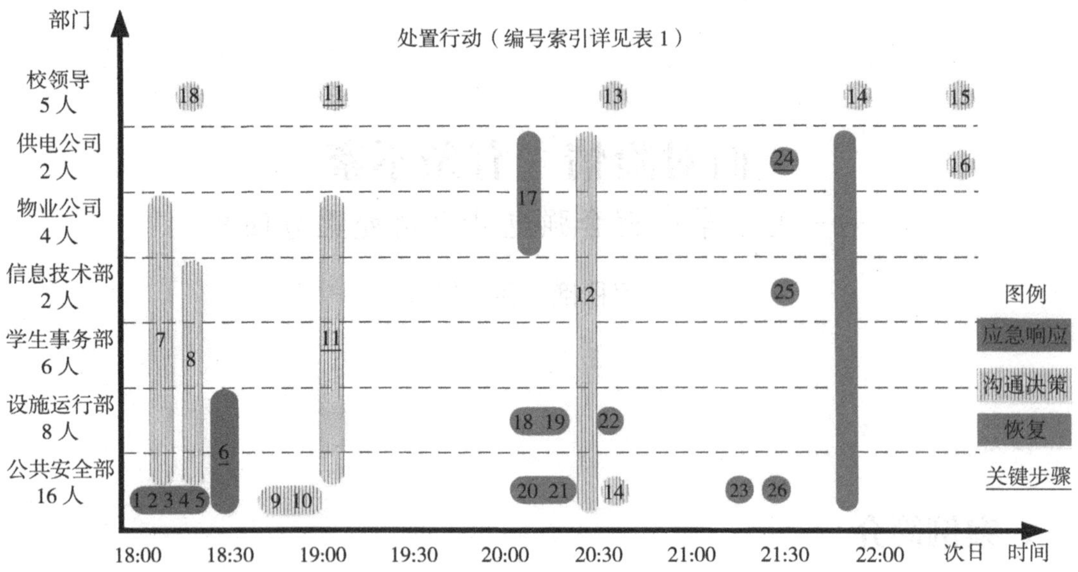

图 1　火情处置行动图

表 1　火情处置时间表

序号	时间	处置行动	现场状况	核心任务
一、火警应急响应				
1	18：06	13～16 层多点自动火警	火警及疏散广播响起	启动疏散
2	18：09	保安现场确认火警	13～16 层室内浓烟弥漫	找到起火点
3	18：12	保安报告安全部领导	领导小组与现场保持沟通	启动应急领导小组
4	18：13	保安找到 13 层起火点	强电井被锁，无法灭火	扑灭初火
5	18：18	保安组织人员清点	疏散学生、稳定情绪	确认无人被困
6	18：24	工程师打开强电井保安扑灭起火点	13 层电表烧毁、7～16 层断电、粉末、浓烟污染	查明起火原因
二、应急沟通及决策				
7	18：12	成立现场响应团队及微信群		分享信息联合处置
8	18：15	启动应急领导团队及微信群	各支援部门赶往现场	了解情况，做出决策
9	18：45	向该宿舍住宿学生发邮件通报火情	学生疏散出来妥善安置	安抚学生情绪
10	18：50	向政府有关部门通报情况	消防队检查火情现场	

续表

序号	时间	处置行动	现场状况	核心任务
11	19：05	应急领导团队确定准备临时住宿	9～16层断电，需要抢修	确认临时住宿名单
12	20：25	确认13层当晚无法恢复供电	供电公司抢修人员到场	尽快恢复其他楼层供电和清洁
13	20：36	邮件通知学生安排临时住宿		安抚受影响学生
14	21：46	邮件、微信告知全校师生	宿舍恢复正常，受影响学生用车送往临时住宿点	稳定舆情
15	次日	邮件告知家长	舆情稳定	安抚学生家长
16	次日	事故调查，全面排查隐患	查明原因	供电公司全面更换隐患部件
三、恢复				
17	20：02	拆除烧毁电表，隔离烧毁电缆	高压配电间跳闸	恢复其他楼层供电
18	20：10	手动开启各层门窗	通风吹散烟雾	恢复无异味
19	20：20	手动复位各层消防强切		复位强切开关
20	20：20	手动清洗浓烟区烟感		复位烟感
21	20：23	班车到位，能运送150人	当晚无法恢复供电，可能140人将受影响	
22	20：30	逐层打扫燃烧灰烬	13层灰烬多，16层浓烟大	恢复地面墙面清洁
23	21：18	班车实际运送16名学生至校外临时住宿		确认学生名单
24	21：30	供电公司恢复9～16层供电		逐层安全检查
25	21：30	恢复网络		
26	21：30	恢复门禁、监控		
27	21：45	逐层安全检查	除13层，其他楼层正常	
28	21：50	9～16层恢复入住	供电、网络、保洁、空气、门禁、监控恢复正常	收集学生反馈

（二）火情应急响应

现场4名保安、2名工程部师傅、约140名学生各司其职，在短短18分钟内完成了应急疏散、人员清点、报告领导、查明火源、扑灭初火等一系列行动。每个步骤迅速、准确、安全，实战检验了应急预案和日常演练的有效性。

（三）应急沟通与决策

由于每个环节的信息被准确传达，应急领导团队及时做出决策、调集可用的资源（现场响应人员、备用车、临时住宿和资金等）为整个宿舍尽快恢复、安排学生临时住宿提供了有力保障。现场情况和领导决策通过微信、邮件、现场告知等形式按照图2由内向外依次发布，通知对象按群体逐步扩大，起到安抚学生、向政府部门报备、通知全校和让家长放心等作用。

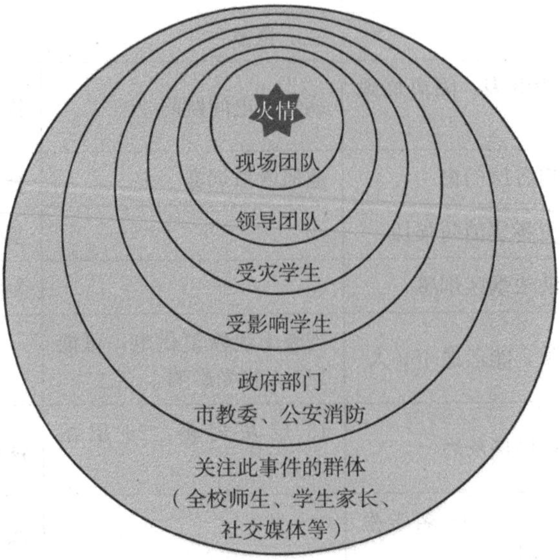

图2　应急沟通顺序图

（四）恢复

按照业务持续计划的要求，恢复过程应尽早开展，尽快恢复原有秩序。本事件的应急响应、沟通及恢复示意图详见（图3）。

当晚应急处置持续4小时（事故调查及整改于次日完成），其中灭火、疏散等应急响应耗时约半小时；大部分时间用于恢复宿舍原有状态，减少火情造成的影响（断电、断网、浓烟、燃烧灰烬、恐慌情绪等）。

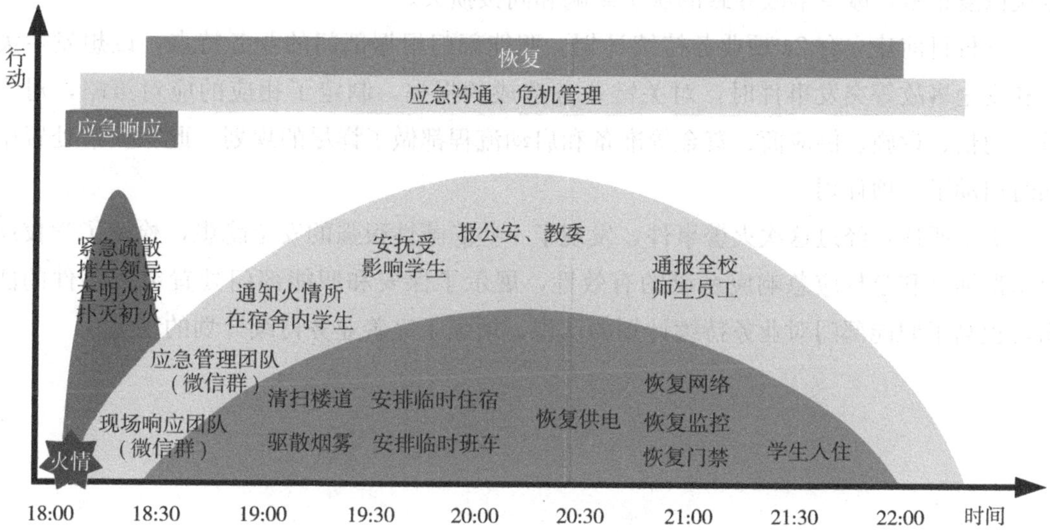

图 3　应急响应、沟通及恢复示意图

三、分析与启示

（一）简明的事件分类分级

如 2.2 节介绍，应急响应侧重第一时间现场的行动和操作，因此应急预案应简洁明了、操作性强，便于一线人员能够迅速启动。

学校除编制详细的应急预案文本外，还为现场保安、指挥值班员编制了常用应急事件的分类、分级简表，并规定了上报领导的时限。该表张贴于主要值班岗位现场，在实际中经常发挥指导作用。

（二）明确的应急分工

处置过程中各部门各司其职、相互协作、信息互通，是本次事件顺利处置、宿舍迅速恢复的基石。这得益于平时的应急准备和桌面演练，学校编制有《应急分工和沟通系统》（实际精确到人名和电话）并多次进行桌面演练。校领导与初始响应团队建有微信群和通讯录，一旦发生较大事件，即可启动该系统，召集应急管理团队、支援团队和后备团队。

（三）完善的业务持续计划

业务持续计划（business continuity plan）目的是在应急事件发生后，在应急处置有条不紊开展的同时，启动恢复重建程序，使学校原有业务如教学、科研、住宿、班车等尽快恢复正常，减少事故导致的次生影响和间接损失。

学校目前建立有 24 项业务持续计划。职能部门根据部门的业务特点，设想发生灾害和安全事故等突发事件时，对关键业务造成的损失，制定了相应的应对策略，对人员、通信、设施、供应商、资金等准备和启动流程都做了详尽的规划。此次火情处置中同时启动了 5 项计划。

综上所述：经过这次火警事件，发现了一些隐蔽性很强的安全隐患，检验了学校应急疏散演练和学校应急响应系统的有效性，展示了保安和职能部门处置突发事件的能力，提高了职能部门对业务持续计划的认识，增强了完善业务持续计划的动力。

提升安全隐患排查能力　实现实验室管理制度化

——某高校实验室失火案例及其启示

张俊伟

2019年11月20日下午，宁夏某高校2018级10名本科生在该校“环境科学与工程实验室”进行“土壤中重金属测定”实验时，由于实验过程中产生的酸性物质腐蚀通风橱风机电线，导致漏电引发火情，由于处置得当，火情得到及时控制，未造成重大财产经济损失及人员伤亡。

一、案例简介

2019年11月20日15时许，该校任课教师白某某指导2018级罗某等10名本科学生做“土壤中重金属测定”实验。10名学生被分为2个小组，其中第1小组6人在A实验室，第2小组4人在B实验室（空间较小）。两个实验室在同一楼层（一楼）且相隔不远。

实验进行到15时40分，B实验室开启通风橱进行通风。16时42分，B实验室实验柜上端的排风管突然起火，并产生大量刺鼻浓烟。

二、处置过程

（一）应急处置

在B实验室做实验的学生发现火情后，学生罗某立即拉闸断电，学生侯某某、李某某利用实验室干粉灭火器进行灭火，并将明火熄灭。

此时呛人浓烟已充满实验室，几名学生撤离到实验室外，并将情况告知指导老师，指导老师拨打保卫处电话求助。

保卫处接到报警电话后，立即组织4名保卫干部带领微型消防站队员（由5名保安员组成）携带灭火器材赶到事发现场扑救。此时火又复燃，B实验室及楼道内由于浓烟弥漫，工作人员已无法进入实验室内灭火。为防止楼内师生吸入有毒烟气造成伤害，保卫人员立即组织、引导师生向楼外疏散，同时绕至实验室外窗户处利用干粉灭火器灭火。

由于着火点处于实验室通风橱的拐角部位，灭火器不能有效灭火，保卫人员立即拨打“119”报警。在等待消防救援人员到来之际，保卫人员继续奋力灭火，共使用14具灭火器。约5分钟后(15时58分)三辆消防车到达现场，此时明火已基本扑灭，但仍有浓烟从实验室冒出，消防人员铺设水带进行了彻底扑灭，并利用排烟风机进行排烟，最终彻底消除了火患。

此次失火事故，造成通风橱风机及排气管烧毁，另外，在灭火过程中损坏玻璃4块、防盗窗护栏1扇。由于火情发现早、处置得当、过火面积小，未造成人员伤亡和重大财产损失。

(二)事故调查

事后，学校成立了由保卫处、教务处、资产管理处等部门组成的事故调查工作小组，对此次失火原因进行调查、分析，最终得出以下结论：由于实验过程中产生的酸性物质腐蚀了通风橱风机电线，导致漏电引发火情。

(三)责任认定及事件处理

本次实验分两组进行，一组在A实验室，另一组在B实验室。因B实验室空间较小，通风不畅，参加实验的学生罗某等四人未按老师要求进行实验，实验过程产生刺鼻味道后，没有立即采取措施，关闭所有设备终止实验，也没有及时向指导老师反映情况，更没有主动查找原因，而是在楼道、实验室门口呼吸新鲜空气，思想十分麻痹；指导老师白某某在实验开始后，一直在A实验室门口观察，实验过程中没有尽到监管责任。

1. 对指导老师的责任认定及处理

认定白某某在实验过程中，由于责任心不强、监管不到位；缺乏应对突发情况的能力，对火情处置不当，对本次事故负有直接责任。对其做出“在全院通报批评”的处理决定。

2. 对学生的责任认定及处理

认定学生罗某、李某某、王某、杨某某在实验过程中，没有按照老师要求开展实验，发现异常情况没有采取相应措施，也没有及时向指导老师报告，负有直接责任，对其做出“在全院通报批评”的处理决定。

3. 对学院书记、院长的责任认定及处理

学院书记、院长由于管理松懈，负有监管不力的责任，学校对其做出“在全院公开检讨”的处理决定。

（四）整改措施

事故发生后，引起学校对实验室安全工作的高度重视，校领导做出重要指示：一是要求保卫处、教务处、资产管理处开展一次针对全校教学、科研实验室的安全隐患大排查、大整治工作，坚决杜绝实验室安全事故的发生。二是加强对全校实验室工作人员及学生的消防安全知识培训力度，增强和提高广大师生的消防安全意识及火灾等安全事故处置与火场逃生自救的能力及技巧。三是对全校实验室通风橱进行技术升级改造，严防类似事故再次发生。四是要求各实验室制定和完善《安全管理制度》及《实验人员操作及行为规范》，并将制度与规范落到实处。五是学校要尽快成立职能部门，由专业人员对实验室进行管理，确保学校实验室安全。（注：该校已于 2019 年 10 月将原“资产与后勤处”更名为“资产与实验室管理处”，下设“实验室管理科”，并配备专业人员，负责全校实验室安全管理工作。先后制定出台了《实验室安全事故应急预案（试行）》《化学类安全事故应急处置措施》《生物类安全事故应急处置措施》《辐射类安全事故应急处置措施》《特种设备类安全事故应急处置措施》《危险化学品管理暂行办法》《实验室安全管理办法》《科研项目实验室全风险评估管理办法（试行）》《实验室安全环保奖惩管理办法（试行）》《实验室安全检查制度（试行）》《实验室人员安全准入制度（试行）》《实验室特种设备管理办法（试行）》《实验室危险废弃物管理办法（试行）》《实验室安全分类分级管理办法（试行）》《实验室安全隐患排查整改督导销号实施办法（试行）》等实验室安全管理制度与措施。）

三、分析与启示

本案例由于火情发现早、处置得当未造成重大经济损失及人员伤亡，假若火情没有被及时发现，初起阶段没有得到有效控制，导致火势蔓延，引燃实验室内可燃、易燃、易爆物品及有毒、有害化学实验试剂或烧毁贵重实验设备，后果将不堪设想，损失亦难以估量。分析近几年高校安全事故，实验室安全事故占有很大比例，往往造成十分严重的后果及负面影响。

实验室安全事故集中在高校和科研机构，每起事故不是造成重大经济损失，就是以失去生命为代价，教训十分惨痛。在实验室安全管理中，每一处小小漏洞，每一个不易觉察的隐患都可能导致重大的安全事故。实验室安全管理工作应当引起高校管理层的高度重视。

高校实验室承担着学校教学、科研实验任务，是培养和造就专业、高级人才的重要场所和重要保障，集中了学校主要技术装备与教学、科研资源。一些国家重点科研实验项目也依托高校将实验室建在高校校园，所以高校实验室也承担着地方及国家一些重点科研项目的实验任务。众所周知，实验室是贵重仪器、设备及危险可燃、易燃、易爆、有毒、有害化学试剂最为集中的场所，随着高校办学规模和招生数量的不断扩大，高校实验室资源日益开放及进入实验室人员数量多、流动性增大，实验室安全就显得尤为重要。在实验过程，实验人员(包括工作人员与参与实验的学生)未经安全技能培训、不按实验要求规范操作或安全意识淡薄、思想麻痹，极有可能导致火灾、爆炸等其他安全事故发生，从而造成人员伤亡及重大财产损失。

仔细分析高校实验室安全事故原因，我们不难发现，实验室安全事故有硬件建设方面的问题，也有软件建设方面的原因。现实中，人为因素更突出，表现在安全制度不健全、安全意识淡薄、安全技能缺乏、应对紧急事件措施不力等方面。所以制定完善实验室安全管理制度，对实验人员开展安全知识教育、安全技能培训十分必要。也十分迫切，是杜绝高校实验室安全事故最有效的途径。

交通安全篇

构建智慧校园安防体系的案例分析

蒙　斌　王耀武　李鸿涛　许嘉悦

2018 年，国内相继发生恶性报复社会的群体性伤亡事件，造成严重社会影响。4 月 27 日，陕西米脂三中发生恶性“报复社会性”杀人事件，造成 9 人死亡 10 人受伤；8 月 20 日，广西柳州一男子驾车冲撞多辆电动车，造成 2 人死亡 12 人受伤；9 月 12 日，湖南省衡东县一男子驾车故意猛烈撞击人群后，又下车持械砍伤现场群众，造成 12 人死亡 43 人受伤的严重后果。南京理工大学也曾发生此类恶性事件，作为人员高度密集的高校如何应对，这是一个亟待解决的现实问题。

一、案例简介

2018 年 12 月 7 日，南京理工大学保卫部门接公安机关通报，网名为“刘诺一”的男子在微信群声称，将于当日在南京理工大学校内驾驶机动车辆冲撞人群，企图制造重大流血事件，恶意报复社会。公安机关通过技术手段查明，该男子真实姓名为刘某，户籍地址为南京市玄武区孝陵卫街，系南京理工大学退学学生，相关技术手段显示该男子正在校内，情况十分危急。

二、处置过程

接到通报后，保卫部门领导立即向学校主管领导进行了汇报，启动了《南京理工大学治安安全类突发事件应急处置预案》Ⅱ级应急响应，学校应急指挥中心发布指令，要求全体人员立即开展工作。

（一）加强校门管控，了解嫌疑人信息

学校立即对通行机动车辆的二号门、五号门、七号门三个大门的进校车辆进行逐一盘查，其他校门也立即进行封闭管理，仅留行人步行通道，并提高警惕。同时，通过学生工作处、研究生工作部了解查询嫌疑人的详细情况，并在学校具体分管学生工作的副

书记微信工作群中提出查找嫌疑人情况的工作要求。当日 12 时 05 分查实嫌疑人为我校理学院 2005 级退学学生刘某，立即通知该学院分管学生工作副书记马上排查刘某在学校内是否还有同学、朋友，以便查找其下落。

（二）加强校内交通禁区管理

迅速对校内交通禁区路口进行封闭管理，封闭后仅剩的 1 处交通路口（一号路民爆楼路口）也使用路锥进行临时性封闭，并派人严格盘查过往车辆，所有路口都布置力量进行了封堵，防止其强行闯入学生主要活动区域。

（三）加强人员密集场所管理

强化公共场所门禁管理，要求办公、教学、实验室和学生宿舍等实施楼宇门禁管理场所的物业管理单位，加强门禁系统管理，严格来访人员查验登记工作。加强开放式场所管理，由于当时正值学生中午放学就餐时间，第一时间向学校后勤服务中心饮食服务公司通报相关情况，要求立即安排人员加强对各食堂门外管理，并安排保卫干部负责各食堂防控工作。

（四）全面搜寻嫌疑人下落

根据公安机关后续通报，确定嫌疑人刘某在校内，按照公安机关提供的嫌疑人照片，安排校园管理与保卫处所有工作人员立即行动，全体到校园干道寻找嫌疑人及车辆。同时联系公安交警部门，查找嫌疑人刘某名下车辆信息。学校监控报警中心将嫌疑人照片输入人脸识别系统进行比对筛查，寻找其踪迹。根据公安机关通报的嫌疑人刘某车辆牌号，在学校机动车管理系统查询车辆进出校情况，发现嫌疑人驾驶车辆于当日 10 时 20 分由学校二号门换证入校（非校内登记车辆），11 时 55 分已从二号门离校。随即将嫌疑人车牌号纳入学校机动车管理系统黑名单进行监控，校门处实施的管控措施维持不变，校内各路口管理恢复正常。同时，增派校卫队员到二号门（未登记车辆入校校门）、五号门和七号门加强管理，防范其再次来校或冲撞校门。

（五）成功抓获嫌疑人

当日 12 时 46 分，公安机关通报在学校南大门南侧路面斑马线附近发现嫌疑人车辆，指挥中心立即调取现场监控画面，锁定嫌疑人车辆，通过视频分析，确定嫌疑人就在车内。校园管理与保卫处工作人员会同在学校应急指挥中心的公安民警立即赶赴现场，同时安排其他相关力量奔赴现场协助处置。12 时 58 分，在学校保卫干部的协助下，公安机关将嫌疑人刘某成功抓获，避免了一起恶性伤人事件的发生。经公安机关审讯，刘某对拟在校园内驾车冲撞人群，造成群体伤亡恶性事件的图谋供认不讳。

三、分析与启示

本次事件成功处置，得到公安部的高度关注，获得了省教育厅和省公安厅等相关主管部门充分肯定和赞许。政府有关部门表彰了本次协助抓获嫌疑人的学校保卫工作人员，授予参与处置的保卫干部“见义勇为先进个人”荣誉称号。事件之所以能够得到迅速有效的处置，避免了可能发生的流血事件和恶劣社会影响，主要得益于南京理工大学建立校地四维安防机制、校内智能安防系统及联动机制、校园安防体系三道防线的有效运行和拥有一支高素质的校园安保队伍。

（一）校地四维安防机制发挥有效作用

学校发展离不开安全稳定的校园环境，南京理工大学历来高度重视校园安全工作。江苏省教育厅、国家安全厅、公安厅、市公安局等政府相关部门对学校办学特色和区位特点综合而形成的安全特需高度关注，在校园安全工作实践中，确立了驻地政府部门主动参与、学校积极强化防范的指导思想，以校园为载体，以“维稳反恐、治安管理、消防安全、秩序维护”为维度，按照“校地共建、齐抓共管、打防并举、快速反应”要求，建立校园四维安防机制，保障学校安全发展。学校高度重视校地之间联动机制的完善与提效，坚持信息工作与执行工作相结合。在信息工作方面，注重加强与政府部门之间的信息沟通交流；在执行工作方面，校地双方共建校园安全垂直化管理机制；在综合治理的工作开展中，联合打击校园违法犯罪，联动进行安全检查，在相关工作中取得了显著成效。在本次突发事件处置过程中，与公安部门频繁的信息交流沟通，对掌握犯罪嫌疑人的个人及车辆信息、实时位置信息有效交互等，以及最后“兵不血刃”地抓获犯罪嫌疑人起到了决定性的作用。学校以安全管理的智能化为导向，不断完善校内智能安防系统及联动机制，通过构建涵盖了大数据应用、人工智能等领域的安全管理平台，实现了管理覆盖面的拓展与纵向的延伸，从而能够从容应对日益复杂的校园内外部安全环境考验。

（二）适应安全管理新常态，拓展校园安全“大视野”

新常态下，国家安全与社会稳定面临诸多风险与挑战，促使学校对校园安全稳定工作的新思考。2016 年以来，学校完成了校园安全大数据管理平台的建设，平台集校园消费、上网行为、人群分布、行为轨迹、预警中心五大系统于一体，极大地拓展和提高了管理的视野及主动性。通过对各类敏感信息的及时掌握，实现了对于安全稳定工作的事前预警、事中监控、事后可查，拓展校园安全“大视野”。该平台在“十九大”安保和国家公祭日安保中历经了实战演练，得到了省教育厅、省综治办、省公安厅的高度认可。

（三）把握安全管理的新要义，培育技术应用的“大格局”

当前，新时代的安全管理正朝着“全方位、立体式、无缝隙”的方向快速发展。对此，学校坚持校园整体动态安全观，依托电子信息和计算机科学学科优势地位，通过不断加强与省公安厅社会公共安全重点实验室及国内著名安防设备生产商的技术合作，培育形成了以人脸识别为核心，机动车车牌识别、超速(卡口)管理和门禁管理系统为抓手的校园安防智能化技术应用“大格局”。与此同时，学校在校园安防的立体化、无缝隙化方面持续发力，将人脸识别技术之应用价值充分融入集预警、接警、处警于一体的监控报警指挥中心，有效阻隔了违法犯罪嫌疑人及其他“黑名单人员”对校园安全的首次伤害及二次伤害。学校通过拓展“大视野”和培育“大格局”的安全管理实践，精细打磨整体安防体系，为实现高校安全管理在科技领域内的“弯道超车”提供了可能。

（四）构筑校园安防体系三道防线

学校通过使用机动车车牌识别、超速(卡口)管理和门禁管理系统等智能安防技术手段构筑了具有纵深的校园安防体系，形成了从校门门禁智能化、学生人员密集区禁区化到楼栋门禁系统化的三道防线，促进了传统“物防”与新时代“技防”的完美融合。在本次事件中，嫌疑人车辆属于未登记车辆只能从二号门换证加智能识别进校。由于学校在学生学习和生活区等人员密集区设置了机动车禁区，嫌疑人车辆在10时20分进入学校后，沿学校二号路、友谊河路和一号路等徘徊，因无法进入学校设置的交通禁区即人员密集区，遂于11时55分从二号门离校，到学校南大门(非机动车及人员出入门)南侧路面斑马线附近伺机而动。

（五）建立健全高素质的校园安保队伍

学校建立了由保卫干部、校门门卫、应急处突机动队构成的校园专职安保队伍，设立校园110值班平台，实行24小时值班制度。与此同时，将中枢指挥与一线巡防有机结合起来，将专业力量与辅助力量结合起来，加强预案演练，消除安全隐患，确保了在应急处突工作中的反应快速、处置有效。本事件能够迅速妥善处置，与学校拥有一支素质过硬、业务能力强、敢于担当的校园安保队伍息息相关。政府有关部门对本次协助抓获嫌疑人的学校保卫工作人员进行了表彰，并授予保卫干部见义勇为先进个人荣誉称号，充分说明政府有关部门对学校参与处置本次事件安保工作队伍的认可。

（六）重点人员信息掌握的思考及应对

本次事件嫌疑人刘某系学校离校多年校友，因被退学而对学校产生怨恨，意欲实施非法行为进行报复引发该事件。近年来，个别人员因对教育、工作、社会待遇等方面不满，从而形成仇视和报复社会的不良心态，进而对无辜群众采取车撞、砍杀、爆炸和投毒等过激行为，造成群死群伤的恶性案件时有发生。这类人员报复的对象通常选择与自身有交集的单位内部无辜群众，无论是高校还是社会单位都应加强对重点人员进行排查和管控。

高校是人员密集场所，应进一步完善重点人员管理机制，将在校或已离校的对学校有负面情绪的师生员工纳入重点人员管控范畴，这也是我们需要从本次事件中进行总结和思考的问题。建议高校相关管理部门，特别是学工、人事和校友会等部门应注意收集对本校有负面情绪的各类人员相关信息，并统一纳入重点人员管控范畴。各社会单位也应在安全隐患排查的时候，将对本单位或社会有不满等负面情绪的人员重点关注，作为预防恶性事件的一个重要工作措施来落实。

应急处置校园交通突发事件的经验与启示

李修荣

近年来，高校校园交通事故呈多发趋势，事发后如何妥善、迅速地应急处置，成为高校保卫部门的重大考验。2017 年 11 月，山东大学(青岛)发生一起轿车意外撞人，致 1 名学生死亡、2 名学生受伤的交通事故，事故衍生出了舆情事件。山东大学(青岛)高度重视，全力以赴做好应急处置，一方面协助公安机关处置交通事故，一方面积极应对舆情，做到伤亡学生亲属满意、领导满意、师生满意，维护了学校和社会稳定。

一、案例简介

2017 年 11 月 20 日 14 时 40 分许，山东大学(青岛)校园内明伦大道发生一起交通事故。肇事司机吴某为承包山东大学(青岛)创新创业中心建设项目施工业务的校外人员，因感冒多日，身体不适且疲劳驾驶，车辆失控冲上明伦大道南侧人行道，发生交通事故，导致某学院男生周某死亡、刘某手腕骨折及皮肤挫伤、黄某手臂擦伤。

事发后，当地公安机关以涉嫌过失致人死亡罪将驾驶员吴某刑事拘留。但在事故处置过程中，死亡学生亲属利用网络媒体，多次发出不实言论，给山东大学造成了负面影响，意外交通事故衍生出了舆情事件。

二、处置过程

事故发生后，山东大学(青岛)分管安全保卫工作的校领导、保卫处负责人等第一时间赶到现场，组织力量维持现场秩序、协助地方公安部门勘查现场，同时上报学校主要领导。当日 15 时许，山东大学(青岛)召开应对突发事件紧急会议，部署事故处置工作，启动《应急预案》，并根据《预案》成立了事故处理指挥中心和 6 个专项工作组，明确组织体系，确定工作任务。

指挥中心负责协调各单位开展应急处置，随时向上级请示报告，决策部署相关工作。6 个专项工作组组成和各组具体分工为：学生救治和教育引导工作组，负责受伤学生医疗和心理辅导协助工作，同时做好在校学生心理安抚和教育引导工作；学生家长联络接待组，负责伤亡学生亲属接待安抚工作；事故协查组，负责协助地方公安机关事故调查工作；舆情管控工作组，负责舆情监控与引导工作；后勤保障组，负责食宿、交通、医疗、物资、资金使用等相关保障工作；校园安全秩序维护和安全隐患排查整改组，负责校区安全隐患排查和整改及校区安全秩序维护等工作。经过17个昼夜不间断地开展相关工作，交通事故得到积极妥善处置。

（一）及时细致做好伤员救治及伤亡学生家长抚慰工作

一是及时做好受伤学生的治疗。学校第一时间联系齐鲁医院青岛院区，请求全力救治受伤学生，并派员协助做好医疗救治和心理辅导等工作。学校领导到医院慰问受伤学生，送去慰问品、御寒衣物。同时向学生家长表明依法处理事故的态度，稳定家长情绪。二是细致做好去世学生家长的陪护和抚慰工作。学校调配校医院医生、护士到家长住处全程做好医疗保障工作，派员24小时陪护周某家长，安抚情绪，劝导他们依法处理事故；学校领导亲自到死亡学生周某家长和亲属住处，参加悼念活动。学校同时调配专车在家长住处随时待命，满足家长及亲属代表的出行需求。

（二）适时做好在校学生心理安抚和校园安全教育

学生救治和教育引导工作组立即组织力量，在做好受伤学生医疗和心理辅导协助工作的同时，积极为在校学生做心理辅导，引导同学们保持平稳心态，把注意力放在学习上。学校还以事故教训为例，适时组织开展安全教育宣传活动，提高师生特别是施工人员的遵章守法和安全防范意识，同时加强建设工地管理。

（三）积极有效引导和管控舆情

学校先后三次通过官微等媒体及时发布事故处置进展情况，以正视听，纠杂音，稳舆情，同时在青岛市宣传、公安等部门支持下，对网上舆情进行有效引导和监控。

（四）坚定不移地维护校园安全秩序

在当地公安机关的支持下，组成校园应急秩序维护队，全天候坚守岗位，维护学校安全稳定。周某父母及亲属多次到事发地或校门外烧纸，到周某生前宿舍查看，警员步步跟随，适时对个别人进行教育提醒，规范和管控他们的行为，维护校园秩序。周某亲属围攻前去慰问的校领导时，跟随警员果断制止他们的过激行为，确保人员安全。同时，进一步加强门卫管理，加大校园巡逻力度，确保非常时期校园的安全稳定。

（五）进一步优化校园交通安全环境

学校加大硬件投入，增加了部分交通安全设施，确保学校交通安全。购置安装隔离墩，封闭部分路口，在多条道路限行机动车。在部分道路设置隔离桩，做到人车分离。在部分路段安装减速带，在相关区域安装爆闪灯、提示牌等，提醒驾驶员注意车辆行驶速度。

三、分析与启示

这起由学生意外伤亡引发的应急舆情事件，在学校党委领导下，应急处置预案启动及时，人员到位，分工明确，应对得当，使事件得以妥善处置。12 月 6 日，死亡学生周某父母及亲属就后事处理问题达成一致意见，与学校签订了《关于周某身亡的后事处理备忘录》。学校承担周某后事处理相关费用，出于人道主义考虑，学校给予周某父母一定慰问金。受伤同学黄某、刘某事发后均得到及时有效的医疗和心理辅导，伤愈后相继回校上课。12 月 5 日，肇事司机吴某被当地检察机关以涉嫌过失致人死亡罪批准逮捕。事故和案件进入了司法程序。学校师生思想稳定，校园秩序安全正常，媒体和网上舆情平稳。

（一）原因分析

分析这起交通事故，客观事出意外，但还有以下原因。一是安全管理精细化程度需要加大。对施工工地管理、施工单位车辆管控和施工人员管理未从严掌握，个别地方存在漏洞。对个别施工人员的安全监督不到位。二是各项安全投入需要加大。在安全管理设施建设和安防人力投入等方面，经费投入不足。校区投入使用后，在区域照明、道路交通管理设施完善和警力保障等方面，未做更大投入。事故发生后，学校在做好事故处理的同时，组织力量在校区进行了全面隐患排查，把排查出的 70 多条安全隐患逐一做了分析，形成了整改方案。将安全隐患整改工作，作为硬性指标，纳入单位、部门主要负责人年终考核体系。之后，山东大学（青岛）积极协助司法部门做好事故调查和案件审理工作，为伤亡学生和家长提供了法律援助，依法追究了肇事司机的相关责任。

（二）启示与思考

意外事故致人死伤，是山东大学七万师生的痛。历经 17 个昼夜的处置工作，是参与领导和工作人员的痛。痛定思痛，主要有以下经验和启示。

一是预案完备，启动迅速。新校区在不断完善日常安全管理制度的同时，未雨绸缪，策划制定各类突发事件应急预案。交通事故发生后不到 20 分钟，学校召开应对突发事件紧急会议，启动应急预案，事故处理指挥中心和 6 个专项工作组立即根据分工开展工作，确保了各项工作的有序进行。

二是领导重视，敢于担当。应急预案启动后，山东大学（青岛）党政班子在上级机关部门领导下，不等不靠，积极协调，靠前指挥。工作过程中，既把握大局、果断决策，又敢于担当、授权一线。分工明确，应对得当，地方与学校紧密配合，高度重视，地方公安机关领导排除干扰，及时组织现场勘查和调查取证，出具结论，及时通报给学校和伤亡学生亲属，使事件得以妥善处置。

三是反应迅速，措施得力。事故处置过程中，学校坚持一切为了学生、为了学生亲属、为了学校和社会的稳定思想，各工作小组相互配合，措施得力，为事故顺利处置铺平了道路。交通事故从接到报警到出警，保卫处校园 110 值班人员用了不到 40 秒钟，赢得了时间。出警人员到达现场后，保护现场、救护伤员、控制肇事者、向社会 110、120 求助，一气呵成，体现高素质、高水准。事故调查时，勘查现场、模拟情景、分析录像，掌握了证据，为调查取证赢得了主动。

四是尊重事实，舆论引导。学校高度重视舆情应对工作，把山东大学的声誉和社会安全稳定联系在一起，网上出现一些不实的声音后，学校主动应对，以事实为依据，实事求是发布了三次公告，消除了多方疑虑，推动了后续工作的顺利开展。

五是以人为本，以情动人。在协助伤亡学生亲属处置交通事故过程中，学校坚持以人为本，积极依法为伤亡学生和亲属争取利益。工作人员和伤亡学生亲属相互理解，相互体谅，引发舆情事件后，学校没有采取过激措施，不做“以牙还牙”的事，努力做好说服解释工作，最终赢得了学生亲属的信任。

六是安全第一，防范为主。这次突发事故的应急处置，我们深深体会到：安全工作无小事，既要冷静做好突发事故的应急处理，做到亡羊补牢，更要做好事前防范、和事中监督检查，做到未雨绸缪，让各类安全隐患消除在萌芽之中。安全预防必须做到积极主动，主动做好隐患排查，主动做好安全工作方案和应急预案。必须落实责任分工，明确各单位部门责任分工，并落实到位。必须做到从严从细。大到安全制度、安全教育，小到一个小小的交通警示牌，都要脚踏实地地做好、做细。只有这样，才能切实履行好高校保卫部门的职责，维护好学校安全稳定，为学校“双一流”建设事业提供强有力的安全保障。

车辆出入校园的分流分类管理成效

刘　雷　沈　玮　马坤鹏　于长伟

随着社会的发展，出入校园机动车辆与日俱增，给学校的交通安全带来极大隐患，尤其是主校区屯溪路校区，因为老校区地处市中心，校园周边交通主干道环绕，且校内道路及校园出入口先天不足，导致校园交通秩序及安全问题日益突出，为维护校园交通秩序，保障校园交通安全，合肥工业大学屯溪路校区实行出入校园车辆分流管理。

一、案例简介

（一）校园周边道路交通拥堵

合肥工业大学地处合肥市中心，周边有一环路、九华山路、黄山路、宁国路及马鞍山路等多条主干道，交通环境复杂，据辖区交警部门数据显示，2018 年学校周边城市道路日平均交通事故多达 20 起，且在高峰时段交通拥堵，校门进出车辆如若不严加管理，将会导致车辆穿行校园，给师生带来极大交通安全隐患。合肥市物价局于今年(2018 年)8 月 1 日印发实施《合肥市机动车停放服务收费管理办法》，要求党政机关、公办学校、政务服务窗口单位，停车 1 小时内免费。该文件出台后，校外车辆穿行校园的现象必将剧增。

（二）出入校园车流量大

近三年，年均出入校园机动车达 120 万辆次。据 2018 年 6 月屯溪路校区校门出校车辆数据统计，东门平均每天出校的校内车辆为 800 车次/天左右，校外车辆 500 车次/天左右，西门平均每天出校的校内车辆为 600 车次/天左右，校外车辆为 400 车次/天左右，西侧门平均每天出校的校内车辆为 400 车次/天左右，校外车辆为 200 车次/天左右。从上述数据来看，出入校园校外车辆占 38%左右，数量较大。

(三)机动车通行校门受限

学校机动车能通行的校门仅三个，分别为东门、西门及西侧门，北门为教学区不便于开放，南门为人行通道不具备机动车通行条件。南北向不通，只能从东西向出入，导致交通压力巨大。

二、处置过程

为杜绝校外车辆穿行校园，切实打通机动车出入校园东西主干道，经研究决定，出入校园校外车辆只能从校园西侧出入(从西门及西侧门出入)且杜绝穿行，东门作为教职工专用通道，所有校门教职工车辆皆可出入，保障教职工车辆出入畅通。

(一)宣传阶段

开展为期一个月的宣传活动，通过短信平台、微信公众平台、校园网等媒体发布通知，并在各门区域张贴醒目提示牌，在校园道路主干道各路口安装校外车辆引导路示牌，告知广大车主出入校园车辆实行分流管理。

(二)实施阶段

实施过程中，在各校门加派交通疏导人员，在教职工专用通道东门外路口拦车一一查验提示，校内车辆放行，校外车辆劝导指引其从其他校门入校，在校内各门进行交通疏导，经过一个月的坚持，顺利实现出入校园车辆分流管理。对拒不听从引导的校外车辆，实行拉黑处理，谢绝其进入校园。另外加强与辖区公安交警部门及辖区派出所的协作，发生堵门纠纷难以处理时，辖区交警及派出所民警及时现场处置。

三、分析与启示

(一)打通校园唯一东西主干道，保障畅通

出入校门车辆分流管理方案的实施，辅之以东西主干道违停等违章行为的严管严控。自方案实施以来，拉黑堵门校外车辆30余起，东西主干道查处违停车辆120余辆，在严抓严管态势下，顺利打通校园唯一东西主干道，校园交通秩序明显提升，东西门车辆进出畅通有序，有效保障学校师生员工车辆出行。

(二)杜绝无关车辆穿行校园，成效显著

据2019年1月车辆管理系统数据统计，西门平均每天出校的校内车辆为560车次/

天左右，校外车辆为170车次/天左右，西侧门平均每天出校的校内车辆为900车次/天左右，校外车辆为690车次/天左右，东门为教职工车辆专用通道，平均每天出校车辆为830车次/天左右。从上述数据来看，校外车辆占入校车辆总数的27%左右，比分流管理前下降11%。

（三）加强校园内交通秩序管理，消除隐患

在成功实现校园车辆分流管理，杜绝无关车辆出入校园的前提下，保卫部门多措并举加强校园秩序管理。一是立岗指挥，上下班高峰时段立岗指挥疏导交通，确保车辆有序通行，减少交通事故。二是高频巡逻，采取责任到人划区域巡逻，对违停、超速等各类违章行为采取劝导、贴单、上锁、通报，直至拉黑谢绝入校。三是规划建设停车场，在违停严重区域周边规划建设停车场，有堵有疏，保障车辆停放有序。四是确保交通设施规范，按照市政道路规范要求对校园内交通标志、标识、标牌、标线进行设置，确保规范醒目。五是设置限行区，对学生宿舍区、教学区利用可移动路障实行封闭管理，禁止机动车驶入，确保师生安全。

四、解决途径

（一）勤于思考、加强谋划

学校安全保卫工作必须紧跟社会发展形势做出合理的，有前瞻性的研判和规划，才能确保及时有效应对，保障校园安全。交通问题是社会高速发展的结果，面对老校区周边市区道路拥堵，校园校门、道路、车位等先天不足，必须积极主动作为，结合实际加强研判分析，提出合理有效的解决方案，解决教职工对校园交通拥堵等问题的不满情绪，彰显保卫智慧，体现保卫价值。

（二）敢于担当、锲而不舍

任何工作都需要真干、敢干、实干，交通管理工作需要同志们加强巡逻、敢于管理、勤于管理、坚持不懈才能见实效，入校分流车辆的劝导解释、校园内违规行为的纠正通报、上下班高峰时段的立岗指挥等，都需要同志们长期坚持、锲而不舍，交通工作如此，其他安全保卫工作亦是如此。

（三）加强宣传、达成共识

在面对涉及广大教职员工切身利益问题时，务必做好征求意见及宣传解释工作，形成最广泛的共识，获取最广泛的支持，在实施过程中要根据实施情况及时进行调整，确保方案的合理性和针对性，要以一定的渠道适时向广大教职员工通报工作成效，获取最

广泛的认同，破除阻力，使工作顺利推进落实。

合肥工业大学多年的交通管理工作实践表明，车辆入校收费管理、车辆入校分流管理、校内停车位建设扩充、校内车辆违规行为纠正、校内人员密集区域封闭管理禁止机动车出入、上下班高峰时段主要路段立岗指挥疏导、校内交通标志(标识、标牌、标线等)设施醒目规范、交通安全知识宣传教育、与辖区交警部门开展联合执法行动等各方面工作的开展，是保障校园交通安全的重要途径，上述工作缺一不可。

提升校园交通安全治理能力的经验

葛 凯 徐 东 童政权

一、案例简介

（一）案例背景

南京工业大学占地面积 3 000 余亩，校内常住人口近 4 万人。学校依山分批建设完成，地形地貌多样，校内交叉路口、山坡及山顶道路较多，学校整体交通道路异常复杂。其次，校园内部车辆复杂，教职工、社会服务人员和学生们进出校园的机动车、非机动车较多，具有各类通行证的机动车辆共 4 011 辆，非机动车车辆共 2 697 辆，加之校园内部存在家属区，学府苑和亚青村几千户人员生活在校园内，包括探亲访友、维修装修等外来人员及其相关的车辆管理较为困难，交通事故多发。

以 2019 年两起典型交通事故为例，9 月 20 日，在东苑食堂与国家重点实验室交叉的十字路口，由于车速较快发生两机动车辆相撞事故，车辆受损严重，所幸无人员受伤。6 月 17 日，北苑外卖送餐员骑行非机动车撞到学生，学生腿部骨折，电动车损坏。

（二）问题分析

一是机动车超速管控力度不够。由于学校地形复杂，岔路口和坡道较多，虽已在校园内大量增设斑马线、减速带，悬挂礼让行人、限速和禁鸣标识，但机动车辆进校后仍高速行驶，校内校外车辆冗杂，施工、基建、送货车辆众多，学校缺少机动车测速、关键路口交通管理和有效的违章管控措施。

二是机动车数据信息不全。学校采用线下办证的方式，提交审核盖章及大量复印件材料进行办理通行证，该方式效率较低、审核结果不能及时开通进出权限，日常数据管理较为不便，需结合信息化技术，优化机动车数据管理。

三是客货运及施工车辆管控烦琐。由于学校基建施工持续不断，学校化实验室有 700 多间，危化品、施工及货运车辆进出校园频繁，日常线下申请效率较低，记录回溯较难，审核整理浪费较多人力，急需开发线上有效的管理手段。

四是非机动车管理费时费力。学校对非机动车辆的管理实行登记上牌管理制度，学生不允许骑行非机动车，但在管理过程中发现，不仅存在部分学生、外卖人员骑行非机动车进出校园，而且有大量假牌车在校园内行驶，给管理带来了很大的困难，并引发多起电动车交通事故。

五是师生交通安全意识有待提升。师生在校园内行走时横穿马路、不走人行横道的情况时有发生，部分老师驾驶机动车时未严格礼让行人、礼让斑马线，遇路口时未减速慢行等，都为校园交通安全带来了很大的隐患。

二、处置过程

(一)机动车管理

采用“校园智能卡口测速系统＋超速曝光及短信提醒系统＋车辆违章处罚系统＋主要道路口红绿灯系统＋机动车信息化管理系统”等“五位一体”方式，规范车辆进出，校内车速大幅降低、客货运施工车辆进出有序、信息化管理水平稳步提升，已形成全方位、立体化的校园机动车交通安全管控方案。

1. 建设校园智能卡口测速系统

“十次车祸九次快”，为有效抑制校园车速，校园安全部 2019 年在全校 6 个重要车速易快区域建设校园智能卡口测速系统，实时对过车速度进行监测提醒，同时辅助流动测速设备，不定期选择校园不同区域对车辆进行流动点测速，通过固定式＋流动式两种测速方式，充分保障对校园超速行为的无死角抓拍，降低校园车辆行驶速度。

2. 研发超速曝光及短信提醒系统

为直观有效地对全校行驶机动车辆进行限速提醒并及时告知超速车主，学校采取了如下措施：在进校时发放限速提醒条，设立超速曝光显示屏及短信提醒系统，将超速车辆信息通过全彩发布屏进行实时滚动显示，同时实时发送短信告知车主，动态地对车主进行限速提醒，更加充分有效地降低了校园车速。

3. 完善机动车违章管理制度

测速系统、超速曝光及短信提醒可以实现实时监测及曝光，但是在管理中发现，如无有效的管理制度，先进的设备最终也会成为“聋子的耳朵”，因此，在设施设备完善后，学校制定出台《南京工业大学机动车校园违章管理办法(试行)》，定期在校内信息网对超速车辆予以曝光，同时按规定进行处罚。

4. 主要道路口安装红绿灯系统

在学生上下课高峰期及就餐高峰期，学生众多，为有效保障此时间段的交通畅通及穿行马路人员的安全，学校在关键道路交叉口安装了红绿灯系统，同时辅以人员进行交通指挥，充分保障师生交通安全。

5. **研发机动车信息化管理系统**

随着信息化的应用不断扩大，校园安全部及时研发了校园机动车信息化管理系统，针对教工机动车通行证和客货运及施工车辆的进校审批，在校教职员工均可通过校园统一认证平台“智慧南工”线上提交申请材料，校园安全部进行线上审批，审批结束后，车牌数据自动对接下发至出入口闸机终端，快速有效地进行办理，有效解决线下的烦琐程序，且可以保证机动车辆数据的完整性、有效性及一致性。

（二）非机动车辆管理

采用“人车双重认证方式”进行非机动车管理，创新性采用 RFID 远程读卡＋人脸识别双重认证方式的新式非机动车管理系统，通过双重认证的方式保障人、车均合规的车辆才可在校内骑行，有效规避外卖为主的外来人员及学生在校内骑行非机动车的情况，有效降低校内非机动车交通事故的发生，减少交通安全隐患。

一是进门阶段：首先进行 RFID 识别，在校内报备并安装电子车牌车辆才能通过 RFID 人证识别，其次对骑行人员进行人脸识别，只有骑行人员人脸认证＋RFID 车牌人证都通过后系统才打开车闸允许车辆进入校园。

二是在校阶段：校园内部不同位置安装了人脸识别＋RFID 读卡结合的新型电子抓拍设备，当抓拍到骑行人员或者车辆有任何一项未通过认证的情况下，记录相应人员及车辆信息，记作非机动车违章，可及时取消其电子车牌并将车辆清出校园。

（三）交通安全教育

为提高师生交通安全意识，创造良好的校园环境，校园安全部通过喜闻乐见的方式开展各类交通安全教育活动。

一是开展“互联网＋”安全教育，将安全教育前置到新生开学前，通过 102 个 1 分钟的短视频，让学生学习交通安全知识。同时，积极开展大学生安全知识竞赛，将交通安全知识纳入竞赛内容，引导学生保护自己，遵守交通规则。

二是以学生为主体，建立大学生校园护卫队，紧抓“全国交通安全日”的重要时间节点，通过观看交通安全展板、参与交通知识答题、开展交通知识讲座等方式，引导师生注意交通安全，建立和谐稳定校园。

三、分析与启示

(一)超速管理要人性化、科学化

在处理机动车超速过程中要“内外有别”，针对校外车辆处理时，依规即可。在处理教职工车辆要做到“先礼后兵”，要尽可能地首先做到违章管理规定广泛知晓；其次，超速即时曝光、超速即时短信提醒是最为有效的推广超速管理的方式；最后，制定校内车超速管理规定时，要巧用“杠杆”，如学校已开始进行停车收费，使用了“经济杠杆”，校内车达到超速次数时，取消免费进出校园一周。经过实施超速严格管理，校内车超速率下降 90%。

(二)交通管理要信息化、智能化

一是随着信息化水平不断提高，为交通管理带来了巨大便利，信息化管理模式能够很大程度上提高管理的效率和服务的水平，线上审批机动车通行证办理和客货运审批时，达到了“让数据多跑路、群众少跑腿”的效果，以及一次就办成的体验，极大地提高了师生的满意度。

二是南京工业大学作为第一家采用 RFID 电子车牌＋人脸识别双重认证来解决非机动车管控的高校，为全国高校非机动车管理提供了经验；目前初步实现非机动车的管理，校园内无牌车正在逐渐消失，通过“人车双重认证”的方式管理非机动车的，保障合法人员的进出；在未来，学校还将开发非机动车超速管理系统等延伸应用系统，形成全面的有效的非机动车管理体系。

(三)安全教育要多样化、常态化

交通安全是高校校园重要的安全内容之一，不管是校内还是校外交通事故都可能直接危及生命安全，开展安全教育、提高安全意识是解决交通安全最根本的途径。在日常教育中，应该充分利用自媒体微视频、微信公众号、线上展板等多种形式开展交通安全教育活动；要经常性开展校警合作，利用重要时间节点，重大事件等广泛开展大讨论，形成常态化安全教育。在未来，还将运用互动多媒体、VR 互动体验、声光电特效等现代高科技手段建设交通安全教育沉浸式体验馆。

妥善快速处置学校交通安全责任事故

张　伟

一、案例简介

2019 年 5 月 10 日晚 8 时左右，日照市某职业学院某专业学生王某在与朋友逛街后返回学校。王某骑电动车沿山海路自西向东正常行驶，行至山海路与济宁路交叉口西约 50 米处，与肇事者方某逆行驾驶的电动三轮摩托车发生碰撞，王某倒地后陷于昏迷。事故发生后，方某拨打 120 急救电话救援，王某被及时送至日照市人民医院。王某班主任得到消息后，第一时间按照突发事件应急处置流程，电话上报学院各级领导，并及时电话通知家长，同时赶往医院。经诊断，王某肝部破裂、肋骨骨折，但是本人意识清醒，可以进行正常交流，医生建议立即进行手术。班主任将医生的治疗方案告知家长，家长选择先保守治疗，等他们从滨州赶到日照市人民医院后再作决定。11 日 6 时，王某父亲和姐姐赶到日照市人民医院，考虑到王某的亲属人生地不熟，学校安排老师和同学轮流陪护。13 日，经治疗，王某病情逐渐好转，从观察室转入普通病房。15 日，CT 显示王某体内大部分淤血已经消除，可以开始进食，其精神状态良好。19 日晚，王某伤情突然恶化，经抢救后进入重症监护室，最终治疗无效，于 20 日 19 时去世。

二、处置过程

(一)及时报告情况，遵从家长意愿

在学生发生交通事故后半小时内，该生班主任已经将事件过程和就医情况逐级报告给学院领导并告知学生家长。经医生诊断，该生当时为肝破裂和肋骨骨折，医生建议立即实施手术，班主任跟家长沟通后，按照家长的想法，选择了保守治疗。家长到达医院后，各项治疗以及事故后续的处理，学校均遵从家长的意愿并协助开展处理工作。

（二）积极协调处置，无微不至关怀

王某住院治疗期间，学校领导、老师和学生进行慰问并轮流陪护，达30余人次；王某去世后，学校委托专人协助家长联系肇事方并协调交警和保险公司处置事故后续事宜。细致的服务、无微不至的关怀和全方位的协助让学生本人和家长深受感动。

（三）全程参与抢救，及时如实上报

王某发生交通事故后，该生所在的学院立即启动应急预案，第一时间成立突发事件应急处置小组，由院长担任组长，领导各项处置工作，并及时上报学校领导事件情况；学生伤情突然恶化，转进重症监护室的同时，突发事件应急处置小组及时作出反应，院长亲自调度并安排分管学生工作的副书记、学工科科长、辅导员和班主任轮流在医院值班，全程参与抢救过程；学生经抢救无效去世后，突发事件应急处置小组派专人全程陪同家长，帮助其协调交警、联系肇事方、保险公司和殡仪馆等，帮助家长做好各项善后处理工作，同时形成书面材料上报教育厅等主管部门。

（四）坚持依法处置，积极提供帮助

该事件前期为一起普通交通事故，经事故责任认定，肇事者方某负全部责任。后来，王某在治疗过程中突然伤情恶化，治疗无效死亡。学生家长在得知肇事者已年逾60、没有固定收入、没有存款、没有保险、没有赔付能力的情况下，又经好事者中间挑拨，主张对王某的死亡学校应该负一定责任，并几度通过各种途径联系班主任、相关老师以及学校其他部门，提出要通过上访教育厅、来校干扰正常教育教学秩序等方式对学校施压。在学生家长主张追究学校责任时，学校及时成立以学生处、保卫处、二级学院等相关部门主要领导为成员的事故处理领导小组，坚持“明确责任，争取抚恤，主动服务”的指导思想，主动对接交警部门和第三方评估机构，明确对该事件责任的划分，同时向学校申请无责任事故抚恤帮扶金，并主动联系学生家长，帮助其协调交通责任认定、保险赔付、学生退费等事项。经过多次沟通与协调，学校出于人道主义，一次性给予王某亲属2万元帮扶金，并退一年学费、教材费、住宿费等共计3万元。协调保险公司按照规定及时赔付相关医疗费用和死亡补偿金。最后，学生家长表示无异议，并衷心感谢学校的帮助。至此，事件妥善处置完毕。

三、分析与启示

（一）“迅速报告、及时沟通、人文关怀”对事件处置具有基础性作用

学校在该事件中反应迅速，快速成立突发事件应急处置小组，及时上报并通报事件

信息，第一时间联系学生家长；学生住院治疗期间，领导、老师和学生探望和无间断陪护；学生伤情恶化后，安排相关人员全程参与抢救过程；学生去世后，安排专人陪同家长处理各项善后事宜。这些细致而充满关怀的做法让学生和家长深为感动，为事件的妥善处置打下了良好的基础。

（二）“依靠公安机关、权威机构明确责任划分”对事件处置具有关键性作用

在后期学生家长试图追究学校责任的时候，学校及时成立事故处理领导小组，主动对接交警部门和第三方评估机构，迅速明确对该事件责任的划分，得出学校无责的权威结论，及时告知家长，转变了家长的思想，为事件的顺利处置起到关键性的作用。

（三）“多方争取补偿”对事件处置具有催化作用

学校给予家长无责任事故抚恤帮扶金，并合理地退还一年学费、部分教材费和部分住宿费，同时学校积极协调保险公司赔付相关医疗费用和死亡补偿金，还协调王某报名的专升本辅导机构全额退还辅导费用。这些费用虽然不多，但对家长是一种补偿和安慰，有力地促进了事件快速处置。

（四）“完善管理制度，加大教育力度”对避免此类事故的发生具有保障作用

王某所在学院分析了近年来日照大学城大学生交通事故数据，在广泛征集学生意见的基础上，于 2020 年 1 月出台了《××学院关于规范电动车管理的规定》，规范了学生电动车的使用与管理，保障了校园安全，同时安排值班老师在上下课期间集中带队步行往返宿舍，有效避免了此类事故的发生。同时，学院通过安全教育活动、主题班会、主题团日活动等方式，进一步加大交通安全宣传力度，丰富全院师生的交通安全知识，增强防范意识，提高交通安全意识和自我保护意识。

以此事件为鉴，学院在落实学校各项规章制度的同时，进一步细化和规范了学生日常管理与服务要求，陆续出台了“学院师生文明安全要求”“学院学生公寓 24 小时值班要求”“学院学生上下学带队要求”“学院半军事化管理方案”等制度和措施，规范了学生行为管理，并经常性地开展校园安全检查，为减少学生安全事故提供了有力保障。

防范与化解校内外交通安全风险事例

林建华　罗军平

一、案例简介

福建江夏学院地处福建省闽侯县上街镇福州大学城新校区，东临福州大学、西靠福建医科大学，周边同时并存商业区、住宅区、城乡接合部以及部分村庄，形成了“校临校”“校临村”“校中路”的交通安全独特环境，常对学校确保安全稳定“零出错”“高保险”带来严峻挑战。

学校紧邻城乡结合主干公路，通村公路环绕校园四周，校园大门外每天十几万车流量经过，教学区与生活区被学府路道路分隔成两个区域，学校师生1.5万人每天有近6万人次穿行校区之间，尤其是开学、放假或上下课，交通流量骤然增加，人流、车流交叉通行，密集度远远大于城市道路交通的平均值，时常堵塞严重且延续时间长，甚至出现人流阻断机动车或机动车在人流间穿梭的险象，一旦发生事故，后果不堪设想。

以往，曾因校园周边安全环境薄弱，多次发生危害师生人身安全的事故。2016年3月19日，学校教学区门口发生一起因驾驶人犯困(疲劳驾驶)逆行，撞上对向行驶的小车后，又撞上3辆自行车和2辆电动车的交通事故，致6人受伤，所幸人员无大碍。同时也对学校交通安全环境敲响了警钟，如何破解难点、解决问题成为校党委亟须解决的一项惠民生重要工程。

恶劣的通行环境给学校师生、家长和当地群众造成极大的心理压力和担忧，师生对此反映强烈，多封投诉信至校园信箱。加之学校自行车、电动车、汽车等交通代步工具种类、数量逐年增加，无节制的内增长也不断给校园交通安全带来新的压力。在生活区与教学区之间这个学校管理的“盲点地带”，由于学生群体大量经过，经常聚集一些路边摊点占道经营，形成了一个“散、乱、差”的营商市场，打着方便学生的购物、饮食、出行等各种名义，实质给交通、治安、食品等带来诸多的安全隐患。以上出现的明显风险点，给学校安全环境带来极大隐患。

二、处置过程

近年来，校党委在充分研判学校及周边道路交通特点的基础上，邀请专家来校指导，专门召开会议进行专题研究和部署，学校领导积极向地方相关部门反映难题，向省、市人大提交建设人行天桥的议案等，并得到福建省教育厅、当地政府的高度重视和大力支持，经过多方现场办公、通力协作和专家论证、立项，达成了“破题”的共识，明确了“解题”的具体举措。

学校通过采取“5＋”强化措施，校园及周边交通井然有序，道路规划合理，基础设施完善，人行天桥飞架校区南北，师生和群众满意度大幅提升，有效地筑牢校园安全防护墙，喜获福建省首批“5A平安校园”荣誉称号。

（一）强化“排查＋治理”，消除安全隐患

对校内路网结构、道路状况、交通流量、校车和交通安全设施、停车泊位设施规划等方面进行了深入细致的摸底排查，建立完整的校园道路交通管理档案和资料，做到底数清、情况明，基础实、台账全。针对薄弱环节定期开展整治工作，在源头上消除校内交通安全隐患。

（二）强化“护学＋劝纠”，改善通行环境

在师生上、下课高峰期安排保卫干部、保安员、学生志愿者等人员在校门口站岗执勤，在主要通道口安装了移动式信号灯，对校园周边车辆进行指挥疏导，劝导行人通行遵守信号灯指示，护送学生安全通过路口，做到车不塞、路不堵，确保学校周边交通秩序井然。

（三）强化“严管＋常态”，提高安全指数

针对学校周边接送学生车辆乱停乱放、不按规定行驶、随意调头，校园门前占道摆摊等违法行为，协助属地公安、交通、城管等部门加大巡逻力度和密度，始终保持严查、严管的高压态势，最大限度地消除交通安全隐患，净化学校周边道路交通环境。

（四）强化“宣传＋互动”，扩大社会影响

积极开展交通安全宣传教育，通过组织学生观看《交通安全警示录》，召集学生参加交通安全专题讲座，开展黑板报、墙报、校园广播评比及主题班会等活动，发放交通事故图片、光碟、宣传挂图和“致家长一封信”等资料，不断提高师生的交通安全意识和自我防范能力。

（五）强化“硬件＋软件”，完善交通设施

加大资金投入，加强校园内各类交通设施改造完善，对交通要道、十字路口、交叉路口、坡道等处增设国标禁令、指示、告示牌、减速带等。把校园教学区、办公楼、生活区等基础建设纳入校园交通规划统筹，对校园机动车分流行驶和规范化停放进行管理，建立校园智能接触式IC卡感应系统交通管理模式，在主要路段上安装视频监控系统，对车辆行驶、路面交通情况等进行实时监控，实现“校园交通安全管理智能化”。

2019年5月，以1000多万元的工程成本建成一座教学区与生活区间的校内人行天桥，同时学校配套出台天桥安全通行管理规定、安装交通标识，采取上、下课错峰通行，保安、学生护学岗等安全措施，缓解了校外城市道路交通压力，净化了周边环境，又确保学生绿色、安全通行，有效防范和化解了校园及周边重大交通安全风险。在随机对1 000名师生和地方群众满意度回访中，满意率98.6%，均称此桥既是校园安全防护桥，也是一座沟通师生、群众感情的爱心桥，还给它命名“行知桥”，现已成为周边高校交通安全通行的表率。

三、经验与启示

（一）谋划要高站位，把底线思维贯穿高校安全生产的全过程

近年学校积极探索并构建校园大安全治理体系，以“放管服”改革倒逼强化事中事后监管，紧紧盯住可能出现重大安全风险的行业领域，守住安全底线。校党委面对问题不回避、不推诿，站在讲政治、讲安全的高度，怀着对生命的敬畏之情，真心实意地做好学校防范和化解重大风险的各项工作。校党委定期听取校园及周边环境治理情况汇报，安排部署阶段性治理工作，按照“党政同责、一岗双责”要求，层层压实相关职能部门责任，固化“党委领导、部门联动”工作格局，抓准破解推动安全工作难点，加大资金投入，持续推进工作，不断完善校园内各类安全设施改造。

（二）行动要高质量，把齐抓共管融入高校安全生产的总纲领

学校抓住主要矛盾深入分析问题，找准对策措施，切实解决问题。积极走访和依靠上级部门、当地政府，形成了“政府主导、部门参与、学校主抓、社会关注、源头把关、各司其职、各尽其责”的工作机制，并将此项工作作为一项长期性经常性任务来抓，持续开展“打非治违”专项整治行动。联合当地政府、公安、交通和城管、工商等职能部门，解决取缔违章搭建、管控摊点随意摆放、完善交通设施等隐患突出的问题，进一步净化学校周边安全环境，有效筑牢校园安全防护墙。

（三）考核要高效能，把标本兼治作为衡量高校安全生产的落脚点

学校认真总结经验，完善工作制度，强化标本兼治、协同配合，努力构建安全生产管理长效工作机制，对整治不力、整治后反复、师生反映强烈的问题要实行挂牌督办，限期整改，确保既治标，更治本，坚决把学校防范化解重大风险工作抓实抓细抓到位。学校开展安全督导，并将其列入年度工作细效考核；校领导每周轮流坐班，适时解决师生反映的诉求；开设大学生安全教育课程，提高师生的安全知识和安全意识；健全应急联动机制，扎实做好各类灾害事故应急处置工作。通过在学校体制机制、规章制度、安全措施等各方面、全方位发力，逐步为学校编织一张坚实的安全防护网。

网络诈骗篇

高校防电诈宣传教育的多模式体系构建与评价

钟玉芳　詹伟峰

一、案例简介

2018年11月19日中午，市反诈骗中心监测到有一位姓周的女士正在接听疑似诈骗的电话，但当工作人员多次拨打周女士电话核实时，周女士先是拒绝接听，后是接起电话后含糊其辞。事实上，此前一天周女士接到谎称电信工作人员打来的陌生电话，对方告知周女士，由于信息泄露有人用她的身份信息在长沙办理了多张电话卡。在周女士提出报警后，对方“热心”地将电话转接到“长沙市公安局”，骗子谎称周女士正卷入一起特大诈骗案，需要核实她的资金情况，要求她提供银行卡卡号和密码。骗子还威胁周女士不能将此事告诉亲戚朋友，并表示会有“协勤人员”上门协助，帮助她处理好卷入案件的消极影响。之后，“协勤人员”上门将周女士带至离家较远的银行进行转账操作，转了数十万元。

经调查了解，这种诈骗方式为公检法诈骗升级版，除了以往的电话冒充公检法诈骗之外，还有所谓的“协勤人员”上门带受害者前往离家较远的银行进行转账操作。经查询这名“协勤人员”也是电信诈骗案的受害人之一，被诈骗分子以同样的作案手法诈骗，因未缴纳足额资金，骗她可以以“戴罪立功”的方式协助警方办案，从而减轻处罚。“协勤人员”听信了骗子的说辞，以为自己在协助“警方”破案，才冒充协勤人员卷入此案。

二、处置过程

市反诈骗中心监测到一位姓周的女士正在接听疑似诈骗的电话，立刻通知属地派出所的值班民警，民警在接收到反诈中心发出的预警后，迅速抵达周女士住处了解情况。民警到达住处后，看到一位陌生女子背着周女士上楼。周女士说这是她的“外甥女”，刚刚带她去银行办理理财，并要求让她“外甥女”回家。民警发现事情不对劲，通过做周女士思想工作，周女士告诉民警刚刚的“外甥女”是“协勤人员”，帮助她前往银行转账的。警方立刻将周女士受骗的金额及银行卡号反馈给反诈中心，成功阻断涉诈金额转出。同时，警方立刻赶往火车站，并在火车站站台上成功抓获正要登上动车的“协勤人员”。

事件发生后，学校保卫部门高度重视，立刻联合离退休处及属地派出所，在全校范围内开展针对离退休职工的防骗教育，包括开展多场防诈骗专题讲座、全校范围内张贴防诈骗宣传海报、在老年报上宣传防诈骗知识、线上进行防诈骗知识传播等，全方位开展防诈骗安全教育，提升离退休老年人的防诈骗意识。

三、分析与启示

（一）离退休老人被诈骗的原因

近年来电信诈骗的手段不断翻新，除了冒充亲戚朋友借钱、中奖汇款，还有本案中冒充公检法人员上门实施诈骗的手段。该类型诈骗案例针对具有一定社会地位的退休老年人。高校退休教职工具有较高的社会地位、也有一定的经济存款，符合骗子实施该类型诈骗的目标对象之一。老年人对于社会信息接收面窄、接受新的信息能力较弱。当前社会信息不断更新，诈骗分子也在“与时俱进”，翻新诈骗方式方法，针对不同群体，实施精准诈骗。该类诈骗通常谎称受害人身份信息泄露，在异地办理手机卡或涉嫌卷入重大刑事案件，抓住受害人的恐惧心理，要求其配合下一步诈骗的实施。

1. 高校退休教职员工重视名誉

高校离退休教职工通常年龄比较大，有着一定的积蓄和社会地位，对个人名誉和财产较为重视。在个人身份信息和财产面临威胁时，容易陷入紧张情绪。该类人群虽有一定防范意识，但是也存在侥幸心理，骗子正是抓住受害者这一特点，针对老年知识分子进行有目的的诈骗。老年人的身体状况相较于年轻人较弱，一旦诈骗成功，造成大额财产损失，老年人的心理承受能力弱，较易发生意外，危及生命安全。

2. 老年人接受信息渠道较少

随着个人独立与自由的实现，传统大家庭模式逐渐被父母与子女各自独立的独居模式替代，且退休后的老人容易被原有的社会关系剥离，原有的信息渠道也因为工作这个联结纽带的断裂而切断，难以及时有效地了解到社会上有关诈骗案件的最新信息。因此，信息泄露严重的今日，在骗子的精心布局中，离退休老年人在涉及健康、财产等问题上容易受骗子蒙蔽，落入精心设计的陷阱。

3. 高校退休教职工思维固化

高校退休教职工为高知识群体，更多地认为自身的防范意识足够强，且存在思维固化的倾向，难以听进他人的劝告。尤其是子女与老人分开居住的家庭，老人对于子女的建议也不能够很好地采纳。在涉及转账的时候，这类老人容易依据自身的经验去做判断和处理，不愿意与子女商量沟通。

（二）案例启示

一直以来，高校的防诈骗教育的重心更多倾向于学生，而对于教师或者离退休人员的防诈教育却略显不足。此类人群能够识别低级诈骗手段，但面对复合型诈骗手段时，往往难以识破，甚至在骗子的诱导下落入圈套，造成财产损失。因此，要加大反诈宣传教育力度，分级分类针对性开展防诈骗宣传教育工作。

1. **针对老年人特点，有针对性地进行教育**

针对各种骗术，除了对诈骗手法进行广泛宣传外，最重要的是强调防骗重点、打消老年人的顾虑。因为骗子的骗术也层出不穷，诈骗手法也在不断翻新，在宣传上，更多的是对以往的诈骗套路广而告之，避免老年人掉入已有的诈骗陷阱中。但一旦遇上新的诈骗套路，我们很难保证老年人能够识别陷阱，避免落入陷阱。离退休教职员工相较于在职员工、学生来说，缺少组织活动，难以经常性、集中地开展防诈骗安全教育。因此，离退休教职员工的防诈骗宣传教育，一是要强调遇到类似诈骗事件不要惊慌；二是凡是涉及转账都要电话或本人确认身份；三是不给陌生人进行转账；四是有疑惑可以咨询警方。

2. **多渠道广泛传播，拓展宣传广度**

针对离退休教职员工的防诈骗和安全教育应不限于集体讲座的形式，更应该深入教育对象的生活环境中，采取生动鲜活的教育手段开展防诈骗安全教育。老年人信息渠道相对闭塞，智能手机虽然大范围普及，但仍有部分老年人在使用上仍局限于电话和短信功能，获取信息仍依赖于传统的报纸、电视。为确保更大范围的提升防诈骗教育的受众人群，可采取线上和线下相结合的方式。线上主要针对能够熟悉掌握现代信息技术的退休老年人，通过微信公众账号、相关网站及时把最新的诈骗套路进行宣传。线下主要是开展专题防诈骗讲座；校内及社区张贴防诈骗海报；进行全校离退休教职员工摸底排查，联合社区物业，组织宣讲小团队，进行入户宣传；以游园等老年活动形成为契机，寓教于乐。通过多种渠道提高防诈骗宣传教育的宣传广度，让更多的离退休教职员工提升防骗意识。

3. **多方联合介入，加强教育宣传**

高校离退休教职员工的防诈骗安全教育工作应当发动各方群体，积极加入，共同守牢老年人的“钱袋子”。一是部门单位方面，高校保卫部门、离退休处应与老年大学、属地公安、社区密切合作，共同投入到防诈骗等安全教育工作中，互相配合，发挥各自优势，提升教育效果。二是学生团体方面。要发挥学生团体的优势，鼓励学生参与到防诈骗的宣传队伍中，组成防诈骗宣讲团队，将宣讲工作纳入到社会实践学分中，开展文化反哺工作，向离退休教职工进行互联网技术普及，鼓励学生加入到帮助离退休教职工的提高媒介素养的活动中来，形成联动的防诈骗教育体系。三是子女方面。要发挥子女的积极作用，提醒子女关心关爱家中老年人，培养老年人形成有事商量，遇到金钱转账的事不擅做决定的习惯。四是充分发挥老年大学的优势，利用集中上课的时间，以案说法，强化安全教育的效果，不断增强离退休老年人的防骗能力。

四、存在的问题和困难

虽然在事件发生后，保卫部门和离退休处联合属地公安开展了一系列针对离退休职工的防骗教育，但是由于教育对象居住地点、通信工具的使用等差异，信息传达上难以精确到人，做到全面覆盖仍存在一定的困难。在受骗人群中，存在个别人员对防骗警告置若罔闻，使防骗教育工作难以深入推进。此处还有一些受害人在察觉受骗后对家人和朋友难以启齿，独自饱受精神和经济的双重煎熬，也导致案件的侦破更加困难。

浅析构建“三走三多”思路　帮助大学生慎防传销的经验分享

王　竹

国务院令第444号《禁止传销条例》中定义：传销是指组织者或者经营者发展人员，通过对被发展人员以其直接或间接发展的人员数量或者销售业绩为依据计算和给付报酬，或者要求被发展人员以交纳一定费用为条件取得加入资格等方式牟取非法利益，扰乱经济秩序，影响社会稳定的行为。

近几年，全国各地高校学生因误入非法传销组织，而荒废学业、被迫退学，甚至精神崩溃的现象频频发生，不仅扰乱了高校的正常教学、生活、工作秩序，也严重影响到学生的身心健康。如何将学生从传销组织中拯救出来，如何防止学生误入传销组织成为当今社会一大热点话题。但是防止在校大学生“被传销”并非一朝一夕的事情，更不是一两次教育和引导就能有成效的。大学生误入传销组织主要是自制能力差、法制意识弱、就业压力大、快速致富心理等因素造成。

一、案例简介

2015年5月份，正在本校就读的大三学生王某因近段时间学习及生活压力等其他因素，导致心情低落，抑郁惆怅，并迷恋于网络。通过网络社交工具，在网上认识一名年龄相仿且相貌出众的女子小慧(化名)，两人在网上聊天非常投机，秉烛夜谈，相识恨晚。小慧声称自己老家在江西景德镇，家中产业雄厚，可以为王某介绍一份称职的工作，并邀请王某前来景德镇与其会面，王某经过一番考虑，感觉两全其美，同意前往，并带部分现金于5月27日晚独自一人乘坐火车前往江西景德镇与其会面。

在王某顺利抵达景德镇车站后，发现与其网聊的小慧前来接站，两人一见如故，谈天论地，王某甚是高兴，却不知危险正在一步步向他逼近。小慧提出，邀请王某前往其家中做客，王某爽快答应并跟随前往。一进小慧家门，王某便发现情况不对，十几名男子将其围住，“没收”了王某随身携带的相关证件、钱包、手机等随身物品，并被带进房间——也就是接下来王某被传销分子“软禁”了11天的地方，随之，与其要好的妙龄女子小慧也消失在王某的视线。

当晚王某被带进房间后，几名男子很热情地招呼他，并与其聊天、谈话。王某几次提出这是何地时，对方都把话题岔开，王某开始怀疑，产生了恐慌。随后，一名声称自己是“主任”的中年男子与其谈话，并对王某进行恐吓，王某无奈之下只能扮演出顺从的假象，听从安排。次日，该传销组织内多名“主任”开始向王某灌输他们行业的简介、规范化管理制度及相关的暴利性收益，引导王某加入该行业——“传销”组织。王某一再委婉拒绝，招来了全天不间断的由不同自称自己是“主任”的男子给王某上课、“洗脑”、甚至威胁，情急之下，王某只有再三顺从。第三日该传销组织内“主任”要求王某使用手机打电话向家人要钱，并逼迫王某按照对方的说法与家人沟通，因要钱态度强硬且金钱支出理由不充分，所幸家人按校方保卫处建议只给王某转账500元人民币(家人与校方已取得联系，初步确认王某误入传销组织，保卫处也积极与辖区公安机关报告备案，多方查找线索)。

后续两日，“主任”又将索财方向转向王某本人，逼迫其告知银行卡及信用卡密码，并将王某随身携带的银行卡内的余额全部取光，王某身无分文。同时，王某每天都被限制在房间里，24小时有人跟随，上厕所、洗澡也不例外。每天都有不同的人，前后有8人给王某做思想工作，和王某聊天，实则通过聊天获取王某更多的信息，尤其是寻找王某的心理弱点，然后有针对性地制定他们对王某的“洗脑”方案。传销分子一方面经常用言语恐吓，暗示他们“当地有背景”“有人脉”“有势力”，让王某从内心绝望，放弃求救。

在接触不到外界任何信息的封闭压抑环境中，传销分子还通过讲故事、唱歌和所谓的“讲课”对王某进行“洗脑”。每个故事都有强烈的目的性，主要是劝服王某不要冲动，看问题不要太轻易下结论，要知恩图报之类。传销课程主要给王某灌输“传销合法”的理念，并通过“几何倍增学”理论来欺骗、膨胀王某的“发财欲”。

在被软禁的日子里，王某一直在寻找着逃脱的机会，但均无果，每天都受人监视。并在房间内认识一名叫小亮(化名)的青年，小亮告知王某，自己也是被骗而来，并向家人索要几万现金，小亮表示自己不是不想离开这个地方，而是自己相信这个行业可以为自己赢来更多的财富，坚信这个行业可以足不出户的牟取暴利，发财致富。

6月6日晚，王某被“软禁”的第11天，当晚23时许，“主任”将王某叫醒，问其想不想回家，王某毫不犹豫地回答“想回家”，“主任”便再次向王某灌输该行业的正规化和人性化管理，并一再强调在职期间可以请假回家，但须写保证书，保证按时回来，保证到了火车站不许大声呼喊，王某顺从答应，并按照对方的指示要求跟随其来到火车站，“主任”一行将王某个人证件及随身物品归还其本人，并为其购买返程车票，送其进站，王某乘坐火车顺利返乡。

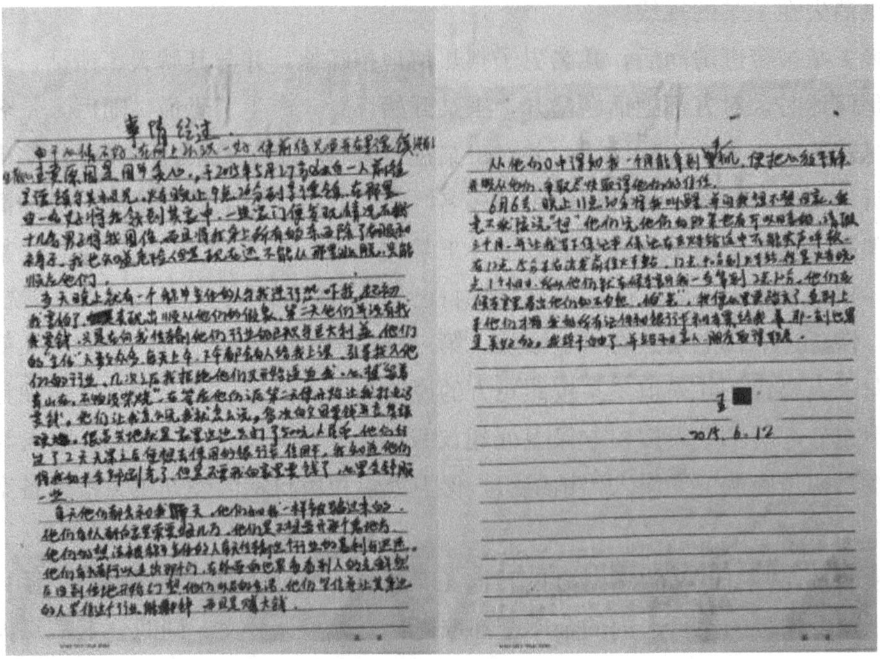

图 1　事件过程记录

二、处置过程

在本案中，王某最终能够逃离传销组织，回到学校。主要有以下几个方面的原因：

一是王某对传销组织有一定的认知，了解其危害性和违法性，能够坚决抵制加入传销组织，并能够随机应变的顺应对方的恐吓与威胁，获取对方信任，寻找机会逃脱，俗称“好汉不吃眼前亏”。

二是辅导员在发现王某不在学校内且无法联系的状态下及时上报学校保卫处，并与家人取得联系；保卫处上报公安机关开展人员找寻工作，并通过互联网人员信息查找，确定王某购买火车票前往景德镇，且无在外住宿登记信息。

三是王某家属在接到王某的要钱电话后在学校保卫处的建议下转账 500 元，初步确认王某误入传销组织。因转账金额较小，一方面有利于王某再次打电话向家人要钱，可确定王某人身安全；另一方面有利于公安机关通过技侦手段确定王某所在位置；此外，还在一定程度上减少资金损失。

四是我校属地公安机关与景德镇公安机关取得联系，积极部署，组织人员，准备前往景德镇找寻之时，王某自行返校。

三、分析与启示

王某是幸运的，能够顺应对方的逼迫与恐吓成功离开传销组织，但是，纵观整个案例始末，还是有很多值得我们深思的地方，也从某些方面揭示了近当代大学生误入传销组织的原因。

大学生缺乏自我保护意识，求职心切易上当，更或者说是，迷恋于网络社交工具，以为“转角遇到爱”“天上会掉美人归”的幻想，不能明辨是非。从学生自身角度来看，一是常年在校园中生活，接触到的人和事情相对来说比较单纯，容易轻信他人，社会实践活动较少，缺乏社会经验和明辨是非的能力。二是日益严峻的就业形势对好的工作机会更加迫不及待，该传销组织正是以颜值高的女性做外联，高薪收入为诱饵诓骗在校学生加入其中，而在校大学生刚刚步入社会，缺乏自我防护意识，很容易受到蛊惑，误入传销陷阱无法自拔。

传销组织手段多样化，隐蔽性强。近年来新型传销更呈现出越来越隐蔽、越来越有诱惑力和欺骗性的特征，“××币”“××基金”“××工程”等传销组织愈发猖獗。误入该传销组织在被“洗脑”以后，更多的是向自己的亲朋好友甚至家人下手，针对大学生容易轻信亲戚同学，喜爱交友的性格特点，容易在取得其信任后，再以介绍工作、外出旅游等借口将受害人约到陌生城市，进而限制人身自由、扣押身份证，用一整套的培训教育对受害人进行洗脑和控制。

大学生法制意识淡薄。一方面，学校在开展防火、防盗、防诈骗、防传销等各类安全宣传教育、安全讲座时，部分大学生“不听、不看、不学”，认为自己完全不可能被骗，认为自己完全不可能被传销洗脑，认为这些事情完全不可能发生在自己身上，更有甚者表示就想亲身体验下如何被骗。结果因为法制意识淡薄，不会使用法律武器保护自己的合法权益，一旦误入传销组织极易被同化，很难做到有效自救或求助外援。另一方面，大学生的生活学习更加独立自主，课程比较分散，空闲时间较多，大部分闲置时间均是独自对着电脑打游戏、聊天、浏览网页等，单单依靠学校管理人员很难了解到每一位同学的日常动态，也给传销组织提供了可乘之机。

当今社会，“大学生毕业=失业”的话题一度火热，大学生就业难的问题也是传销组织频繁渗入高校不可忽视的一方原因。伴随着高校扩招政策，学生受教能力的提高，近几年高校毕业生人数大大增加。“供求矛盾”是导致大学毕业生就业难的重要原因，给传销组织“半路拦人”提供了绝好的机会。同时，传销组织调整策略，各类求职网发布虚假信息，校外宣传单页肆意发放，活动具有欺诈性，组织具有严密性，对成员控制力进一步增强，使误入其中的大学生不能自拔。

近年来，大学生上当受骗误入传销组织的事件日益增多，不仅对大学生本人身心健康造成巨大伤害，影响和荒废了自身学业，同时也给其家庭带来巨大的伤痛和经济损失。因此，为防止更多学生误入传销组织，高校保卫处需调动多部门协调合作，齐抓共管，加强大学生的思想教育和日常管理，提高法制观念，加大力度防控传销组织进入校园。

加大学生思想教育，强化法制意识。想要从根本上预防大学生误入传销组织。高校保卫处、学生处、各二级学院须组织开展各类法制安全教育，邀请辖区公安机关、工商部门来校开展讲座，以实际案例的讲解引导大学生树立正确的人生观、价值观和世界观。同时，班级辅导员也要在教育方式上不断创新，将“防传销进校园工程”不定期的在班级内以班会形式进行开展，加以宣贯。同时，通过校园广播、宣传栏等不同方式多渠道开展法制宣传活动，提高大学生相关法律知识，增强法制意识，认识到传销活动的危害性，在校内形成自觉抵制传销的良好氛围。

强化管理，构建安全防护网。要加大安全管理力度，加强学生管理，切断传销组织向学校、向学生渗透的渠道。一方面是要认真落实学生请销假管理制度。严格控制学生非正当理由请假或谎假，对于非法定节假日请假外出的学生一定要与其家长取得联系，了解学生情况。对批准请长假和休学的学生要随时了解掌握他们在校外的生活动态；二是要加强门卫管理，认真落实门卫管理制度。严禁传销组织及人员或无正当理由的外来人员进入校园进行活动；尤其是学生公寓要加大出入管理，晚归或早出实行登记制度，严防传销人员进入学生公寓开展宣传、欺诈活动；同时，严禁学生在校外单独租房。三是对已经误入传销活动的学生要进行耐心教育及心理辅导，引导其退出传销活动，脱离传销组织，完成学业，以防误入歧途。四是对发现以招聘学生为名，诱骗学生从事传销活动的，要及时报告公安机关，严厉打击。五是要特别关注正处在实习期和求职中的学生，学校设定专人，定时定点采取联系、定期反馈学生在外实习动态，并与家长保持沟通等方法，加强对外出实习学生的教育和管理，确保学生在校外活动期间的人身安全。

重视就业指导，树立正确择业观。大学生在求职期间，更容易被传销分子发布的“高薪职业”“轻松创业”所迷惑，一方面因为传销组织利用大学生求职迫切的心理，另一方面是其传销组织制定一系列职业生涯规划和就业指导教育的美好假象，使学生不能对个人能力有准确的定位，好高骛远。学校应将对学生择业观和就业观的教育融入日常教育教学管理中，不断引导学生正确认识社会，根据自身实际情况，合理规划职业生涯，端正择业态度，着眼于当前社会需要，选择适合自己的职业，更好地实现自己的人生价值。

明察秋毫，掌握情况。高校辅导员辨别学生是否误入传销组织最明显的特征就是学生长时间不在校，不请假或一再请假，请假原因各种各样，但就是不出现在学校，不去上课、逃课等现象。这时可以通过其同舍友、同学、家庭等进行进一步查明原因。

重视学生心理健康教育。心理健康教育是素质教育中的一个重要组成部分，对学生进行心理健康教育既是过去教育中忽视的部分，也是当今教育中应该加强的方向。高校不能只关心学生文化知识的掌握，而忽视他们的心理健康。由于当今学生正处于成长期，且现高校已经迎来首批"00后学生"，初入社会，朦胧迷惘，半独立半依赖、半成熟半幼稚的特征，有极其特殊的心理矛盾及叛逆性，很容易走入人生误区。高校学生管理人员应该时刻关注学生思想动态，加强与学生沟通交流，提倡大学生"三走"思想，即"走出网络""走出寝室""走向操场"，多学习，多运动，多与外界交流，绽放当今大学生青春阳光的活力。

多措并举，齐抓共管，解救受骗学生。由于学校保卫处没有相应的行政执法权，无法直接参与解救工作。最佳解决办法即是依托当地行政管理部门，由相应管理部门进行处理。其次，对被解救学生进行思想教育，防止学生再次加入传销。对那些不知悔改，一意孤行的学生，要按照校规校纪给予严肃处理，留校察看直至开除学籍，处分他们的同时也可警示其他学生。

总而言之，高校学生加入传销组织对自己、学校、家庭、社会都造成了不良的影响，应受到国家的严令禁止。大学生是国家未来发展的后备主力军，但由于误入传销活动，产生了错误的人生观、价值观、世界观，他们不以欺骗为辱，反以欺骗为荣，不能成人也就无从谈起成才，造成国家人才储备的损失。常言道："君子谋财，取之有道，不义之财决不能要"。衷心祝愿当代大学生端正心态，不为眼前利益所动摇，不被虚假信息所迷惑，不被花言巧语所蛊惑，明辨是非，树立远大理想，努力学习，力争成为国家的栋梁之材！

防范电信诈骗　我们一直在努力

冯广辉　陈　赟

近年来，我校发生了多起网络、电信诈骗案，被骗数额较大，作案手段为网络投资、冒充公检法诈骗等，诈骗方式老套，被骗师生损失较大。我校依托“警校联动”机制，由保卫处牵头，和辖区公安以及我校宣传、学工和研工等部门形成合力，综合施策，共同构建五级防范体系；进一步推动“党、政、警、校”四方联动，集中整治解决校园重点问题，尤其是防范电信诈骗工作，为校园安全综合治理尤其是防范校园诈骗，共同推进“平安和谐校园”建设奠定了良好的基础。

一、案例简介

案例 1：我校学生张某，被冒充中通客服的诈骗分子以快递丢失赔款为由，被骗 8 000元。

案例 2：我校学生吴某，接到 360 贷款平台“客服”电话称帮其注销网络借贷记录，后通过多个平台贷款转钱，被骗共 71 800 元。

案例 3：我校学生潘某，被诈骗分子以网络招聘兼职为由，引诱其扫码，被骗共计 12 000 元。

二、处置过程

(一)学校重视，压实目标管理责任

学校高度重视学生的防诈教育工作，分管学工和保卫的两位校领导亲自部署，亲自推进，齐心协力，思路一致，建立由保卫处牵头，宣传部协助、学工部主抓的多部门联动机制，大力推进校园综合治理工作。2020 年 6 月 12 日，邀请雁山公安分局来校召开校园安全综合治理及防范电信诈骗专项工作推进会。学校副校长，雁山区副区长、雁山公安分局局长，学校保卫处、宣传部、学工(部)处、校团委等部门负责人、雁山公安分

局相关领导，各学院分管学生工作副书记、辅导员以及学生代表参加了此次专项工作推进会。2020年7月3日，学校组织召开了防范电信诈骗工作会议。学校党委副书记出席会议并讲话，学工部、团委、保卫处、研工部主要负责人，各二级学院、南宁分校分管学生工作党委副书记参加了会议。学校各部门、各单位大规模、多层次的推进电信诈骗防范工作，守护学生资金安全，扎实落实防范教育相关要求。

（二）多措并举，筑牢校园安全综合治理防线

建机制促进各部门联动，保障防范教育扎实推进

我校于2019年9月与雁山公安分局建立了“警校联动”临时党支部，构筑了警校联防联治的良好基础，临时党支部积极参与“党建引领金盾先锋”党建品牌创建，通过聚焦党建抓队建、聚焦创新抓平安、聚焦治理抓实效，建立学校和分局防范电信诈骗联席会议制度，定期召开电信诈骗群防群治工作会议，扎实畅通警情通报渠道，及时优化工作方案，实现了校地双方队伍建设和业务工作“双促双赢”。

（三）重宣传普及防范教育知识，营造校园浓厚防范教育氛围

学校以“大学生成长成才课”、主题班会、团日活动为载体进行案例分析，宣讲防诈骗知识；在疫情期间学生返校的重要时间节点，依托“警校联动”机制设立了治安巡防防诈宣传点，发放《关于新冠肺炎疫情期间依法打击跨境赌博和电信网络诈骗犯罪的通告》宣传单一万多份，确保人手一份；疫情后复学至今在校园教学楼、食堂、公寓各楼栋等公共区域张贴关于防范电信诈骗海报就多达1 000多份，确保每个楼层一份，制作防诈骗宣传卡片4 000余张，确保宣传氛围进楼栋、进宿舍。

（四）搭平台开展小班化教学，实现新生安全教育全覆盖

充分利用升级改造的安全教育基地，尤其是防电信诈骗专区，联合雁山分局，共同开展富有理工大特色的防诈骗安全教育。结合现在新的媒介，合理运用融媒体，利用我校的微信平台、雁山分局的公安平台加大宣传力度，营造共同防诈，共同反诈的良好氛围。学校安全教育基地在去年实现了小班化安全教育课教学，实现安全教育新生全覆盖，2019年，我校新生电信诈骗涉案人数和涉案金额创历史新低，平台优势初步显现。

（五）纳考核夯实防范教育成果，提升校院综合治理能力

我校于2020年6月通过思政教育平台对非毕业班所有本科生和研究生开展了防诈知识考试，以学生易于接受的方式，将防诈骗内容加入到安全教育的考试中，与学分挂钩，与日常安全教育挂钩，有利于学生提高防范意识。将防诈骗教育工作纳入二级学院

学生工作目标考核中，促进二级学院创新方法、提升工作效能，扎实推进学院学生的安全教育工作。将防诈工作结果和党建考核体系相结合，落实党建引领，夯实二级学院安全教育尤其是防范电信诈骗教育基础。

三、分析与启示

（一）分类管理，抓住少数关键点，掌握学生心理动态

预防要从宣传教育入手，对学生因材施教，分类管理，沉下去做工作，抓住少数关键，做到“广、快、深”，使电信诈骗犯罪的手段“见光死”。公安、保卫、学工、研工和二级学院要对涉案学生进行深入分析，利用我们掌握的信息给学生画像，对全校学生的日常相关数据进行平台分析，以案说案，以案止案，建立案件个人档案，里面包括案件案发过程、学生涉案心路历程、学生自身对案件的看法和防范建议等，并对此档案做好保密工作，仅供教育素材研究使用。继续开发学校安全教育基地教育功能，通过各种模拟平台和场景，开展学生防骗实训。

（二）抓实做细，落实四级防骗教育工作链

二级学院要高度重视学生的防范诈骗教育工作，根据学生的防诈骗考试情况和本学院的学生发案情况，进行总结和提炼适合本学院学生的防骗教育材料。严格落实“副书记—学工组长—辅导员—班级安全员”四级传导安全教育工作链。每个学院制定本学院的防范电信网络诈骗的工作方案，根据专业、学科差异进行专项化、定制版的学院防诈工作指引，压实监督责任，对超过300元的转账金额严格落实报备制度，对宿舍内是否张贴防诈宣传材料、是否落实学院的防诈工作要求进行逐个监督和检查，逐级报告，建立台账，综合整治，逐个销号。

（三）创新方式，深挖安全教育基地教育功能

利用校内电子屏、横幅、微信公众号等媒介，广而深地开展防诈骗安全教育，扩大教育覆盖面，通过卡通形象、漫画、广告宣传语等多种方式将防诈骗的方法和诈骗的手段深入浅出的植入学生的学习、生活中，对需要使用转账、汇款的事件形成多想一点、多问一句的条件反射，促使教育入脑、入心。

（四）家校联动，提升防范教育家校合力

加强家校联系，通过“给父母的一封信”和在录取通知书中加寄安全教育材料，告知父母或监护人我校防范电信、网络诈骗的工作要点，呼吁和要求父母履行监护责任和义

务，加强对学生的关心，更重要的是了解学生的资金流动渠道，从源头做好防控。对经济有困难的学生，学校和学院要视情况给予帮扶和关注，对一些日常爱攀比，买奢侈品的学生要了解家庭情况和资金来源，注意观察和研判，协同父母或监护人做好学生在校期间思想教育以及最新动态的反馈和关注。

从安全教育角度分析校园金融管理秩序的长治久安的思考

朱　兵　周　庆　刘王德馨

近年来，假借民间借贷之名，通过虚增债务、签订虚假借款协议、制造资金走账流水、肆意认定违约、转单平账等方式，采用欺骗、胁迫、滋扰、纠缠、非法拘禁、敲诈勒索、虚假诉讼等手段，非法占有公私财物的违法犯罪日益猖獗，此类违法犯罪即“套路贷”。“套路贷”是一种新型的诈骗模式，是利用合法形式掩盖非法目的的典型。

我校 2017 年至 2019 年期间发生学生彭某、胡某、何某等人被“套路贷”团伙诈骗的案件，该类案件对学生个人及家庭在财产上和精神上造成了恶劣的后果。该案件暴露后，学校和家长依靠公安机关和检察院已妥善处理，但这个问题值得我们深思。

一、案例简介

(1)15 级学生彭某，在学校厕所的墙上看见了秒贷款的信息，出于虚荣心和谈恋爱期间开销较大，拨打了墙上的贷款电话，按照平台约定借款 9 000 元，但是扣除平台费学生实际拿到手 6 000 余元。没过几天平台就打电话来进行催款，利息远比彭某想象的高，不还款还进行言语威胁。由于资金不足，小彭听信了平台公司推荐的另一个公司的贷款，在对方的介绍下，小彭前后陆续找了 5 家平台公司借款，就这样利滚利，最终达到 7 万余元。

(2)16 级学生胡某，在兼职群看到一则学生轻松贷款的广告，不看信用、审批快、秒放款。由于虚荣心、攀比心的原因，在平台上贷款 20 000 元，用于购买新款手机和化妆品。小胡与贷款平台签订了“合同”，并拍摄了手持身份证的裸照上传到链接。即使小胡还清了贷款，仍然出现了高额的利息，犯罪分子利用裸照平台开始威胁小胡，通过语言暴力手段催收，联系家长、老师等手段达到勒索敲诈的目的，最终诈骗 11 万余元。

(3)19 级学生何某，出于爱美在一个叫“分期乐”的平台贷款 18 000 元，用于美容打玻尿酸用。但小何当时用的好朋友学生陈某的身份证进行贷款，由于利息较高，小何资金不足以负担每月还款，出现逾期情况，学生小陈接到平台催款电话，起初以为是诈骗电话，但平台通过恐吓、威胁、辱骂的方式，运用电话“疯狂轰炸”等软件骚扰学生，说出借款时间、方式，学生小陈才发现小何利用她身份证借款的事情，小何拒绝承认此事，小陈也抵挡不了平台的威胁，害怕名誉受损，最终小何和小陈前后向平台还款5万余元。

二、处置过程

（一）学校对学生课余时间的生活状态关心不够

学生自上大学后，消费观念发生变化，攀比心理渐重，从而产生超越自身经济条件的消费，但自身又没有别的经济来源，开始在网上借贷，发现还不起钱之后，又到线下找各种所谓的“借贷公司”多次、反复借钱，被“套路贷”团伙诈骗，各自均欠下上万元甚至十几万元的“外债”，最后，由其父母代为归还，对其家庭经济造成严重的打击，给学生本人及家庭成员带来沉重的精神压力，甚至导致家庭分崩离析。这种情况的发生，主要是由部分学生没有正确的人生观，离开父母后缺乏自我约束，控制不住自身的畸形消费欲望导致。在高校中，对学生生活的关心是学校特别是辅导员的应尽之责，若辅导员能够定期多和学生互动，了解学生的想法和课余时间生活的情况，就能提前发现学生被诈骗并及时采取措施，防止危害结果的扩大，甚至可能防止学生被骗的发生。

（二）对学生的法治教育不到位

学生在被“套路贷”的过程中，要与“套路贷”团伙签订虚高借款合同，在合同金额到账后，犯罪分子为达到制造虚假资金走账流水的目的，会要求被骗学生通过取现或支付宝、微信等方式向第三方转账返款，还会以欺骗、威胁等方式收取各种费用，同时为还款设置诸多障碍，被骗学生实际借到手往往只有合同金额的一小部分。有的学生在意识到这样的流程有问题，不想“借贷”之后，甚至会被“套路贷”团伙强制要求“借贷”。如果这些被骗学生法律意识较强，对签订合同等民事行为有正确的判断能力，会发现上述流程中明显的法律风险，即使被强制签订合同，若能及时报警，也会防止骗局的发生，至少由此产生的损失也会小得多。

三、分析与启示

“套路贷”是严重的违法行为，侵害客体多危害大，先是诱骗或强迫被害人签订合同，然后暴力讨债、虚假诉讼，侵害被害人的人身、财产安全，破坏金融管理秩序，影响社会稳定。为进一步加强校园安全建设，最大限度地预防和减少学生被诈骗事件的发生，通过案例收集、分析，我校采取了如下措施：

(一)增强对学生课余时间的生活状态的关心力度

防止学生被“套路贷”团伙诈骗，固然重要的是要加强学生自制力的建设，但这样的心理辅导毕竟是一个漫长甚至曲折的过程。能够起到立竿见影效果的，还是学校特别是辅导员要增强对学生课余时间生活状态的关心力度，在现有基础上完善及时了解和掌握学生课余时间生活与心理状况，以及发现问题后及时与学生家长联系沟通的制度。学校特别是辅导员若能早日发现学生过度消费甚至在外贷款的现象，通过学校及辅导员和学生家长的及时引导与约束，帮助学生认识“套路贷”的危害，调整自身的消费观念，这无疑对防止学生被诈骗大有裨益。

(二)加强宣传阵地建设，强化安全知识宣传教育

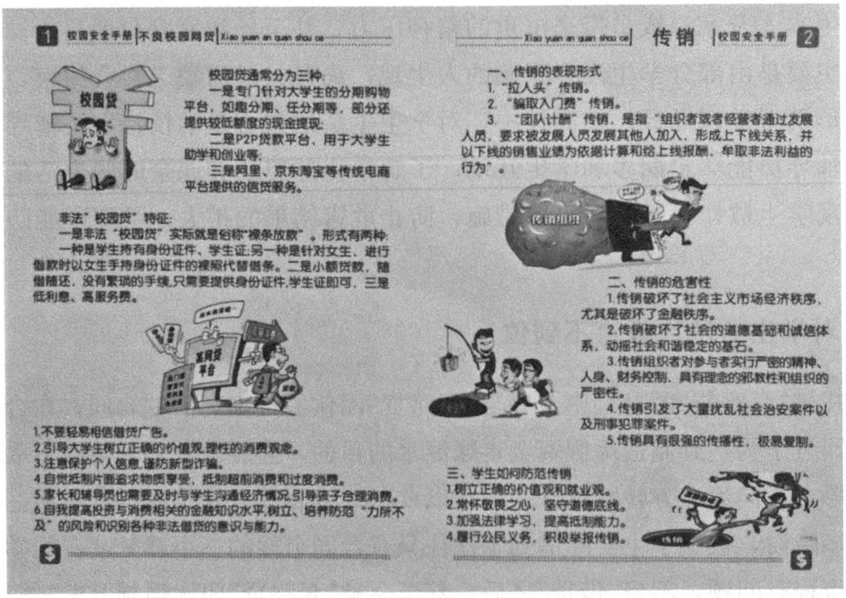

图 1　新生进校报到人手一册《校园安全手册》

对相关政策法规知识和案例，学校不定期通过会议、QQ 群、微信群、公众号、网站、安全手册等方式宣传，还在重要区域特别是每栋学生宿舍前设置了宣传栏，围绕扫黑除恶，防“套路贷”，防火防盗防意外事故的发生进行宣传，定期更换内容。

(三)加强对学生的法治教育

对学生进行法治教育是每个学校特别是高校在法治社会任重而道远的责任，相信每个高校都有自己的一套工作制度。但现实生活是复杂的，现有的法治教育不一定能够涉及社会生活的方方面面。因此，我校在现有法治教育的基础上，加强对学生进行签订合

同等民事行为的法治教育，让学生明白签订合同以及按合同履约的法律意义；同时多举办针对“套路贷”的法治讲座及其他形式的法治培训，让学生明白“套路贷”的各种手段、流程以及后果，增强学生对“套路贷”的辨识能力。

知行合一　提升大学生网络安全意识的启示

周　吉

一、案例简介

2019年3月13日，C同学手机上网时发现“台州兼职QQ群”里有兼职招聘工作，与QQ名为小青的用户加为好友。对方称兼职的任务是通过该网站购物然后返回本金和佣金，在其指引下，在某购物商城平台上下了第一笔订单100元，并获得由东莞市韵苑实业有限公司支付的5元佣金。随后，对方提出已帮C同学申请了新手任务，在某购物平台上购买经典卡，选择面值500的卡，具体件数由系统随机安排。每单基础佣金是累加形式，需要完成三次订单，才能拿到全部佣金。C同学同意后，通过对方给的购物平台的登录账号分两次在该网站完成了500元和4 000元的订单。对方在C同学完成三笔订单之后拒绝支付佣金，告知C同学只是完成了第一笔订单中的三次小任务，还需完成两笔订单才能获取佣金。并建议C同学可以将两项任务一次性完成，在平台上购买18件面值500元的经典卡。于是C同学又完成了9 000元的订单。当向对方收取佣金时，对方再次拒绝了支付，依然称C同学只完成了一个任务，坚持要求C同学继续刷单。这时C同学意识到自己上当受骗了，涉案金

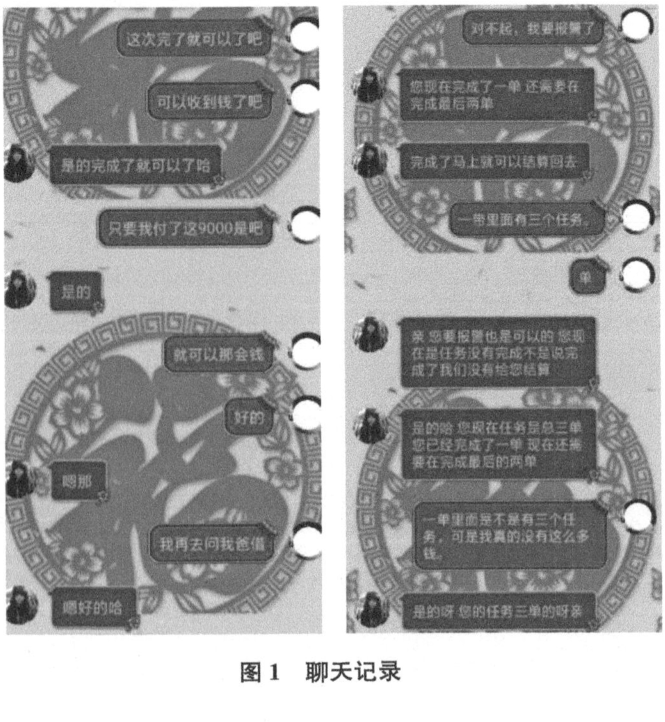

图1　聊天记录

额共 13 500 元。

(1)网购作为一种新型的购物方式，以独特的购物理念和便捷的特点很受当代大学生的青睐。但同时，社会上一些不法分子却利用网购平台发布大量的虚假信息，本次案例中的骗子就是抓住了受害人贪小便宜的心理，声称在其提供的网站上虚假购物即可得到佣金。在受害人完成第一单任务后，往往会兑现承诺，支付佣金，其目的是“放长线，钓大鱼”，继续执行刷单任务。当受害人完成第二单后，骗子往往开始拒绝支付佣金，会用各种借口或理由要求受害人再次或多次地去做任务，直至受害人意识到自己的受骗事实。

图 2　某购物平台付记录

(2)学生自我信息和隐私保护意识薄弱，虽然学院通过多种途径和形式开展防诈骗的安全教育，但总是有些同学还是存在侥幸心理，觉得诈骗是小概率事件，自己不会上当受骗。C 同学平时对不法分子的诈骗手段很谨慎，但当事情发生在自己身上的时候，经过骗子的不断诱导，心理防线逐渐瓦解。

(3)学生赚钱愿望过于急切，经了解，C 同学父母经营了一家小餐馆，家庭经济条件尚可，但由于工作性质需要每天起早贪黑，比较辛苦。C 同学想要替父母减轻家庭负担，病急乱投医，一时冲动，轻信了网络上的陌生人，导致被骗。

二、处置过程

(1)及时找 C 同学谈话，详细了解事情的经过，第一时间向上级领导汇报，并陪同 C 同学到当地派出所报案，提供相关线索，配合警方调查。

(2)C 同学在得知自己被骗后，对自己被骗一事产生了羞耻感，极力要求老师不要将此事告诉其他同学。同时很担心会因为这件事给老师留下不好的印象，对她之后入党、评奖评优造成影响。因此在安抚她情绪的同时，还进行了心理疏导，减轻其因被骗造成经济损失带来的心理压力和负担。

(3)在与 C 同学的沟通中，给她列举了发生在我们身边的网络诈骗案例，从事情的起因、涉及的金额、结果等方面详细地作了介绍，让她意识到问题的严重性。

(4)及时与 C 同学的家长取得联系，说明情况，建议学生家长配合做好相关工作，调整 C 同学被骗的心理状态，并对其进行安全教育。

(5)安排班委和舍友关注 C 同学的动态，及时反馈情况。

三、分析与启示

经过一段时间，C同学感受到了来自老师、同学、家长温暖的真情，慢慢放下心里的担忧，情绪得到稳定，逐渐走出被骗的阴影。从恐慌不安到情绪稳定，从担心被责骂而内疚，到主动与家长联系，从害怕与同学交流，到主动与同学沟通，以自己的经历帮助同学们提高网络诈骗的防范意识。

（一）安全教育要常态化

安全是底线，是学校一切工作正常开展的基础。大学生安全教育内容广，涉及面大，关系到学生日常的方方面面，如人身安全，财产安全，消防安全，网络安全等。因此安全教育一定要做到常态化，一是要根据不同时段，不同季节开展有针对性的教育；二是安全教育内容要全面，绝不能顾此失彼；三是安全教育的形式要多样化，如召开主题班会、分发警示案例、举行模拟演练、举办主题演讲、开展辩论赛和知识竞赛等活动，确保学生安全教育全覆盖。

（二）安全防范要立体化

要充分发挥学校、家庭、社会的联动作用。学校要为学生提供一个安全有序的育人环境，要经常性地开展安全教育，还要采取多种有效的防范措施。要保持与学生家长的沟通联系，全面掌握学生的基本情况。社会相关职能部门要为学校提供良好的治安环境，帮助学校正常开展安全教育和突发事件的处理，共同维护学校正常教学秩序。

（三）安全事件处置要规范化

由于各种原因，安全方面的突发事件偶有发生。如何有效处置突发事件，显得尤为重要。处置事件一定要规范，包括及时了解事件的基本情况，及时向领导汇报，第一时间保护现场和有效证据，根据需要联合当地公安机关开展案件调查，对相关学生开展危机后干预，进行安全教育等，以减轻安全突发事件造成的损失。

意识形态篇

浅析高校安全教育长效机制对网络舆情处置的影响

王金彤　杨　岩　付梦狄

一、案例简介

2019 年 5 月 14 日，某高校大四女生 Z 同学于 18 时 20 分从学校东门离校后未归。5 月 15 日上午，Z 同学室友发现其一夜未归并联系不到她，与其外校男友联系称没有异常情况。经多方查询无果，随即向公安机关报案。5 月 16 日下午，Z 同学家属赶到学校处理此事。5 月 17 日，Z 同学家属向媒体求助，发布寻人启事。5 月 22 日上午，公安机关在某水域堤段发现一具女性遗体，死者衣着完整，体表没有明显外伤，符合溺水死亡特征，结合视频侦查的工作情况，排除他杀。经 DNA 鉴定，确认死者系失联学生 Z 同学。5 月 18 日至 26 日期间，该寻人启事及相关信息在网络迅速传播，引起极大的舆论关注。该事件引发舆论关注的一个重要原因是女生失联、失踪，与之前各地发生的女生失联、失踪事件有一定的关联。纵观本次网络舆情事件的传播进展，其中有三个重要时间节点：

(1)5 月 18 日下午，由××新闻原创发布的《江西 22 岁大四女生突然失踪，已失联 5 天！家人称其出走前无任何异常》的文章，经过 YY 新闻等多家媒体转发，舆情开始在网络上传播。当晚，由 YY 新闻主持的“江西大四女生失联 5 天”话题登上了微博的热搜排行榜，最高峰达到第五名。此时的网络舆情迅速传播，大量媒体开始持续报道，转发相关新闻。

(2)5 月 23 日“江西失联大四女生遗体被找到”“江西失联大四女生确认死亡”等话题在微博上的阅读量近千万人次。大量媒体相继报道，5 月 25 日，ZZ 新闻的微信客户端新闻推送首篇报道《女大学生失联 8 天后确认身亡生前最后画面曝光》。

(3)5 月 26 日，Z 同学家属因为在人道救助事宜上与学校没有达成一致，遂在“某头条”发布“学校有错论”文章，该文章阅读量为 480 余万人次。

二、处置过程

（一）学校迅速反应，多方协调联动

Z同学失联后，学校主要领导高度重视，先后作出批示：“要竭尽全力寻找失联学生”。学校紧急启动寻找失联学生的工作预案，工作小组每天召开工作协调会，统一部署、警校联动、寻找学生、舆情引导等系列工作。

官微发声，引流主导

为了能够尽快找到失联女生，同时对网络媒体舆论形成正面引导，学校在官方微博上转发紧急寻人通知，“希望大家能够多多留意身边，如有线索及时向警方或官微提供，后续信息会及时发布”。

（二）明确要求，实时跟进

在Z同学失踪、搜寻直至发现期间，网络舆论主要存在以下几种观点：认为该女生只是失踪，帮忙出主意尽快找到该女生；讨论是否是毕业论文的原因导致该女生失踪；指责学校、公安工作不力，捏造事实等等。随着网络舆论的愈演愈烈，在学校及附近区域还引发了一系列的次生事件。

针对沸沸扬扬的网络舆情及所引发的次生事件，学校高度重视，本着内紧外松的原则，对舆情发展进行动态实时跟进，并召集各学院党委副书记、学工办主任布置工作，提出明确要求，要求各学院强化责任担当，做好舆论引导，积极处置，与各部门保持密切沟通，配合学校开展工作。同时要求各学院辅导员做好对学生的正面引导教育和学生的情绪安抚工作，教育学生不信谣、不传谣、不造谣，加强对学生的心理疏导和生命安全教育，密切关注学生的思想动态。

（三）沟通协商，妥善化解

22日确定Z同学发生不幸后，学校对Z同学的离世深感惋惜和悲痛，并就善后处置工作进行具体部署。Z同学家属在昌期间，学校给予充分人文关怀，学校领导多次看望家属并表示深切慰问，公安机关及时通报案情，并让家属参与案情分析会，落实工作细节。此外，出于安全考虑，指派专门人员进行陪护，并安排全程食宿。

在此期间，学校代表与家属多次进行积极沟通，协商善后处置事宜，并邀请第三方代表介入调解。就女生家属于“某头条”发布“学校有错论”网络文章一事没有一味指责，而是耐心细致、有理有据有节的与学生家属协商。在学校、第三方的共同努力下，学校与家属达成一致，形成调解协议。在法律的框架下，本着实事求是的原则，学校给予一定的人道主义抚慰。最终，妥善地化解了此次危机事件。

三、分析与启示

(一)强化舆情应对处置，防范化解风险

针对突发事件，学校要从预案、机制、队伍、保障等方面下功夫，积极应对，妥善处置。增强危机意识，防范“灰犀牛”和“黑天鹅”风险。此类事件属于偶发事件，但影响巨大，次生事件危机仍然存在，学校应强化危机应对处置，加强对重点人员管控与特殊人群的服务管理；建立信息安全员队伍，多渠道、全方位地及时了解掌握学生思想动态和有关信息；实行各部门每月上报舆情信息制度，加强对社会舆情、治安动态、敏感问题的收集、研判、监管；建立安全教育工作室，构建常态化、立体化的安全教育体系，研究全省高校危机事件的特点、规律及应对机制。在日常管理和服务上提高效率和水平，解决学生切实困难，避免矛盾积压爆发，防范化解风险。

(二)重视新媒体矩阵建设，降低网络舆情风险

学校官方媒体要注重改革与创新，加强对大学生的教育引导，避免大学生在新媒体中散布不实消息、不当言论，轻信谣言、传播谣言。安排专人加强对各类网站、贴吧的监管，规范对外宣传的管理。通过不断完善网络意识形态阵地建设，进行一定数量的正面典型报道，对学生思想观念产生积极效应，引导学生关注国家大事，关心学校的发展建设，热爱国家、热爱学校，不做对学校影响不利的事情。通过加强新媒体矩阵和舆论引导力建设，发展积极健康向上的校园网络文化，降低网络舆情危机风险。

(三)密切关注舆情动态，把握网络舆情处置“时度效”

因突发事件引发的网络舆情，学校要建立健全多部门协调联动机制，确保事件发生后，能够校内一盘棋，同时确保“学校一学院一学生”三级沟通渠道畅通，密切关注舆情发展动态，做好学生的正面引导教育、情绪安抚工作。此外要引导学生家长正面应对媒体，同时加强媒体沟通，防范失控报道。

网络舆情处置要审时度势，抢占先机。在其传播过程中要做到“及时”与“适时”。“及时”即抓住“第一时间”，要抢占发声先机，做到及时处置，形成主流引导。“适时”即抓住“关键时间”，在舆情传播关键节点，根据网络热点，官方精准发声，与前期的主流引导形成补充反馈机制。处置适度，掌握节奏。发布信息回应时，要准确掌握舆情传播节奏，注意信息真实准确，立足社会公众的心理视角，发布时机切合舆情传播节奏。强调实效，明确目的。舆情处置工作要注重最终的实际效果，讲策略、讲方法、讲手段，统筹推进、分层布局，争取舆情处置结果的最优化。

（四）属地公安机关全程介入，保证案情向正确方向发展

此事件发生后，公安机关高度重视，第一时间抽调最精干力量，包括图侦、刑侦、技侦专家全程参与。5 月 14 日，通过公交车监控查询到最后录像是该生逆行上某水域大桥。初步判断该生在该水域出事，并进行重点搜寻。通常，失踪案件报案以 24 小时作为时间限制，为避免此类事件发生，属地公安机关认真研究后，将涉及高校学生失踪的报案时间改为可随时受理报案。同时，公安机关在侦办的每个阶段及时公布案情，对案情向正确方向发展有着重要作用，也对舆情的正面引导有着积极影响。

对某起校园微博舆情成功处置的启示与思考

王 朝

一、案例简介

2019年7月，国内一知名博主在其个人微博上发布了一条信息，反映某高校食堂内张贴的一张食品海报上，内容出现了涉及宗教的敏感词汇，并附有海报照片。博主在信息里表达了此举不妥的观点，并期待学校的调查。同时，博主透露照片是学校的一名学生提供的，并晒出了这名学生与博主的聊天记录截图。由于博主有几百万粉丝，在自媒体领域有一定影响力，加上内容又特别敏感，因此信息瞬间在网络上发酵。

这给学校带来了来自舆论的压力，网络上出现了各种各样的说法，并且数量不断猛增、观点不断延伸、卷入面不断拓宽。其次是来自校园安全稳定的压力，此次事件也引起了学生不小的骚动，同学纷纷在微信、QQ群里议论此事，并发表各自的观点，其中少部分学生对网友的一些偏激的言论、观点表达了自己的不满，情绪开始波动，希望学校尽快发声，处置舆情。与此同时，上级领导、有关部门也对此次事件作出批示，要求学校迅速查清、妥善处置。

事件处置难点分析，事件发生后，摆在学校面前的主要有两个问题：一是如何迅速平息舆论，化解舆情风险；二是如何迅速疏导学生的情绪，并作正确引导，切实维护校园稳定。

此次事件不同于一般性事件，因此敏感程度、处置难度可想而知。因此，解决以上两个主要问题的难点有三个：一是对事件的定性，也就是校园内出现类似的含有敏感词汇的海报合不合适；二是对这类非常敏感的网络舆情事件需不需要按常规去回应并作出舆论引导；三是在疏导学生情绪的同时如何保证学校的说法、做法不被学生带入到网络上去，进而引发次生舆情或更大的波动。

二、处置过程

事件发生后，学校高度重视，立即启动突发敏感事件舆情处置预案，并组织相关部门人员对事件进行会商，研判走势，提出了“正确引领、坚定方向、把握大局、统筹兼顾、同步处置、实事求是、掌握策略，精准把握好网络舆论引导时、度、效，合理、有效化解舆情风险，维护校园稳定”的应对思路和原则。即：要牢牢把握国家有关法律法规、政策，在法治的框架内、朝正确的方向去开展各项工作；要把维护社会稳定与民族团结结合起来；要把社会影响与校园安全结合起来，把事件的处置与舆论的平息结合起来，把疏导学生情绪与思想政治教育结合起来，把此次突发性事件与学校日常工作结合起来，兼顾时势，因势而导；要实现线上线下同步处置、校内校外同步进行、相关单位、部门同步行动；处置事件要客观公正、实事求是，有的放矢，认真回应；要充分考虑事件的敏感性，在处置舆情、疏导学生时注重方式方法，要考虑清楚什么时候说，怎样说，什么适合说，说到哪个程度为止，说了之后有没有效果，有什么样的效果，并最终实现科学、合理、有效地处置。

（一）主动报告，寻求上级的指导和帮助

事件发生后，学校主动向上级有关部门报告，以在上级的指导、帮助下完成对事件的处置。学校依靠自身的力量无法在短时间内联系到博主，也缺乏影响力，同时，考虑到此类舆情事件非常敏感，舆论引导可行、有效的方法是“解铃还需系铃人”。因此，学校主动向当地网信部门报告，希望得到网信部门的指导和帮助。

（二）迅速调查

同步排查校园内所有海报，线下同步查清海报来源及创作动机是处置此次事件的核心。事件发生后，学校迅速开展了调查工作，追查海报的来源，并组织人员对校园内所有张贴的海报、宣传印刷品进行排查，在现场仔细审核内容，以避免类似事件发生。

（三）积极报案

通过调查，学校查清了问题海报是张贴在校园内某早餐店窗口，而张贴海报的不是早餐店的人员，而是负责向早餐店供应食品的某供应商，同时，供应商与学校不存在任何关系，即使找到了供应商也无法证明其所说的真实性。至于供应商为何有这样的海报，海报从哪里来的，创作、张贴动机是什么，是不是还在其他高校或公共场所张贴了类似海报……学校已经无法查实，因此学校调查终结。为进一步搞清楚海报来源、创作动机，以做好积极回应社会关切，维护学校、学生利益，于是，学校找到了供应商，确认海报内容纯属产品宣传，未发现有其他动机，并查清了海报的来龙去脉。

（四）积极沟通，向各方反馈调查结果

由于此次事件非常敏感，在回应社会关切方面，学校格外慎重，到底由谁来回应，

怎么回应，通过什么渠道回应，经再三研判，学校决定采用“借船出海”的方式，把学校调查结果反馈给博主，其一是博主第一条信息里面表示“期待学校的调查”，其二是博主再发微博也是对网民的回应。经积极沟通，博主同意就此事再发一条微博，尽最大努力把舆论引导到正确的轨道上来。至此，舆情开始降温。同时，学校也将事件的调查结果以文字形式向上级有关部门作了报告。

（五）强化疏导，齐心协力做好校园稳定工作

与此同时，学校要求班级辅导员密切关注学生思想动态，尤其是情绪出现波动的学生，并有针对性地在一定范围内向学生通报此事，再开展情绪疏导，积极做好学生的思想工作，提醒大家文明上网、理性上网、科学上网，慎重卷入网络舆论的同时，积极做好有关法律法规、政策的宣讲工作，提高学生的认识，并确保其言行始终在正确的轨道上，以共同维护校园安全稳定。同时，学校积极发挥学生网络评论员队伍的作用，积极在网络上传播正能量，弘扬正义，始终坚持以正确的方向来影响身边的同学并引导舆论。

（六）研判跟踪，积极为事件处置提供决策依据

从事件发生到事件平息，学校自始至终一直安排工作人员并借助于软件密切关注网络动态，并要求随时报告，对网络新动态、新情况，及时组织人员进行研判，做好分析，了解事件的可能走势，为决策提供参考依据、方向指引。

三、分析与启示

（一）赢得上级的支持和有力指导是成功处置的关键

过去面对网络敏感事件，一些学校在处置时一直存在两个误区：

一是不敢上报，担心上面追责或者影响政绩，捂着盖着，并抱着侥幸的心理，完全依靠自身的力量去处置，一旦自己处置不了或者事情越闹越大，才想到向上级报告；二是一报了之，有事情就报告，然后不管了，完全依赖上级来处置网络敏感事件。笔者认为，出现网络敏感事件，第一时间上报是所有有效处置工作的第一步。为什么要上报？一是上级会从一个更高的层面来定方向，二是只有上报了才能明白上级的意图，三是上级层面的资源广、力度大、经验丰富，协调能力、引导能力强，并且更具权威性。有了方向、明了意图，再加上有强大的支撑与保障，那么学校在实际处置过程中自然也就事半功倍，不走弯路、少走弯路，另外，及时向上级报告也是要求。

（二）第一时间回应是平息舆论的基础

出现任何舆情，都应该第一时间回应，尤其是突发事件、重大敏感事件，回应社会关切，回应网友关注，回应师生利益，绝不能不闻不问、视而不见。回应是为了表明对事件的态度，一旦有了态度，网民的情绪就会相对稳定；回应是为了抢回舆论引导主动权；回应是为了充分保障网民的知情权；回应同时也是避免产生更大的舆情，网民一旦没看见、听见自己想知道的，根据谣言定律，谣言就会满天飞。本案例是海报内容出现了涉宗教的敏感词汇，要想与一般舆情的处置一样去回应，确实有风险，那是不是说就不要去回应，或者说让子弹飞会儿，等到舆情自然消失？笔者认为对于网络敏感事件同样需要第一时间去回应，怎么回应，要讲究策略方法，自己不好说，就找到发布此条信息的人，与其沟通，向其回应，通过其间接向网民回应。本案例中学校正是通过“借船出海”的方式来完成回应。当然，回应还必须持续不断，不是回应一次就行，要随时对事件的调查进展、措施、结论等作出回应。

（三）“三同步”是维护校园稳定的引擎

所谓“三同步”就是出现重大事件、突发事件、敏感事件，要实现依法依规处置、舆论引导、社会面管控等三项工作的同步。“三同步”的提法来源于政法系统，笔者认为同样适用于学校。“三同步”中，依法依规处置是核心，舆论引导是关键，社会面管控是基础，只有“三同步”，才能实现对事件处置的政治效果、法纪效果、社会效果的有机统一。

处置网络敏感事件是一项系统工程，涉及方方面面，必须要提高站位，有系统思维。每一项工作必须同步，以避免顾此失彼，堵住这个眼、那个眼又冒水。“三同步”，每一步都是环环相扣，相互作用，相互支撑，缺一不可。本案例中，学校在应对舆情的同时，拿什么回应，必须要有对海报内容由来的调查；调查的目的之一也是为了应对舆情；同时，应对舆情、调查事件也有化解学生情绪的作用；对学生进行疏导，做到学校层面的管控，也是为了避免产生更大的舆情或者次生舆情，平息学生波动的情绪，保障校园的安全稳定。

（四）统一思想是快速化解风险的保证

此次事件中，由于不少网络言论偏激，带有一定的攻击性，因此学校学生非常反感这些言论，再加上迟迟没有看见学校层面在网络上发声，于是对学校提出质疑，并表示学校不回应，学生自己出声。从这里可以看出学生感性的一面，更表明部分学生对涉宗教事件的政治性、复杂性的认识明显不足，对宗教法律法规、政策了解不透，对互联网传播规律的掌握不够。因此，要想成功处置事件，切实维护校园安全稳定，统一学生的思想、提高认识是重中之重，只有思想的统一，才能形成强大的合力，筑牢校园安全的堡垒。

（五）提高站位是正确处置敏感事件的要求

过去我们在处理校园敏感事件时，总是站在自己学校的角度来思考或提出对策，只是为了平息与自己学校的舆论，稳定自己的校园，而忽视了对学校以外的影响，也就是说只顾自己，不顾别人，自己的一亩三分地着火了，只顾把火引导外面，只要不烧到自己就行。笔者认为，处置此类事件，一定要提高站位，要顾及大局利益，而不是局部甚至个人利益，如果只是考虑自己，缺乏一定的高度来处置，那么再怎么想办法、再怎么有能力也处置不好，反而会引发更大的事件，正所谓“一览众山小”。本案例中，如果学校一味地为了自己而去努力平息事件，按照一般的事件的处置方式自己去表态回应，毋庸置疑，无论回应内容是什么，一定会被别有用心的人利用，并引发更大的舆论或事件，不稳定因素更多。

和谐校园视阈下高校网络舆情事件的处置与思考

杨国强

一、案例简介

2018年1月14日晚9点左右，某高校教室发生一起戴口罩青年男子裸露下体的不雅行为事件，当时该教室只有几名学生在自习，大多为女生。其现场不雅照片被人拍摄并上传至某微博，仅一个小时，微博点击量已达3.4万次。随着网上舆情蔓延，引起学生一定程度的恐慌和对学校安全状况的怀疑，问题如不及时解决，势必对学校造成较大负面影响。

学校立即启动应急预案，一方面积极开展校内排查，做好舆情应对，一方面向公安机关报案，借助警方力量寻找嫌疑人，通过多方合作排查，最终在事件发生后第七天锁定嫌疑人身份，系校外人员。

二、处置过程

1月15日上午8点，学校召开紧急会议，决定立即向公安机关报案，尽快推进案件侦破；同时联合校宣传部等相关部门妥善处理网上舆情，并在网上适时跟进发送案件进展信息，引导关注者积极提供有价值线索，平复情绪静等案件查破结果。

按照会议要求，保卫处成立事件处置应急小组，全力展开事件调查。当时，应急小组掌握的资料只有一张网络不雅照截图，无法分辨清面貌特征。面对困难，应急小组兵分三路，一是组织学生工作人员对不雅照片进行辨认，核实该男子是否为在校学生；二是查看学校监控视频回放，追踪嫌疑人校内活动轨迹；三是寻找现场目击者。

通过学生工作人员辨认，基本排除了嫌疑人为在校学生的可能。1月16日下午4点，应急小组联系到了3名现场目击者，核实了事发时间和当时场景，目击者称：嫌疑人戴蓝色医用口罩，戴眼镜，上身穿宝蓝色羽绒服，背单肩挎包，身高约1.80米，体态略瘦，年龄二十几岁。

根据已掌握信息，应急小组持续奋战36个小时调阅监控、排查疑点。18日下午1

点，基本查清了嫌疑人进入校园、离开校园的活动轨迹。学校南门监控显示 1 月 14 日晚 9 点半，嫌疑人步行出学校南门后打车离开，全程一直戴着蓝色口罩。嫌疑人所乘车辆为白色轿车，通过监控无法辨明车牌号，该车在嫌疑人到达南门前几分钟提前到达等待，可初步判定为网约车。

报案至今，派出所未能获取有效线索，案件侦破暂时陷入困境。如果学校就此停止调查，被动等待派出所办案结果，在法律权限和办案程序上是合理的，但不能及时给师生和学校一个满意的答复；如果继续校园外跟踪视频监控，学校无权开展相关工作。

1 月 16 日，派出所应急小组调阅了交警指挥中心的监控录像。通过分析学校南门外道路车辆通行情况，初步确定嫌疑人所乘车辆。通过车辆号牌辨识，查找到车辆所有人信息。

经询问车辆所有人得知，该车主从事网约车业务。据其回忆，1 月 14 日晚 9 点多，他确实从农大南门拉过一乘客，该乘客上车后一直戴着口罩，仰卧在后排车座上，看上去很疲惫，后将该乘客送至距离学校十几公里的某小区，但不能确定其所居住楼栋。同时，通过该司机网约车接单记录，应急小组确定了嫌疑人手机号码后四位。应派出所民警要求，司机带领应急小组和一名派出所民警前往某小区现场查看。

经综合分析现场情况，应急小组决定分三组进行调查，第一组调阅小区监控，第二组在小区门口及嫌疑人下车地点周围蹲守，第三组排查小区物业公司业主登记信息，主要目的都是确定嫌疑人是否居住在该小区，以便进一步获取嫌疑人详细信息，锁定嫌疑人。其中工作中遇到的办案权限问题由派出所与小区相关单位沟通解决。

该小区有 3 000 多居民，物业管理不规范，人、车可随意出入，极大增加了调查工作难度。特别是蹲守组隐蔽在车里，时值大寒、天气寒冷，从早上 6 点一直蹲守到晚上 11 点。三个小组克服种种困难，最终在小区调查的第二天，在小区监控回放中发现了嫌疑人的行踪。

由此可以确定，嫌疑人就居住在该小区，有了这条线索，应急小组顺藤摸瓜，通过进一步跟踪视频监控，查找物业公司业主登记信息等途径，最终在 1 月 22 日，即案发后第七天确定了嫌疑人的准确身份信息，锁定了嫌疑人，并立即向派出所报告。见图 1。

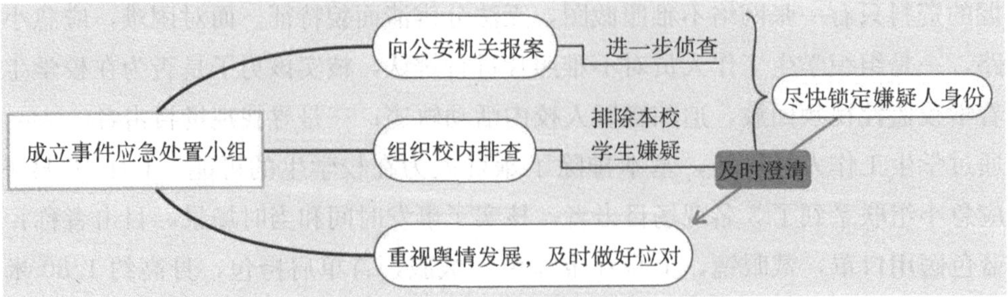

图 1　应急处置图解

三、分析与启示

在这起案件处置中，主要有以下几点启示：

(1)要高度重视、快速反应，把控事件处置主动权。此次事件的处置，距离嫌疑人作案已经超过一天，造成了负面舆情在网络上扩散，学校深受影响，保卫部门也深陷被动。因此，保卫部门必须始终保持高度敏感性，加强学校安全信息的收集，及时发现安全隐患和苗头，将其处置在萌芽状态。

(2)要加强门卫管理，将安全隐患阻挡在校门外。目前，各高校门卫管理基本实行劳务外包，保卫部门要加强对保安公司的督促检查，确保其落实好门卫管理制度，对于形迹可疑人员，要及时发现并核实身份。对于施工车辆入校必须进行安全提醒，对于学校举行大型活动、上级有特殊要求等时期要及时采取相应措施，控制好外来人员及车辆。

(3)要加强法纪教育，引导青年学生妥善应对不法侵害案件。随着网络自媒体的发展，每个人都是信息发布者和参与者，特别是青年学生，热衷于借助网络沟通交流。学校保卫部门要联系学生工作相关部门，加强学生提高自我防范能力的教育宣传，引导学生在第一时间选择向学校警务室或公安机关报警，不要盲目在网上发布传播案情，避免增加案件处理难度或造成负面舆情扩散。

(4)要重视科技创新，发挥安防信息系统的综合效能。加强安防外围控制系统、报警系统、监控系统、照明系统、应急救援系统建设。在校园重要的出入口安装照明灯，提高监控系统夜间识别能力。及时维护监控设备，保持其良好运转，防止成为摆设。要加快校园安防监控系统的多网整合、信息融合，构建更加统一高效的运行平台。防止大家都在抓建设，都在上设备，结果各自为战，因设备技术壁垒无法形成合力。要形成灵活高效的校园报警体系，遇有情况能快速反应，有效处置。

(5)要加强校警共建，形成校园安全工作机制。2019 年颁布的《山东省学校安全工作条例》从行政法规层面为加强校园安全管理提供了法律依据，我们要更好地发挥《条例》的作用，指导具体工作的开展。要加强校警共建，实现信息互通，特别是在案件办理过程中，充分借助公安机关的力量，解决保卫部门在办案中没有执法权的问题，防止违法办案。要形成校警共建经常化机制，确保校园事件依法有序处置，打造平安校园。

(6)要发扬吃苦耐劳精神，做校园安全的忠诚卫士。在这次事件的处置中，所有参与的保卫人员吃住在监控室，蹲守在寒冬里，切实发扬了吃苦耐劳精神，表现出了保卫人员应有的忠诚担当。校园安全责任重大，安全隐患易发多变，容不得半点松懈。广大保卫人员作为校园安全的守护者，要像泰山“挑山工”一样，吃苦耐劳；像钉钉子一样，锲而不舍。

增强高校突发性事件的安全教育的几点体会

李雅琪

一、案例简介

2020年7月15日凌晨4时30分许，某大学公安处值班人员在夜间巡逻过程中发现，该校区西南门西侧门垛处张贴有诋毁、侮辱该大学的标语，值班人员当即按照应急突发事件处置流程进行了处理，第一时间进行了信息上报。

接到信息上报后，校公安处领导高度重视，当即展开了各校区的严密巡查，随后分别在该校区西南门、东南门、东北门、北门西侧公交站牌四处均发现了张贴的标语。校公安处保留证据后进行了报案。

二、处置过程

公安处领导班子接到信息上报后，当即组织各校区值班人员对校园、校门及周边区域进行了严密的巡查工作，通过多种方式留存了张贴物证据。随后电话报案，与市公安局网警支队、校区驻地公安分局、派出所联合开展调查，于16日将嫌疑人捉拿归案。调查过程中，起主要作用的是以下三个方面：一是积极协助网警支队对网络舆情进行密切监控，最大程度消除了该案件可能带来的负面影响，同时充分开展网络调查与跟踪以确定嫌疑人。二是联合校区驻地公安分局情报部门、图侦中心、技术中队，派出所等有关部门对周边路面监控和相关证据展开调查取证，初步锁定嫌疑人。三是根据初步锁定的嫌疑人的行动轨迹，联合共享单车公司对嫌疑人所骑乘的单车进行检索，调查人员信息和单车前进轨迹。经过多方努力，15日16时许，最终确定了嫌疑人吴某某。通过各方面信息的综合研判，吴某某的行为轨迹被完整还原：7月15日凌晨吴某某乘坐飞机到达该市，乘坐机场大巴到达学校附近，随后骑行一辆单车到该校区周边实施了违法活动。确定嫌疑人身份及行为踪迹后，联合工作专班立即定位到其所在地，并协调派出所与公安处人员一同奔赴嫌疑人所在地进行抓捕，抓捕小组到达目的地后连夜开展调查。

在当地派出所的帮助下，于7月16日9时将嫌疑人抓获并展开审讯，嫌疑人对其所实施的违法事实供认不讳，最终被公安分局行政拘留10天。

三、分析与启示

该案件能够及时破获，一方面是全过程信息上报及时，为有效开展网络监控和网络调查赢得了时间优势；另一方面是领导高度重视、行动迅速，形成了警校联动的多单位联合工作专班，采取措施精准有力，全面迅速开展对案件相关证据的调查取证。图侦组于最短时间内完成了对路面监控和相关证据的调查；网警支队始终密切监控网络舆情，消除了负面影响并开展了网络调查以确定嫌疑人；工作专班联合单车公司对嫌疑人骑乘的共享单车轨迹及人员信息展开调查。基于驻校警务室开展的校内外多部门、多单位、多警种的联动协同，为案件的成功破获提供了宝贵的经验，为安全管理工作提供了可参照的工作思路。

通过本次案件总结，校园安全管理工作可从以下几个方面进行提升：

一是要提高对校卫队的重视程度。在校园安全管理工作中，校卫队是工作的具体落实者，改善队伍组成、加大巡逻力度、增加巡逻频次、提高巡逻质量、采取合理举措对于学校安全有着越来越重要的意义。因此，首先要提高校内相关监管单位的重视程度，加强校卫队的培训与监督工作，不仅要加强业务工作培训，还要同步加强思想政治教育，切实提高队员的政治站位和思想认识，使队员认识到工作的重要性与必要性。将理论与实践相结合，将干部、保安队员的培训列入日常工作计划，以确保在关键时刻做到快速反应、正确应对、果断处置，切实提高校园安全管理工作的质量，继续完善各类应急工作预案、方案，形成日常工作和应急处置的规范指导流程；通过班前会、业务培训课程、学习手册等多种方式开展理论培训；定期开展针对不同情况突发事件的应急处置演练，提高队员的实战能力。

二是要推进校园网格化管理体系的健全与完善，以网格化管理模式为依托，科学划分公共安全网格、校园安全管理网格、校卫队人员服务管理三个网格，建立全员参与的工作机制，充分发挥安全信息网格员队伍的作用，建立健全“领导定点，全员定责，监管定位，排查定量，培训定期、信息定时、层级明晰、条块结合、全面覆盖、机制健全”的网格化公共安全管理服务新模式。采取人防、物防、技防协同一体信息化、智能化模式，实现对校园内人、地、物、事、组织等不同工作对象的可视化、精细化、集成化、智能化管理，加强常态化疫情防控下校门出入的人员、车辆管控和校园内公共安全管理、巡逻防控、交通管理、消防安全督查等工作，不断加强校园安全秩序管理，维护平安和谐有序的校园环境，保障学校正常的教学、科研、生产和生活秩序。

结合常态化疫情防控的背景，做好常态化疫情防控，建立科学的管理体系，稳步推进部门日常业务工作，坚持“条块结合、以块为主”的运行模式，落实校园安全主体责任、管理责任、监管责任。积极响应和贯彻落实上级相关决策部署，充分表现出守土有责、守土担责、守土尽责的使命和担当，从把好校园“安全口”、控好“安全面”这两方面着手，为师生员工的身心健康和生命安全提供保障，为学校防疫工作提供有力支撑。

三是持续完善技防、物防、人防、消防一体化、数字化、智能化的智慧平安校园体系，整合全校安防以及各类安全管理资源，打通各类智能化系统，完善安全管理数据标准体系，构建校园安全管理决策体系，建设智慧平安校园大脑，建成智慧平安校园体系，通过信息化手段推动校园安全治理体系与治理能力的现代化，切实高水平保障校园安全稳定，使校园安全稳定工作再上新台阶。

四是继续完善警校联动的工作机制，以驻校警务室为依托，进行实体化运作，与地方公安机关密切联系，开展全方位的信息对接，加快形成警校联动工作机制，促进各部门通力协作进行分析研判，实现警校联动服务管理工作模式的创新与落实，及时有效地处理校内突发情况，提高处置效率，增强治安执法力度，提高校园的安全、稳定指数，对日后校园建立全面的安全网络、形成高效的警校联动的研判机制与安全体系具有重大意义。

校园安全管理工作应着眼“生命至上、安全第一”的总体国家安全观，建立公安、学校、统战等联席信息联动机制，充分借助校地联动力量及时妥善处置各类安全隐患，形成全校上下共同参与、共同维护的和谐校园新格局，全面开创学校智慧化背景下的安全稳定工作新局面。

慎言慎行　莫做网络“键盘侠”

梅　娇

随着互联网技术的发展，自媒体随之快速发展。它具有自主性、开放性、多元性等特点，成为当代大学生表达自我观点、态度、情绪的主要途径之一。随之而来，大学生利用自媒体平台发表不当言论，也呈现出一种新趋势，这给高校思想政治教育工作提出了新挑战。因此，高校要不断探索思政工作新思路、新方法，坚持正确的政治导向，牢牢把握舆论主导权，帮助学生树立正确的价值观、人生观、世界观。

一、案例概述

案例1：王某某，女，浙江温州人。学习刻苦，成绩优异，上学年成绩位居第二。平时积极参加各项校园文化活动和各类学生竞赛，在校期间学生综合表现良好。毕业后该生打算到香港攻读研究生，因此特别关注香港方面的信息。在香港旅游期间，下载并注册了通讯软件“telegram”(中文译名为“电报”)。学生在里面浏览信息，并在一个群组内发表不当言论。后觉得自身言论不妥，及时关闭了“telegram”账号。学生以为自己已经把内容删除了，不会造成不良影响，没当一回事。

案例2：张某某，男，湖南长沙人。平时积极参加学校学院组织的各项活动，在校园BBS、论坛属于活跃分子。因对宿管阿姨管理方式不满，在论坛上歪曲事实，肆意发表不当言论，对学校造成不良影响。

案例3：梁某，女，广西百色人。性格外向，特立独行，遇事容易急躁。因不想到企业实习，对学院实习管理规定不满，在微信朋友圈发表不当言论，在师生中造成一定的负面影响。她认为朋友圈是私人的，表达自己的观点和情绪是自由的，并且朋友圈只有自己日常好友能看到，不会造成多大影响。

二、案例分析

通过分析可以发现，以上三个案例的大学生均在网上发表不当言论，并在一定范围内造成不良影响。由此可见，这类案例的关键点：及时止损，果断纠偏，严肃处理。分析其原因有三：一是由于学生价值观体系和知识体系尚未成熟健全，容易受外界别有用心的言论诱导，产生对自由和民主观念片面理解和错误认识，觉得在自媒体平台上发表观点是体现个人言论自由。二是法律意识淡薄，没有考虑后果，导致盲目跟帖、发帖。如案例 1 中的王某某高度关注香港时事热点问题，把自己置身在网络舆情之中，殊不知自己这样盲目跟帖，可能会对国家安全和社会秩序造成危害。三是以自我为中心，一旦自己的需求未得到满足，就心生抱怨，在网络上攻击他人和学校，对不良言论造成的严重后果估计不足。

针对此类案例的出现，可以通过“三结合”来有效解决：解决思想问题和实际问题相结合，制度建设和文化建设相结合、教育和管理相结合。多管齐下、广开渠道，通过科学、有效的思想教育手段，丰富了思想政治教育工作的具体方法。

三、辅导过程

为应对自媒体背景下学生发表不当言论引发的舆情事件，提出以下五步法策略：

1. 启动预案

一旦此类事件发生后，学校学院领导要高度重视，成立应急小组，联合学工部、宣传部、保卫处等职能部门，明确各自职责，并展开外围调查。

2. 迅速排摸

第一时间成立以分管学生工作的领导为组长的临时调查组，召开会议进行研判，制定处置方案。开展对相关帖子发表者进行落地查人，并立即组织相关教师对涉事学生在校的基本情况和人际关系情况进行仔细排摸。

3. 谈话教育

思政工作者与涉事学生开展一对一深度谈话，按“问题梳理——批评引导——认知重塑”三步法推进。首先，以事实为依据，与学生共同梳理事件经过，明确不当言论的性质与危害，同步引导删除言论，消除负面影响。随后从三方面展开教育：强调政治敏感性，警示学生在重大节点及敏感议题上谨言慎行；结合《网络安全法》等法规，纠正其对言论自由的错误认知；通过案例分析，传授信息甄别方法，提升学生透过现象看本质的能力。最后，引导学生深刻反思，并帮助其树立正确网络观，明确网络空间的法律边界与责任意识，构建“自我约束——理性发声——正向传播”的网络行为准则。

4. 人文关怀

面谈结束后，安排专人密切关注学生动向。因事发突然，担心有些学生可能会有心理负担。因此，建议面谈结束后，安排与本人关系比较密切的室友或同学关注他们的情绪，注意他们的行为轨迹。一旦发现有异常情况，要及时和老师联系。

5. **家校联系**

事发后，及时与父母取得联系，告知父母亲相关情况，加强交流，密切配合，及时掌握学生思想动态，家长、学校、老师三者形成合力，共同做好学生情绪管理与疏导工作，呵护学生健康成长。

四、成效经验

1. **关注当下，及时止损**

自媒体时代，舆情事件的发酵、传播速度之快难于预估和想象，因此遇到此类事件时，要关注当下，及时止损。一方面要对问题进行分析，对学生进行批评教育。另一方面要做好保密工作，将事件的负面影响降低到最低。同时还要注意学生的情绪变化，安排专人密切关注。事件过后，学生可能会有思想包袱，作为学生工作者切不可再对只对其进行严厉的批评，还要真诚地与他们交流，让他们尽快投入到正常的学习、工作、生活中去。

2. **关注发展，有效治理**

要在第一时间成立应急小组，启动应急预案，在最短时间内掌握主动权，控制事态发展，将事件影响降至最低，损失降至最小。学校、学院党政领导应高度重视，对于社会热点问题，如中美贸易摩擦、港澳台地区局势变化等容易产生网络舆情的重大事件，要及时进行正面引导，阻止谣言的滋生与蔓延。同时建立一支高素质的网监管理队伍，尤其在国家重大纪念活动和重要时间节点上加大对网络舆情的关注力度，引导同学们坚决做到“不信谣，不传谣”，不仅做到自身不犯政治错误，还要防止别有用心的人窃号生事，嫁祸于人。

3. **关注未来，建章立制**

当前社会热点问题频发，加之新媒体、自媒体的推波助澜，很容易激发意识形态领域出现问题。高校应建立统一协调、反应灵敏、高效畅通的网络舆情收集、研判、报送、处置机制，准确把握热点难点问题，理性引导，及时回应舆论关注点。制定相关规章制度，从体制机制上畅通诉求渠道，维护好社会、学校和谐、公平、公正，努力缩小隔阂、扩大社会共识、平衡各类关系，形成良性互动的舆论氛围。

4. **关注学生，积极引导**

树立以学生为中心的理念，关心、关怀、关爱学生的健康成长，把学生的切身利益放在学校改革和发展的首位，从学生的立场和角度出发去开展工作。高校门户新闻网站、BBS、官微要采取师生喜闻乐见的方式打造专题，让广大师生通过网络主动积极地接受主流文化的熏陶，增强他们的政治鉴别力和敏锐性。同时可邀请专家、教授、名人、校友在网上谈经历、讲体会、论人生，用典型事例感染和激励师生，引导学生理性发言。最后，加强与学生的沟通交流，及时了解大学生思想动态，及时回应学生及社会质疑，有效应对突发事件。

五、启示思考

这类案例成功解决，得益于“解决思想问题和实际问题相结合”“制度建设和文化建设相结合”“教育和管理”三结合原则，通过及时引导，调集多方资源，将影响降低至最低。如何有效应对、杜绝此类事件再发生，是值得我们高校思政工作者深思的问题。建议如下：

1. 增强法律意识，规范学生网络行为

网络世界不是虚拟空间，而是现实社会的一部分。如果学生的网络行为对于他人的现实生活产生了实际影响和不利后果，就要承担相应的社会责任和法律责任。由以上案例得出，有些大学生法制观念比较单薄。一是加强法制法规教育，多形式多渠道学习组织学生学习《网络安全法》等法律法规学习，对于诸如“什么是不当言论?”“网上发表不当言论者应当依法承担什么样的民事、刑事责任?”等有准确的了解。二是加强宣传引导，倡导学生网上言论文明，自觉维护网络空间的伦理健康和法律秩序。三是通过典型案例宣传和教育，提醒学生不要发表不当言论，否则需要负法律责任。

2. 加强网络文明建设，提升网络道德素养

加强网络文明建设，是推进社会主义精神文明建设、提高社会文明程度的必然要求。加强网络文明建设，打造清朗网络空间。高校要组织学生积极学习，以理论武装占领新阵地，借助微信公众号、官微等学习平台，深入开展网上学习教育活动，提高他们思想道德素质和文化素养。通过第一、第二课堂潜移默化的引导，自觉提高学生不良信息的辨别能力。同时，举办各级各类讲座、辩论赛、知识竞赛等活动，进一步提升学生网络道德素养。

3. 强化网络意识形态，筑牢网络安全屏障

习近平总书记指出：“办好中国特色社会主义大学，要坚持立德树人，把培养和践行社会主义核心价值观融入教书育人全过程；强化思想引领，牢牢把握高校意识形态工作领导权。”我们广大师生要秉持底线思维，充分认识网络空间中意识形态斗争的重要性和复杂性，以高度的政治自觉做好充分的战斗准备。学会通过“朋友圈”、短视频、微博等主要网络平台和通道，及时准确掌握网络舆论的阴晴变化，应用网络规律客观理性地认识和解决问题，守住互联网意识形态主阵地。

一起非法宣传品投递案件的成功处置与启示

王 坚

一、案例简介

2019年10月27日15时09分，某高校发现新化馆7号楼一楼大厅内北侧门处有可疑信件。经过巡查和联系校区内各学院，共查获可疑信件37封。初步查看可疑信件，内容为涉及修宪的非法宣传品。

二、事件处置

1. 第一时间报警

15时09分，学校保卫科接到报警后，立即赶到现场，及时了解情况，并第一时间安排校区保安对校区进行全面排查，不放过一个角落，且请校区内所有学院帮助一同查找。保卫科一边查找可疑信件，一边将情况向处领导汇报，并向辖区派出所和市公安局内保支队报案。

2. 迅速摸排情况

保卫处调阅事发当天的校园监控录像，根据发现可疑信件的时间节点，查找可能散发可疑信件人的活动路线轨迹：经调阅监控发现：嫌疑人(戴墨镜和口罩，中年男性，中等身材，左手提包，右手提水杯)14：18进入校区南门，经校区西侧主干道至65号楼左拐进入学生宿舍区域，14；33趁学生出楼，门禁缓慢关闭的时机混入学生宿舍，在部分房间门缝下面塞信件，14：49在图书馆门前徘徊片刻后在西侧台阶上摆放6封信，14：54进入新化馆7号楼大厅内，分别在大厅北门地面摆放6封信和大厅北侧花瓶旁边地面摆放3封信，14：58从南门出校，向东离去。嫌疑人在校园的行动轨迹图为破案提供了重要的基础。

3. 市校高度重视

案件引起了学校和市各级领导的重视。从下午6点开始，市委书记、分管治安工作副市长、公安局局长、学校党委书记等陆续赶到现场，在校区教学楼会议室成立专案组。

接到学校的报警后，市公安局公安分局国保大队、内保大队、刑警大队及辖区派出所第一时间赶到学校，查看收到的可疑信件，并到可疑信件的投放点进行实地查看。

4. **市校联手破案**

专案组分兵两路，一路根据已掌握的人物影像和时间节点，利用“天网”追踪嫌疑人的校外行踪轨迹；另外一路在专案组会议室根据掌握的嫌疑人影像进行分析。专案组根据嫌疑人的穿着打扮和手上所拿物品分析，一种意见认为像学校的老师，在场校领导立刻要求学校人事处及各学院、各部门主要负责人对掌握的影像进行辨认，都说不认识。根据嫌疑人在校园内中途问一个学生道路的情况，应该是对校园不熟悉，专案组最后否定是学校的教职员工。另一种意见认为可能是机关事业单位的人员，从该嫌疑人的穿着和手上拎着的公文包，判断是机关事业单位人员常见的打扮和用包。在分析嫌疑人的同时，调取行动轨迹的一组也有收获，一路调取嫌疑人进入某商场，在商场内 30 分钟后没有买任何东西就出来了，随后上了一辆公交车。此时已经是夜里 1 点多了，专案组领导指示，调取行踪轨迹的技侦人员继续查找嫌疑人行踪，国保支队和刑警支队配合，必须连夜将案件告破，不破案不收兵。不负众望，案发第二天凌晨 5 点多传来捷报，嫌疑人在家中被抓获，查获未散发信件 13 封(共计 50 封，无一散落在外)。嫌疑人和专案组分析的基本一致，是某机关事业单位的退休人员。

案件从学校保卫人员接警到案件成功告破，学校保卫处迅速启动突发事件应急处置机制、有效开展警校联动协作，为案件查处赢得了时间，仅用 14 个多小时便迅速破案。

经查，嫌疑人退休后，经常上网看一些和当前国家形势不同声音或不当言论文章，受到这类文章的影响，思想上有了变化，从网上下载了一些这类文章，并打印出来。他觉得该大学是该市最大的高校，影响力一定很大，所以坐公交到学校进行散发。但他做梦也没有想到公安机关会这么快将其抓获。

三、分析与启示

目前我国正处于社会经济发展转型阶段，各种社会矛盾尖锐、频发，加上国内外敌对势力的渗透，导致网络舆情环境恶化，甚至谣言四起，对党和政府构建和谐社会带来了严重挑战，也使开放的高校安全稳定面临严峻形势。“安全稳定工作”责任重于泰山，高校稳定是社会稳定的重要组成部分，在社会主义和谐社会构建过程中，加强高校安全稳定工作至关重要。高校的稳定是我国社会主义各项事业发展的需要，针对高校出现的新情况、新问题，加强高校稳定工作，维护高校安全稳定意义重大。

对于发生这起非法宣传品投递案件原因，主要源于以下几方面：一是个别人的法治观念淡薄，错误追求个人利益。一些人在个人私利得不到主张时，就借用互联网等工具，随意转载、发表未经证实的言论，甚至也不乏有人恶意中伤国家政府及他人的情况出现，并将此类信息大肆传播。

二是高校校园对社会开放，给别有用心之人以可乘之机。大学开放带来的最大问题就是安全问题，由于外界人员素质参差不齐，一旦其中混入闲杂人等，严重影响校园的安全稳定，所带来的负面影响极大。学校的声誉也会受到严重的影响。

三是高校校门实名制管理没有完全到位。教育外部大环境的巨大变化，增加了高校管理工作的复杂性。高校无小事，小事如果处理不好也会酿成大的事端，影响学校和社会的稳定。

校保卫处认真总结这起非法宣传品投递案成功破获的经验，并从中得出如下几点启示：

1. **必须不断强化安全稳定意识**

随着国际国内形势的复杂变化，影响高校和社会稳定的因素不断增加，高校成为一些别有用心之人企图制造破坏稳定事件的重要场所，全体师生都必须不断强化安全稳定意识，坚决做到“安全稳定人人有责、人人尽责”。

2. **必须不断加强技防基础建设**

在人防、物防、技防的“三防”体系中，人防是关键、物防是补充、技防是基础。有条件的高校要在技防基础建设上加大投入，做到校园重点部位、主要交通干线、偏僻盲点区域视频监控全覆盖。在此基础上，在主要校门安装人脸识别监控，并与属地公安系统联网，共同组成校园安全稳定的“天网”。

3. **必须健全维稳工作体系**

建立健全高校及周边安全综合管理工作机制。加强对高校周边安全环境的调查研判，预警各类安全稳定的突出问题，做好与政府相关部门的沟通协调，形成工作合力，不断提升高校及周边安全综合管理水平。同时结合学校实际情况，认真完善各类规章制度与应急预案，把握规律性，突出针对性，不断完善校内应急管理体系，健全安全稳定工作的责任制和长效管理机制。逐年修订突发事件应急处置预案，完善好事前预防、事发时应急响应、事中应急处置、事后恢复备案等一系列处置流程，做到有制度可依，有预案可行，有方法可用，确保有效防范、有力处置。

4. **必须畅通警校联动机制**

学校保卫处应大力完善监控、门禁、人脸识别系统等技防设施和校园警务室建设，将防范工作前移；定期召开警校工作交流会，实现信息共享，互通情况，有效进行信息研判，准确把握工作方向；警校双方做好无缝对接，形成长效联动机制，发挥好教育部门的引导育人功能和公安部门的治安管理功能，形成防控合力，切实提高学校应对突发案件的处置能力。

网络时代少数民族大学生价值引领模式的探究

丁柯尹　简　敏

党的十九大报告提出，要牢牢掌握意识形态工作领导权。青年阶段是人生的“拔节孕穗期”，最需要精心引导和栽培。第45次《中国互联网络发展状况统计报告》显示，截至2020年3月，中国网民规模达9.04亿，其中10—29岁青年群体占比40.8%。在“四微一端”的全覆盖网络时代，网络是大学生重要的生活方式，也是“三股”势力价值输出和意识形态渗透的主战场。近年来，一些敌对势力通过恶意曲解民族政策、煽动民族情绪等方式进行网络舆论造势，妄图制造民族冲突，彻底颠覆中国特色社会主义。由此，高校也时常面临处理涉及民族因素网络舆情事件的危机，辅导员作为思想政治教育的组织者、实施者和指导者，在事件中的价值引领尤为关键。我们遵循党的教育和民族政策，从典型案例中提炼和探索网络时代少数民族大学生的“一核二元三维”（以下简称“123”）价值引领模式。

一、案例简介

学生甲，男，少数民族本科大二学生，性格内向。2018年通过“地方农村专项计划”考入本校，家庭经济较为困难。第一学期末，该生开始出现逃课、酗酒、晚归等情况，经常与校外老乡一起聚会，性格也变得暴躁，在班上产生不良影响。在辅导员的积极干预下，甲意识到自己的问题，并逐渐回归正常学习。2019年秋评定助学金时，依据相关政策及家庭现实情况，甲被认定为二等助学金获得者。部分同学对此不满，便在QQ空间“秘密”这一程序中发布了较为偏激的言论，甲同学也看到了评论，又回到不良生活方式模式，不愿与同学交往。

二、处置过程

（一）及时稳定激昂情绪，引导事态发展

辅导员第一时间了解情况并随即作出安排。学生干部以普通同学的身份迅速在匿名评论区作出评论，正向引导言论态势。同时，辅导员跟该同学深度谈心，引导他对此事有客观的认识，让学生敞开心扉，说出内心想法。随后，辅导员在网络空间发表日志，以观看纪录片《石榴花开》的感触为内容展开，呼吁民族团结之花在校园灿烂盛开。随后网络舆论逐渐得以扭转，事态初步得以控制。

（二）深入剖析事件原因，寻找问题症结

事件虽是在网络舆论中出现端倪，但是学生问题无小事，尤其是少数民族同学，更是辅导员思想政治工作的重点。围绕这些问题，辅导员持续地深入同学寝室和课堂，了解当事者平时的生活和学习，洞悉事件背后存在的问题。确定此类事件的问题是民族因素与网络因素、时代因素、大学生特点等叠加产生的综合效应。

（三）开展多民族文化活动，促进民族融通

网络降温后，辅导员通过组织生活会、主题班会等形式开展集体学习，引领各民族同学达成共识，加强团结。在行动延展上，引导班级以关心非本地学生为由，为少数民族同学举办生日会，增强同学情谊；举办民族文化活动，让同学了解不同民族文化；开展学习帮扶计划，帮助学习困难的少数民族同学进步，加深民族融通。由此，该生在日常接触中找到了志趣相投的汉族朋友。

（四）总结事件经验，重视价值引领

辅导员吸取此类事件经验，总结“涉民族因素＋网络舆情”类问题的特点，在多个新媒体平台设置网络志愿者，关注同学中对一些热点问题的想法和思想倾向，积极正向地参与讨论，适时发表意见。同时，通过“网络志愿者”了解学生思想动态，寻找工作新的突破，利用学生理解和接纳的方式开展思想政治工作。

三、分析与启示

涉民族因素网络事件往往是经过长期潜伏、多因素叠加和发酵，最终在网络中爆发。大学生参与网络拥有海量空间，但“信息茧房”“回声室效应”又限制其思维，特别是网络中的刻板印象、被放大的民族矛盾极易伤害民族感情，影响青年价值观。为此，提

出“123”价值引领方式，具体如下图：

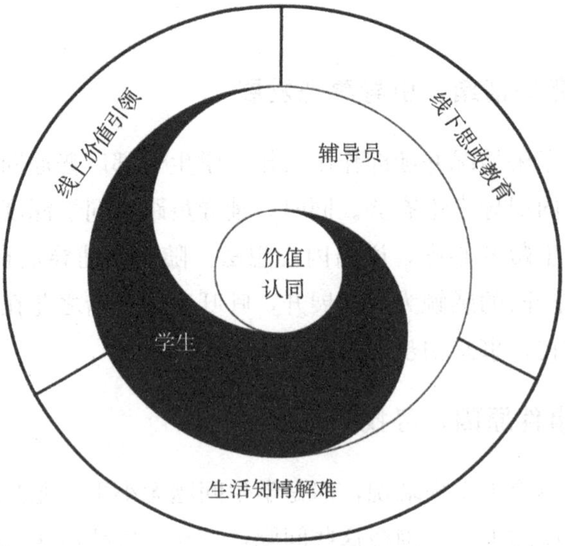

“一核二元三维”价值引领模式

（一）一个核心：以加强认同为核心，抱紧民族团结“石榴籽”

习总书记曾反复强调各民族要“像石榴籽一样紧紧抱在一起”，目的是铸牢中华民族共同体意识，推动中国走向包容性更强、凝聚力更大的命运共同体。辅导员要精准把握政治站位，以习总书记提出的“五个认同”为核心，不断强化认同，促进民族团结。可组织全体同学一起学习《新疆的若干历史问题》白皮书、《中国政府西藏白皮书汇编》等，让学生了解历史真相和国家民族治理方略。既重视客观存在的文化差异，又要反对民族区隔，用社会主义核心价值观将各族学生团结于共同的校园生活中，强化民族认同。

（二）两个元素：辅导员学生密切配合，织就学生工作“安全网”

一方面是“师”。要充分发挥辅导员思政育人的主导作用，更好地协调校、家力量。另一方面是“生”。学生是思政工作的反馈主体，只有紧密依托学生，特别是学生意见领袖，及时消除信息不对称，才能用科学的思路引导学生。辅导员日常工作要处理好“旗帜鲜明”和“润物无声”两种路径的关系，防止日常矛盾上升为民族矛盾，警惕不当言论伤害民族感情，进而陷入彼此防备的恶性循环，努力让问题制造者成为问题解决者，织就学生工作“安全网”。

（三）三个维度：线上线下多点发力，绘就思政育人“同心圆”

1. 线上价值引领：打好一场舆论战

近年西方敌对势力通过“蹭热点”“博眼球”的非主流意识形态进入青年视野，利用民族、宗教等敏感因素进行舆论造势，网上煽动、网下行动、境外炒作已成为惯常手段。辅导员要充分把握网络时代的特点，利用各类新媒体工具，主动向学生输出健康主流的思想，掌握话语主动权；更要放下架子、开拓思路，促进思政工作的推陈出新，促进少数民族大学生奋发成才，实现从“争夺阵地”向“凝聚人心”的有效转变，让价值引领线上化、常态化，营造积极向上的网络舆论氛围。

2. 线下思政教育：上好一堂思政课

习总书记强调，“办好思想政治理论课，最根本的是要全面贯彻党的教育方针，解决好培养什么人、怎样培养人、为谁培养人这个根本问题”。当前的思政课堂依然存在老师有意地规避民族问题，浪费了课堂进行价值观塑造的机会。这要求辅导员要紧扣“政治性”这一核心，以兼容并包、求同存异的价值取向为引领，让大学生了解不同民族的灿烂文化，增强文化自信、民族认同的同时，注意少数民族优良文化资源的创造性转化，为社会主义核心价值观日常化提供价值支持和情感认同基础，开设更易为大学生所悦纳的思政课。

3. 生活知情解难：谈好一场知心话

无论是杜威提倡的“教育即生活”，还是陶行知的“生活即教育”，都主张教育与生活的一致性。一场真诚高效的交流常常将矛盾化解于无形，使学生潜移默化地接受思想熏陶，为思政工作奠定良好基础。因此，辅导员要走近学生，了解少数民族同学的难处；关注少数民族学生的学习状态，避免其因学习基础较差而自卑，可以通过学习帮扶的方式让他们产生获得感；第一时间与矛盾当事同学沟通，进行思想引导，宽慰情绪。通过工作中的知情解难，真心奉献，少数民族学生们能够体会到学校和同学们的温情，从而强化价值认同。

“123”价值引领方式是以“认同”为圆心，以学生、老师之间的互动沟通为内核，以“线上”“线下”“生活”三维为外环的同心圆模式。此圆内外环并不是固定和静止的，在不断交融中，“中华民族共同体”意识会逐渐向外扩展自己的范围。当然，对少数民族学生的价值引领不只是对少数民族本身，而是引领各族学生形成“汉族离不开少数民族、各少数民族离不开汉族、各少数民族之间也相互离不开”的理念，携手各民族同心同德、并肩战斗，共同实现中华民族复兴的伟大梦想。